“新师范”学科课程与教学论系列教材

体育与健康课程与教学论

主　编　张细谦
副主编　仲亚伟　孔　琳

广东高等教育出版社
Guangdong Higher Education Press
·广州·

图书在版编目（CIP）数据

体育与健康课程与教学论/张细谦主编. —广州：广东高等教育出版社，2024.7

“新师范”学科课程与教学论系列教材

ISBN 978 - 7 - 5361 - 7564 - 8

Ⅰ. ①体… Ⅱ. ①张… Ⅲ. ①体育课—教学研究—中小学②健康教育—教学研究—中小学 Ⅳ. ①G633.962

中国国家版本馆 CIP 数据核字（2024）第 003835 号

出版发行	广东高等教育出版社
	地址：广州市天河区林和西横路
	邮政编码：510500 电话：（020）87553335
	http://www.gdgjs.com.cn
印　　刷	佛山市浩文彩色印刷有限公司
开　　本	787 毫米 ×1 092 毫米 1/16
印　　张	22.75
字　　数	373 千
版　　次	2024 年 7 月第 1 版 2024 年 7 月第 1 次印刷
定　　价	49.00 元

前 言

党的二十大报告明确提出，我国要“加快建设体育强国”。学校体育作为教育事业的重要组成部分，对整个教育与体育事业的发展有着独特的价值和作用。进入21世纪以来，我国基础教育体育与健康课程发生了历史性变革，取得了重大成就。我国学校体育事业的高质量发展，要按照党的二十大报告精神持续推进，深化我国基础教育体育与健康课程改革，坚持走中国式现代化的体育与健康课程高质量发展之路，在体育强国建设中凸显出体育教育的强大助力，为体育助推中华民族伟大复兴奠定基础。

课程是落实立德树人根本任务的重要载体，教学是实现课程与教学目标的核心途径。为适应新时代高质量发展的新形势，满足高等学校体育专业学生学习和中小学体育教师专业发展的需要，我们编写了《体育与健康课程与教学论》一书。

在本书编写过程中，我们注重贯彻落实党的二十大精神，以习近平新时代中国特色社会主义思想为指导，全面贯彻全国教育大会精神和教育部颁布的系列文件精神，注重提升教材的思想性、科学性、民族性、时代性、系统性、实用性，服务于体育专业人才职前培养和职后培训，努力做到适应新形势、落实新理念、构建新体系、满足新需求。为此，我们确立了以下四个编写原则。

第一，坚持立德树人，立足以体育人。明确课程教材在“培根铸魂、启智增慧”中的重要作用，树立“课程思政”和“专业思政”意识，立足体育专业特征，把“立德树人”内化到教材体系中，把社会主义核心价值观有机融入到教材编写中。

第二，强化整体意识，精选教材内容。以体育与健康课程标准为指导，改变教学内容碎片化、零散化现象，既注重不同类别教学内容之间的横向联系，也要强化同类教学内容的纵向衔接，构建教学内容整体化教材体系，体现大单元教学。

第三，注重实用导向，变革教学方式。紧密结合体育与健康学科特点，构建“学、练、赛、评”一体化学练体系，体现信息化时代特征，既重视教师教学方法改进，又注重学生学练方式改革，也关注信息化教学手段应用，助力结构化教学的实施。

第四，关注适用对象，提升需求广度。主动对接新时代高等教育和基础教育高质量发展趋势，以适应体育学类本科专业人才培养为主导，兼顾中小学体育教师专业发展需要，并在一定程度上适应体育教学方向研究生开展教材教法研究，以及体育教研员开展教学指导的需要。

本教材着眼于体育专业学生的知识授导、能力培养和思想教化，在构建了较为完整的理论体系的基础上，注重通过“以案说理”“案例分享”等形式体现教材的实践性。注重创新教材呈现方式，力求直接面对、直接解答体育课程与教学理论和实践中的问题，致力于体现如下四个特点。

1. 贯彻立德树人指导思想，注重教材的教育性和思想性

着力贯彻党和国家的教育方针，融合社会主义核心价值体系和新时代高质量发展新理念，强化教材的教育性和思想性，培养体育专业学生优秀的政治品格和思想道德。把思想政治教育有机融合到教材编写中，形成专业课教学与思想政治理论课教学紧密结合、同向同行的育人格局。每个章节都致力于挖掘并呈现教材的思政教育和体育品德元素。

2. 融合学生发展核心素养，着力培养必备品格和关键能力

核心素养是对素质教育内涵的丰富和发展，它贯穿于各学段，体现在各学科，最终落实到学生身上。课程教材是体育与健康核心素养的具体承载，教学活动是培养核心素养的实践路径。体育与健康课程的改革与发展要从培育学生核心素养的需要出发，着力培养学生适应专业学习与未来职业发展需要的正确价值观、必备品格和关键能力。

3．把握基础教育发展动态，体现信息社会教材的时代特征

确立教师"用教材教"和学生"用教材学"的教材观，以适应基础教育体育与健康课程与教学改革的实践需要为导向，注重教材的时代性，精选教材内容。利用现代信息技术手段，通过鲜活案例的呈现与剖析，运用"以案说理"的形式，强化教材的实用性和直观性。

4．严格教材表述方式的规范性，注重内容的科学性和可读性

尊重科学事实，概念、观点、引文、文字和数据等力求准确无误，引用案例要实事求是。文字表述不用否定句式、疑问句式或第一人称方式，要致力于呈现当前普遍公认的主流观点。充分考虑当前体育专业大学生阅读习惯和学习习惯，文字表述规范，文笔顺畅，表述清晰，观点明确，可读性强。同时，兼顾课程考核评价的需要。

根据教材编写原则和实际需要，我们组织了由广东省大中小学专家、学者组成的编写团队。本教材由张细谦任主编，仲亚伟、孔琳任副主编，参与编写的人员有（以章节为序）：第一章，张细谦（广东第二师范学院）；第二章，温搏（韩山师范学院）；第三章，梁立启（岭南师范学院）；第四章，仲亚伟（广东第二师范学院）、张建华（惠州市博罗县华侨中学）；第五章，潘冬（暨南大学）；第六章，黄镇敏（深圳市教育科学研究院）、魏晓晓（深圳市红岭中学）；第七章，冯伟华（东莞市教育科学研究院）、朱忠华（东莞市石排中学）、惠颖（东莞市南城阳光第二小学）；第八章，吴亮（肇庆学院）；第九章，周桂琴（广东第二师范学院）、巩莲莲（广州市天河区盈彩美居小学）；第十章，孔琳（广东第二师范学院）、阳菊花（广州市新滘中学）。本教材由张细谦负责统稿。

本教材的组织编写适逢党的二十大胜利召开之际。党的二十大擘画了以中国式现代化推进中华民族伟大复兴的宏伟蓝图。中国式现代化是中国共产党领导的社会主义现代化，既有各国现代化的共同特征，更有基于自己国情的中国特色。在教育事业高质量发展的新理念下，

“体育与健康课程与教学论”课程与教材建设已然成为当前学校体育界需要高度关注并聚焦研究的热点问题之一，本教材是团队成员积极探索的成果。

教材付梓之际，恰逢教育部办公厅印发《基础教育课程教学改革深化行动方案》，在行动目标中明确指出：“2023 年启动，有组织地持续推进基础教育课程教学深化改革。至 2027 年，形成配套性的常态长效实施工作机制，培育一批深入实施新课程的典型区域和学校；总结发现一批教学方式改革成果显著、有效落实育人要求的教育教学案例；教师教学行为和学生学习方式发生深刻变化，教与学方式改革创新的氛围日益浓厚，基础教育课程教学改革形成新气象。”而本教材的编写正是为基础教育体育与健康课程与教学改革发展提供理论支撑和实践参考。不过，由于学界对课程与教学的认识一直在持续深化中，且本教材编写成员对体育与健康课程与教学的理论研究和实践问题的认识还需进一步提升，因此，本教材难免会有失之偏颇与不足之处，欢迎同行们批评指正。

张细谦

2023 年 6 月

目录

第一章 绪 论

本章导学

教育部2022年印发的《义务教育课程方案（2022年版）》完善了培养目标，优化了课程设置，细化了实施要求。其中，义务教育阶段体育与健康课程的总课时比例为10%～11%，仅次于语文、数学。进入21世纪以来，党和国家更加重视学校体育工作，印发的一系列政策法规文件为体育与健康课程与教学改革确立了新理念，明确了新目标，设置了新内容，倡导了新方式，创设了新评价。只有在立德树人根本任务和健康第一指导思想下，深入理解体育与健康课程与教学的本质，准确把握体育与健康课程与教学的新理念，才能更好地贯彻落实学校规划并开设的课程、教师理解并实施的课程、学生体验且习得的课程。

学习目标

1. 准确理解体育与健康课程、教学的含义，懂得体育与健康课程、教学的特点，明白体育与健康课程与教学在立德树人教育中的重要价值，厚植教育情怀。

2. 学习并进一步理解课程层次理论，能结合体育与健康课程与教学改革的实践需要，强化体育与健康课程与教学论课程学习对体育教师专业发展重要意义的认识。

3. 明确课程与教学理念对课程与教学实践的先导作用，熟悉最新的体育与健康课程理念，了解体育与健康课程与教学论课程学习的要求，学会选用合适的学习方式。

课程是一个含义广泛、歧义颇多、众说纷纭的教育学术语，同时，课程又是落实立德树人根本任务的关键要素，是培育学生核心素养的具体抓手。教育理论与实践者普遍认为，教育改革改到实处是课程，改到深处是教学。从体育课程变革为体育与健康课程，缘起于世纪之交的基础教育课程改革，由此也拉开了21世纪体育与健康课程与教学改革的序幕。在理论研究日益深化和实践需求日趋强烈的双重作用推动下，教育部2018年颁布的《普通高等学校本科专业类教学质量国家标准》将“体育课程与教学论”列为体育教育专业核心课程。因此，无论是在职体育教师，还是立志成为体育教师的体育学类专业大学生，都需要加强“体育与健康课程与教学论”的学习。

第一节　体育与健康课程与教学的本质

一、体育与健康课程的本质

（一）课程的定义

关于课程概念的定义，可谓众说纷纭。这是由于课程这个概念所指称的内涵和外延在不同的时代不断地发生变化，而不同的学者又按照各自不同的课程价值观念来阐述课程的定义和内涵。随着课程理论研究的不断深入和课程实践的持续发展，课程的意义不断得以丰富，逐渐形成了不同的学说。

1. 科目说

持这种观点的学者认为，课程是指由特定的知识系统组成的教学科目。[①] 也有人认为，课程是指“为实现各级各类学校培养目标而规定的全部教学科目及这些科目在教学计划中的地位和开设顺序的总称”。[②] 与此相类似的看法，则把课程理解为为实现各级各类学校的教育目标而规定的教学科目及其目的、内容、范围、分量和进程的总和。[③]

2. 学科进程说

持这种观点的学者认为，课程即课业及其进程。他们认为：近代学校兴起以来，课程有广义、狭义之分。广义的课程是指所有学科（即教学科目）的总和，或指学生在教师指导下开展的各种活动的总和；狭义的课程指某门学科。还有人把课程表述为：教学内容和进程的总和；这不仅包括学科，还包括其他内容，如劳动和其他各种活动。这种“课程”定义比较强调课程的计划性和目的性。

3. 经验结果说

持这种观点的学者认为，课程本质上是一种特殊的经验。也有学者认为，学校课程是指学生通过学校教育环境获得的旨在促进其身心全面发展的教育性经验。[④] 课程是学习者在学校环境中获得的全部经验，也是学习者在学校教师指导下获得的全部经验。按照这种理解，课程不仅包括学科（科目）和课外活动，还包括“潜在课程”，即学生在学校环境中获得的一切经验。

此外，还有学者将课程归结为学习结果或目标，课程是“教育计划”或“学习计划”，也有学者认为课程是文化的再创造，等等。

事物是发展变化的，课程的定义也是如此。钟启泉在总结以上观点，吸收前人研究成果的基础上，把课程定义为：课程是按照一定的教育目的，在教育者有计划、有组织的指导下，受教育者与教育情境相互作用而

---

① 施良方. 课程理论：课程的基础、原理与问题［M］. 北京：教育科学出版社，1996：3－7.

② 刘克兰. 现代教学论［M］. 重庆：西南师范大学出版社，1993：63.

③ 陈侠. 课程论［M］. 北京：人民教育出版社，1989：13.

④ 靳玉乐. 现代课程论［M］. 重庆：西南师范大学出版社，1995：65.

获得有益于身心发展的全部教育内容。①

要准确把握课程的定义，可从以下三个方面去理解课程的本质：②

第一，无论是将课程定义为“计划”还是定义为教育内容，课程的本质含义首先都应超越以往课堂上学科课程的概念及教学是课程实施唯一途径的观念，要把课程放在整个学校教育的环境中加以限定，使课程成为学校环境及多种多样教育活动发挥教育作用的媒介。

第二，课程要突破以往只注重知识、经验积累的模式，要尽可能多地把知识、经验的积累、迁移，促进学生发展等作为课程内容的编选因素，掌握知识、积累经验不是终极目标，注重内容的迁移和价值升华才是课程内容选择的重要原则。

第三，突破以往课程类型单一化的局限，课程定义既要涵盖显性课程，又要关注隐性课程。在课程定义中，既要突出显性课程的地位，强调通过各种课程实践，如教学活动、课外活动等使学生获得间接经验或直接经验，并在此基础上促使学生的认知、情感、个性等方面获得充分而健康的发展；又要注重隐性课程的作用，有目的、有计划地创设各种有利于学生主动发展的课程情境。

（二）体育与健康课程的含义

1. 体育与健康课程的定义

1904年初，清朝政府颁布并实施的《奏定学堂章程》规定，各级各类学校要开设“体操科”，这可以算是我国学校体育课程的发端。但由于处在内忧外患、民不聊生的战争年代，体育课程的开设并不规范，更谈不上系统研究。中华人民共和国成立后，我国学校体育的理论研究与实践工作多围绕体育教学来展开，体育课程被当作是体育教学的内容来看待。

1999年6月颁布的《中共中央　国务院关于深化教育改革　全面推

① 钟启泉，汪霞，王文静．课程与教学论［M］．上海：华东师范大学出版社，2008：4.

② 杨文轩，张细谦．体育与健康课程实施模式探索［M］．北京：高等教育出版社，2015：19.

进素质教育的决定》提出，“调整和改革课程体系、结构、内容，建立新的基础教育课程体系”。自此，体育与健康课程作为我国基础教育课程改革的重要组成部分，在健康第一的指导思想下，得以持续、系统地推进。综合国内学者的研究成果，可以将体育与健康课程的定义概括为：体育与健康课程是指以相关学科为基础，以体育与健康知识、运动技能和方法为内容，以学生直接身体运动为形式，通过课内课外相结合开展学练赛活动，发展学生体育与健康核心素养的学校教育科目。

体育与健康课程并不仅仅是指体育课或体育教学，它涵盖列入学校体育计划的有组织、有计划的各种课内外活动，从而形成大的体育与健康课程观。① 随着人们对活动课程重要性的认识，把课外体育列入体育与健康课程，弥补了学科课程的不足，使课外体育活动合法化、正规化，体育课程设置更加科学化，有利于体育与健康课程的整体改革，有利于教会、勤练、常赛课程理念的落实。

2. 体育与健康课程的性质

自 2001 年第 8 次基础教育课程改革启动以来，在党的教育方针政策的正确引导下，体育与健康课程标准的研制、修订与实施已经走过了 20 余载的风雨历程②，但体育与健康课程性质在变革中始终保持着稳定。

《义务教育体育与健康课程标准（2022 年版）》［简称《课程标准（2022）》］明确指出：“义务教育体育与健康课程以身体练习为主要手段，以体育与健康知识、技能和方法为主要学习内容，以发展学生核心素养和增进学生身心健康为主要目的，具有基础性、健身性、实践性和综合性等特点，是学校教育的重要组成部分，对促进学生德智体美劳全面发展具有非常重要的价值。”③

体育与健康课程性质包括两方面含义。“一是阐明了体育与健康课程的手段、内容与目的。其中，手段是指身体练习，主要包括基本运动技

---

① 张细谦，姚蕾．体育课程与教学论［M］．北京：高等教育出版社，2021：5.

② 汪晓赞，杨燕国，徐勤萍．新世纪以来我国基础教育体育与健康课程标准的继承与发展［J］．西安体育学院学报，2022，39（5）：513－524.

③ 中华人民共和国教育部．义务教育体育与健康课程标准（2022 年版）［S］．北京：北京师范大学出版社，2022：1.

能、体能和专项运动技能的学练。内容是指体育运动和健康教育的知识、技能和方法，前者除包括身体练习外，还包括体育原理、体育文化等认知类知识，这有助于学生对体育运动的理解，从而提高学生的体育文化素养；后者主要包括健康行为与生活方式、生长发育与青春期保健、心理健康、疾病预防与突发公共卫生事件应对、安全应急与避险等方面的内容。目的是指期望通过体育与健康课程的教学，培养学生的核心素养，促进学生实现身心一统、和谐发展、健康成长。”① “二是强调体育与健康课程具有基础性、健身性、实践性和综合性 4 个特点。基础性强调学生掌握基本的、必要的体育与健康知识、技能和方法，养成体育锻炼习惯和健康的生活方式，为终身体育和健康生活奠定良好的基础。实践性强调身体练习以及健康知识与技能的运用，提高学生的体育与健康实践能力。健身性强调学生在体育实践中必须保证充分的运动时间和适宜的运动负荷，提高运动质量和学习效果。综合性强调在体育与健康教育有机融合的基础上，开展跨学科主题学习活动，有机融合和渗透德育、智育、美育、劳动教育、国防教育，体现课程的育人功能，培养学生综合运用知识和技能分析问题及解决问题的能力，促进学生全面健康发展。”②

3. 体育与健康课程的特点

（1）目的任务的特殊性。

体育与健康课程不像其他课程只承担某一个学科的目的任务，还承担整个学校教育（德、智、体、美、劳）的一个重要方面的目的任务，即体育的目的任务。它是一种教育性的课程，同时，其强身健体的任务在学校课程体系中也是无可替代的。

（2）科学基础的多样性。

体育与健康课程的内容主要是体育与健康知识。体育与健康知识由两方面组成，即体育认知性知识和运动操作性知识。体育认知性知识主要是指体育与健康的理论知识和原理，运动操作性知识主要指运动技能方法和体育锻炼方法。体育与健康课程是以操作知识为主的课程。在体育与健康课程的开发中要涉及社会科学、自然科学和管理科学的知识，因此，体育

---

①② 季浏．我国《义务教育体育与健康课程标准（2022 年版）》解读［J］．体育科学，2022，42（5）：3－17，67．

与健康课程是以众多学科为基础的。

（3）课程时空的特殊性。

从当代国内外学校课程设置来看，各级各类学校教学计划中都有体育与健康课程。在我国学校教育体系中，从义务教育到高等教育，体育与健康课程是为数不多的各年级连续开设的课程，有明确规定的学时数。从空间上来说，体育与健康课程并不限于校内，还延伸到校外。

（三）体育与健康课程的层次

20 世纪 90 年代初，当课程实施研究在美国成为一个蓬勃发展的新兴领域的时候，美国课程论专家古德莱德提出了课程层次理论。古德莱德认为，课程可以分为五个层次，处于不同层次的课程，其含义是不一样的。①

（1）观念层次的课程。

这是尚处于观念之中的课程，往往由研究机构、学术团体和课程专家所倡导。这类课程能否产生实际影响，要看它是否被官方所采用。

（2）社会层次的课程。

这是由教育行政部门规定的课程计划、课程标准和教材，也就是被列入学校课表中的课程，即正式的课程。该层次的课程远离学习者，国家和地方通常通过各种政策法规和课程指南来确立教学科目、教学内容、教学时间、教科书和其他材料。

（3）学校层次的课程。

该层次的课程通常以学科的形式组织起来。这类课程大部分源于国家和地方确立的“社会层次的课程”，并经过学校的调适。

（4）教学层次的课程。

这是教师规划并在课堂上实际实施的课程。教学层次的课程体现了教师对课程的理解，也体现了教师在课堂上对课程的实际运作，是“理解的课程”与“运作的课程”的统一。

（5）体验层次的课程。

这是学生实际体验到的课程。尽管经历了同样的课程学习，但不同

---

① 张华. 课程与教学论［M］. 上海：上海教育出版社，2000：332－333.

的学生会获得不同的学习经验或体验，是被学生内化和个性化了的课程。

从课程层次理论看，体育与健康课程同样具有含义不同的五个层次。[①] 随着我国经济社会的持续、稳定、优质发展，人们越来越认识到学生身心健康协调发展的重要性，相关研究机构、学术团体和课程专家倡导体育与健康课程要促进学生的健康成长，这属于观念层次的课程。随着人们对体育与健康课程健康促进价值认识的日益深化，“健康第一”的思想广泛地融入我国体育与健康课程标准的研制、修订和教材的编写中，成为正式层次的课程。各级各类学校根据国家课程方案和课程标准开设的体育课和组织的课外体育活动属于学校层次的课程，而体育教师在教学和课外体育活动等课程实施活动中真正实施和学生真正体验到的课程，则是教学层次和体验层次的课程。准确理解体育与健康课程的层次，有助于更好地推进体育与健康课程改革。

二、体育与健康教学的本质

（一）教学的定义

关于“教学”一词，早在我国商朝的甲骨文中就已经出现了“教”字，如“丁酉卜，其呼以多方小子小臣其教戒”；甲骨文中也有了“学”字，如“壬子卜，弗酒小求，学”。“教学”二字连用为一词，最早见之于《书经·商书·说命下》：“惟斆（xiào，同教）学半”。中华人民共和国成立后，随着苏联教育家凯洛夫的著作在我国的翻译介绍，教学内涵又发生了新的变化。教学过程既包括教师的活动（教），也包括学生的活动（学）。教和学是同一过程的两个方面，彼此不可分割地联系着。教学是教师教和学生学的统一活动。教学永远具有教育的作用。[②] 这一学说在中国产生了较为持久的影响。

---

① 张细谦．体育与健康课程实施策略的研究［M］．北京：北京体育大学出版社，2021：29.

② 凯洛夫．教育学［M］．陈侠，朱智贤，邵鹤亭，等译．北京：人民教育出版社，1957：130.

教学的突出特征在于它是一种特殊的教育活动。广义的教学是指教的人指导学的人以一定文化为对象进行学习的活动，教的人包括教师，但不仅指教师，还指各种有关的教育者；学的人包括学生，但不仅指学生，还包括各种有关的学习者。狭义的教学专指学校中教师引导学生一起进行的，以特定文化为对象的教与学相统一的活动。在指称范围上，教学特指各级各类和各种形式学校中的教学，一般在家庭中和社会上不用“教学”而用“教育”；另外，教师在教学活动中的角色是组织引导者，已不是传统意义上的“主宰者”。同时，教学既不仅仅是“教”也不仅仅是“学”，而是教与学的统一，教融于学中，而学有教的组织引导。教学就是教与学，既不是只教，也不是只学，更不是教加学，应该是教授和学习的统一体，是教师和学生的共同活动，这两种共同活动是建立在“教授主旨是促使学习的活动”和“教授的证据在于学习”的理论上。这既阐明了教授与学习的关系，也暗示了教与学的统一。

简言之，教学是在教育目的的规范下，教师的教与学生的学共同组成的一种教育活动。通过教学，学生在教师有计划、有步骤的积极引导下，主动地掌握系统的科学文化知识和技能，发展智力、体力，陶冶品德、美感，形成全面发展的个性，提升核心素养。

（二）体育与健康教学的含义

1. 体育与健康教学的定义

体育与健康教学是学校体育工作的重要组成部分，是实现学校体育目标的基本组织形式。体育与健康教学既与其他各科教学具有共同性，都是一种有目的、有计划、有组织地对学生传授知识和技能，发展智力，培养品德和形成个性的教育过程；但又有其特殊性，它是实现学校体育目的和任务的基本途径。体育与健康教学并不仅仅局限于学校体育的范畴，它还涉及竞技运动和社会体育的教学，但学校体育的目的主要通过体育与健康教学来实现。因此，可将体育与健康教学界定为：在学校教育中，学生在教师有目的、有计划、有组织的指导下，积极主动地学习和掌握体育与健康的基本知识、技能和方法，增进身心健康，习得运动技能，培养良好的思想品德的过程。

2. 体育与健康教学的特点

（1）理论与实践紧密结合。

体育与健康教学主要是传授操作性知识（运动技能、锻炼方法和健康素养），而掌握操作性知识必须以相当数量的身体练习为主，在反复的身体练习过程中完成教学任务，而且练习必须在教师传授的认知性知识（体育与健康理论知识）指导下进行，理论与实践紧密结合。

（2）脑力活动与体力活动共存。

其他学科的教学主要是通过思维活动使学生掌握有关的知识，而体育与健康教学不但要掌握体育与健康理论知识，还要分析运用这些知识，通过大量身体活动来掌握体育与健康的操作性知识，在此过程中，发展身体、增强体质、增进健康，使脑力活动与体力活动相互融通。

（3）承担一定量的生理负荷。

由于体育与健康教学是以身体活动为主，学生进行身体活动时，人体各器官系统（尤其是运动系统、心血管系统、呼吸系统、神经系统）积极参与活动并密切配合，身体承受一定（有时是较大）的生理负荷，并会因此而产生身体疲劳，加速机体的新陈代谢。这一特点，也是体育与健康教学过程能增强学生体质的生物学依据。

（4）教学组织的动态性。

体育与健康教学主要是在运动场和体育馆进行，教学组织形式以个人练习和分组练习为主，教学组织、教学方法、教学手段根据需要时常变换，教学过程的组织具有复杂性和多变性，因此教学过程的控制具有一定的难度。从某种意义上讲，合理的教学组织是实现体育与健康教学目标的必要保证。

（三）体育与健康教学的构成要素

1. 体育与健康教学的结构要素

从结构上看，体育与健康教学由指导者、学习者和媒介组成，它们之间既相辅相成又相互制约，共同构成了体育与健康教学的完整体系。

（1）体育与健康教学的指导者。

教师是影响教学效果最重要的因素之一。教师在教学过程中发挥着主导作用，这种主导作用由教师的职业特征所决定，高素质专业化是我国中小学教师队伍建设的努力方向。体育教师是体育与健康课程的开发者与实施者，也是体育与健康教学过程的组织者和引导者，因此，要胜任指导者的角色，体育教师还应成为体育与健康课程与教学的研究者。

（2）体育与健康教学的学习者。

学生是教师施教的对象，更是教学过程中的主体。学生在教学活动中不是简单、被动地接受教育，必须确立以学生发展为中心的理论，体现学生的主体地位，充分调动其体力因素、智力因素和非智力因素，使其积极能动地参与学习，才可能取得效果。同时，每一名学生都是鲜活的个体，在体育与健康教学过程中必须要考虑并尊重学生的个体差异。

（3）体育与健康教学中的媒介。

体育与健康教学是在一定的时间和空间中有序地传递信息的过程，而教学信息的传递必须借助一定的媒介，包括教学内容、组织教法、场地器材、环境设备等。高质量、现代化的媒介条件是提高教学质量的重要保证，其中，场地器材和环境设备是物质条件，教学内容和组织教法是根据教学目标串联学生和物质媒介的纽带，起着调控教学过程的作用。

在体育与健康教学过程中，指导者、学习者和媒介这三个要素之间有着密切的关系。体育与健康教学的指导者通常是指体育教师，他们在整个教学活动中发挥着策划、组织、实施和引导的作用。高素质专业化的指导者是教学活动取得优质效果的重要条件之一，而学习者在很大程度上决定了教学内容、方法和组织形式的选用，这也是落实学生主体地位理念的要求。教学媒介是教学的重要资源，这些媒介只有在被指导者和学习者认知和实践，并发生影响时才真正成为教学要素。

2. 体育与健康教学的过程要素

从过程上看，体育与健康教学由目标、内容、实施和评价组成。在教学中，要以目标的达成引领教学内容和方法的选择，评价则是对教学目标达成情况及达成过程的评估分析。

（1）教学目标是教学活动预期要达到的结果。

教学目标反映了教学的价值取向，是教学的出发点，也是归宿。教学目标在教学中发挥着定向和激励作用，它是选择教学内容和方法的依据。从纵向结构来看，体育与健康教学目标可以划分为学习水平目标、学年目标、学期目标、模块目标、单元目标和课时目标等不同层次；从横向结构来看，其又可依据不同的分类标准分为不同的维度。

（2）教学内容是指传授给学生的体育与健康基本知识、运动技能和方法等。

教学内容直接影响着教学目标的达成，是体育教师组织教学活动、选用教学方法的基本依据。体育与健康教学内容是根据学生需要、社会要求、学科特征选编出来的。在教学内容选用中，要重点考虑教学内容的整体化构建，既要设计并落实好教学内容的纵向衔接，达到深度学习的效果，又要考虑教学内容与其他学科之间的横向联系，有机推进跨学科学习。

（3）教学实施是教学设计付诸实践的过程。

体育与健康教学实施的策略是教师根据学生学习情况、教学目标和教学内容所选择的行之有效的教学技术和手段，包含为帮助学生理解学习内容呈现的各种信息及其传递方式。教学方法、组织与手段直接关系到教学工作效率的高低，科学地选择和使用教学方法、组织和手段是实现教学目标的关键所在。信息化时代，在传统教学策略的基础上，要重视信息技术在教学实施中的应用。

（4）教学评价是指依据一定的标准对教学进行的评估判断。

体育与健康教学评价通常以教学目标为依据，运用适合的评价方法，对教学的结果和过程进行测定、衡量、分析和比较，并给出价值判断。教学评价的目的是提高教学的有效性，既包括对教师“教”的评价，也包括对学生“学”的评价。从发展性评价理论来看，教学评价，既要发挥评价的甄别鉴定和选拔功能，更要发挥评价的反馈和激励功能，以促进教师的专业发展和学生的健康成长。

第二节 体育与健康课程与教学论的发展

一、体育与健康课程论的发展

（一）课程论的发展

课程论在我国的研究历程大致可分为三个阶段。一是课程论在我国的萌芽阶段。这一阶段主要是指1922—1949年，这一时期的研究主要集中在小学课程教材和课程沿革史方面，在课程理论方面主要是介绍和移植美国的课程论。课程论作为教育科学内一门独立的分支学科得到了重视，我国课程论学科初具雏形。二是课程论作为教学论的一个组成部分的研究阶段。这一阶段主要是指1949—1988年，这一时期是将课程论作为教学论的组成部分进行研究的时期，也是我国课程论开始学科重建的准备时期和课程论作为教育学的一个分支学科的酝酿时期。三是课程论作为教育学分支学科的重建阶段。这一阶段主要是指1989年以后，这一时期大批课程论专著的问世和全国性课程研究学术团体的成立，标志着课程论作为教育学的一个正式的分支学科的重建已基本完成。

（二）体育与健康课程论的发展沿革

体育与健康课程论伴随着我国近现代教育事业和体育与健康课程改革经历了以下四个发展阶段。

1．初步探索和认识阶段（1840—1949年）

近代学校体育是在欧洲文艺复兴以后发展起来的。鸦片战争以后，西方文化逐渐渗进我国，一些洋务学堂、教会学堂和私立学校陆续开设类似体育课程的“体操科”，为体育课程论研究的缘起奠定了实践基础。由于体育课程是学校课程的组成部分之一，其研究发展的基本脉络，类同于学校课程。

中华人民共和国成立之前，对体育课程的研究仅仅处于探索和认识的初步阶段，对体育课程的认识仅限于对学校体育现象的认识和研究。毛泽东同志于1917年4月1日发表在《新青年》上的《体育之研究》，精辟论述了体育的性质与价值、体育在人生中的地位、体育锻炼原则与方法和德、智、体的关系等基本问题，强调了体育在教育中的重要性。恽代英于1917年6月发表在《青年进步》杂志上的《学校体育之研究》，明确指出了学校“不可不重视体育”，体育的目的应该是“保学生之健康”，主张“学校体育之所谓体育，应对各学生，无论其体质强弱，平均加以重视”，提出了改革学校体育的一些措施。王怀祺于1924年发表的专著《走步、体操、游戏三段教材》论述了队列队形、体操（主要指徒手柔软体操和轻器械柔软体操）和游戏等教学方法。吴蕴瑞、袁敦礼于1933年发表的专著《体育原理》，较多地吸收了当时体育发展的成果与欧美近代体育思想和观点，论述了体育的目的，以及体育与人、体育与教育等关系，其中包括理论与实践、体育与军事训练、体育与国术、近代体育与中国国情等问题，当时被用作体育系科的教材。金兆均于1931年撰写的专著《体育行政》阐述了体育组织与学校的关系，体育行政依据的重要原则，课程、课外运动、早操及课间操的管理，教材的分类及选配，班级及组织，校内竞赛等学校体育的主要问题，并进行了具体的分析，该书第一次以专章论述了体育课程问题，是关于学校体育管理的较早、较系统的著作。

从20世纪初体育进入学校成为正式课程，到中华人民共和国成立，对体育课程的研究尚处于初步探索认识阶段，对体育课程的研究包含在对体育的研究之中，体育课程论作为一个正式研究领域尚未形成。

2. 体育理论体系形成阶段（中华人民共和国成立后至20世纪80年代末期）

中华人民共和国成立后，学校体育受到党和国家的高度重视，学校体育的核心——体育课程改革与建设问题，自然摆到了议事日程上来。但是对体育课程的研究，可以说是“一穷二白”。加上当时国家受帝国主义的全面封锁，学习苏联是我们唯一的选择。毛泽东同志在《论联合政府》中提出，“苏联创造的新文化，应成为我们建设新文化的范例”。1949年10月，朱德在中华全国体育总会筹备会议中正式提出“要学习苏联体育方面的好经验”。

《苏联体育教育理论》一书对我国学校体育影响非常深刻和长远。在该理论体系的指导下，我国形成了体育理论学科体系。1962 年，我国出版了体育学院（系）本科教材《体育理论》，体育理论成为我国体育教育专业的一门基础理论课程，对指导我国学校体育及体育教学起到了巨大的作用，其作用之大、影响之深，以致在我国体育理论界形成了牢固的定势。

中华人民共和国成立以来，我们一直沿用苏联体育教学计划，习惯用教学大纲、教学计划以及内涵扩大的体育教学概念，偏重研究体育教学，“以体育教学研究代替了体育课程的研究”，混淆了体育课程与体育教学的概念。

进入 20 世纪 80 年代，课程理论研究日益受到人们的重视，并逐渐成为我国教育学研究的一个新兴领域。随着改革开放的深入，特别是 1985 年中共中央发布了《关于教育体制改革的决定》后，课程问题得到越来越深入的研究，并使得课程论终于从教学论中分离出来，成为教育学的分支学科。

3. 体育课程研究兴起阶段（20 世纪 80 年代末期至 90 年代末期）

随着课程论的兴起，体育教育领域对体育课程的研究在 20 世纪 80 年代末开始起步。1993 年，吴志超等在《现代教学论与体育教学》中阐述了体育课程的内涵和发展、设置、内容、制订原则、课程目标和教学目标等体育课程理论的基本问题。① 这是目前见到的最早对体育课程比较系统的论述，为推动体育课程论这一学校体育学领域比较薄弱环节的研究提供了比较系统的材料。1996 年，杨文轩、陈琦阐述了体育课程的定义、研究的目的和意义，分析了传统体育课程的弊端以及学校体育指导思想的偏差对体育课程改革的影响，讨论了体育课程编订问题，从体育课程改革的指导思想、目标、体育课程内容的改革和教材编订的改革等方面论述了现

① 吴志超，刘绍曾，曲宗湖. 现代教学论与体育教学［M］. 北京：人民体育出版社，1993：300－346.

代体育课程发展趋势。[①] 2000 年，邹继豪等著的《面向 21 世纪中国学校体育》[②] 是根据中国教育科学“九五”规划、教育部重点课题“面向 21 世纪中国学校体育整体改革与构建科学体系的研究”成果编辑而成。该书在第五个课题“我国学校体育课程整体改革的理论研究”中回顾了我国体育课程的发展历史，分析了我国体育课程改革的现状和存在的问题，通过对未来体育课程的指导思想、目标体系、教材体系、设置趋向、教学法改革走势，以及未来体育教学评价的基本理论与过程目标等六个方面的论述，提出了我国体育课程改革和建设的基本思路，并展望了发展前景。

4. 体育与健康课程改革阶段（2001 年至今）

2001 年，教育部颁发并实施的《全日制义务教育　普通高级中学体育（1 ~6 年级）　体育与健康（7 ~12 年级）课程标准（实验稿）》正式拉开了 21 世纪我国基础教育体育与健康课程改革的序幕。《体育与健康课程与教学论》[③]、《体育课程与教学论》[④]、《体育课程论》[⑤]、《简明体育课程教学论》[⑥]、《体育课程与教学论》[⑦] 等五本著作的出版，标志着我国体育课程研究走向体育与健康课程改革的探索。此后，《体育与健康课程实施模式探索》[⑧] 和《体育与健康课程实施策略的研究》[⑨] 则聚焦于体育与健康课程改革的实践环节。2018 年，教育部颁布的《普通高等学校本科专业类教学质量国家标准》将“体育课程与教学论”确定为体育教育专业核心课程，结合“国家质量标准”和基础教育体育与健康课程改革双重

---

① 杨文轩，陈琦．体育原理导论［M］．北京：北京体育大学出版社，1996：172 -206.

② 邹继豪，季克异，林志超，等．面向 21 世纪中国学校体育［M］．大连：大连理工大学出版社，2000.

③ 季浏．体育与健康课程与教学论［M］．杭州：浙江教育出版社，2003.

④ 季浏．体育课程与教学论［M］．桂林：广西师范大学出版社，2005.

⑤ 崔伟．体育课程论［M］．郑州：黄河水利出版社，2005.

⑥ 毛振明．简明体育课程教学论［M］．北京：北京师范大学出版社，2009.

⑦ 张细谦．体育课程与教学论［M］．广州：广东高等教育出版社，2013.

⑧ 杨文轩，张细谦．体育与健康课程实施模式探索［M］．北京：高等教育出版社，2015.

⑨ 张细谦．体育与健康课程实施策略的研究［M］．北京：北京体育大学出版社，2021.

需要出版的《体育课程与教学论》①，将体育与健康课程研究推向了一个新的阶段。

二、体育与健康教学论的发展

（一）教学论的发展

教学论在其漫长的发展历程中经历了萌芽期、建立期和发展期三个时期。②

1. 萌芽期

从教学产生到公元16世纪的数千年中，教学理论经历了漫长的萌芽期。在这个时期，人们的研究还普遍是一种哲学行为，顶多是将其列入整体教育问题中加以探讨，教学问题没有成为独立的研究对象，教学理论也没有成为独立的学科。

2. 建立期

1632年，捷克著名教育家夸美纽斯在《大教学论》中提出了班级授课制，随着班级授课制的建立，教学问题成了人们和社会关注的重要问题，专门的研究应运而生，专门的教学论著作不断问世，从而形成了教学论的独立学科领域。

3. 发展期

进入20世纪，随着教育规模的扩大，为持续提升教学质量和教学效率，人们提出了大量亟须解决的教学问题，刺激了教学研究的大发展，教学论的研究进入发展期。在这一时期，出版了一大批代表不同流派的教学论专著，教学理论基础出现了心理学化倾向，课程论从教学论中分离出来成为一门独立的教育学分支学科，现代教育媒体得到迅速发展和广泛应用。

---

① 张细谦，姚蕾. 体育课程与教学论［M］. 北京：高等教育出版社，2021.

② 黄甫全，王本陆. 现代教学论学程［M］. 2版. 北京：教育科学出版社，2003：32－36.

进入21世纪，人类社会面临着从工业社会向信息社会的转型，人们的生产生活方式正在发生重大变革。在立德树人根本任务的指引下，我国教育教学观念的重要变革主要体现在如下七个方面，即从重视知识技能向重视价值引领转变，从重视教师的教向重视学生的学转变，从重视知识传授向重视能力培养转变，从重视教法向重视学法转变，从重视认知向重视发展转变，从重视结果向重视过程转变，从重视继承向重视创新转变。

（二）体育与健康教学论的发展沿革

体育教学论是教育科学中的分科教学论之一，它以学校体育教学这一特定的教育活动为研究对象，其目的在于揭示学校体育教学的规律，探讨和阐明体育教学的本质、过程、原则、内容、方法和组织，以指导体育教学实践，提高体育教学质量。

1. 学习与借鉴阶段（1904—1949年）

体育教学论是从普通教学论中分化出来的，我国体育教学论研究的起步与学习、借鉴国外相关理论有着较为密切的关系。1809年，丹麦政府规定中等学校设置的体操学科，后来逐渐被世界各国定为中小学必修课程。我国于1904年开始实施的新学制，也把“体操科”列为学校正式课程（1923年改称“体育课”）。

随着体育分科教学的出现，产生了体育教学法。最早提出体育教学法的是瑞典体育教师W. 斯卡斯特罗姆，他于1914年出版了《体育教学法》。我国实行新学制后，在师范院校的体育系（科）中开设了体育教学法课程。当时体育教学法课程的内容大多选用美、英等国的教材，以杜威的实用主义教育学思想和桑代克的教育心理学为依据，论述体育教学的目的、教学过程和学习定律、教学安排顺序，以及各项体育教材的特点和教学方法等。体育教学论发展的主要源泉是体育教学实践，同时教育学和教学论的研究也给予了重大的影响。例如，杜威实用主义教育思想和桑代克教育心理学说对旧中国体育教学法的影响。

2. 加速发展阶段（1949—2000年）

中华人民共和国成立后，体育教学论的研究在我国进入加速发展阶段。苏联凯洛夫的《教育学》和达尼洛夫的《教学论》所确立的一些原理、原则和方法，在我国体育理论和体育教学法中被广泛地引用，至今还在起作用。

为适应现代化生产和新技术革命人才培养的需要，教学论的发展在世界范围呈现十分活跃的现象。1950—1970 年，苏联著名教育家赞可夫进行了长达 20 年的“教学与儿童发展”的实验研究，向传统教学论发起了挑战。苏联教育家巴班斯基从 1960 年开始，在克服大面积留级现象的实验研究的基础上，提出了“教学过程最优化”理论。与此同时，美国心理学家斯金纳大力倡导“程序教学”，布鲁纳倡导“结构课程论”；德国教育家瓦·根舍因提出了“范例教学”；保加利亚心理学家洛扎诺夫创立了“暗示教学”理论和方法。

20 世纪中期以来，世界范围内新的教学理论和教学论研究的兴盛，启迪着我国教学论的研究，也引起了我国体育教学论研究者的重视。自 1954 年起，在体育院校和师范院校体育系（科）中，体育教学方法便作为体育理论课程的内容之一。随后开设的中学体育教材教法课程，着重探讨了体育教学论领域的问题，这些对提高我国体育教师的教学素养和教学实践能力发挥过重要作用。

3. 融合健康的发展阶段（2001 年至今）

进入 21 世纪后，我国体育教学论的研究更加活跃，陆续出版了一批体育教学论著作或教材，如樊临虎的《体育教学论》①，夏思永的《体育教学论》②，龚正伟的《体育教学论》③，姚蕾的《体育教学论学程》④，毛振明的《体育教学论》⑤，史兵的《体育教学论》⑥，邓星华、谭华的《新编体育教学论》⑦，张振华、毛振明的《学校体育教材教法》⑧ 等，这些教

---

① 樊临虎. 体育教学论［M］. 北京：人民体育出版社，2002.
② 夏思永. 体育教学论［M］. 重庆：西南师范大学出版社，2003.
③ 龚正伟. 体育教学论［M］. 北京：北京体育大学出版社，2004.
④ 姚蕾. 体育教学论学程［M］. 北京：北京体育大学出版社，2005.
⑤ 毛振明. 体育教学论［M］. 北京：高等教育出版社，2005.
⑥ 史兵. 体育教学论［M］. 西安：陕西师范大学出版社，2006.
⑦ 邓星华，谭华. 新编体育教学论［M］. 上海：华东师范大学出版社，2008.
⑧ 张振华，毛振明. 学校体育教材教法［M］. 北京：北京师范大学出版社，2016.

材或著作比较系统地阐述了体育教学的目标、内容、方法、评论及设计等问题，各有特色和亮点。

在我国，最早提出体育与健康教学概念的专家是季浏①。不过，从整体来看，真正从体育与健康融合的视角探索体育与健康教学问题的研究成果数量不多，质量也有待提升。

三、体育与健康课程与教学的融合发展

（一）课程与教学的关系

随着课程理论和教学理论研究的深化，关于课程与教学的关系已逐渐派生出不同的观点。归纳起来，主要有相对独立说、相互包含说和相辅相成说三种类型。

1. 相对独立说——分离观

相对独立说认为课程与教学各自独立，互不影响。这种观点在教育理论界的支持者颇多。如蔡斯坚决主张将课程和教学分离研究，他的观点是将课程视为一个广义的概念，教学则是一个特殊的现象或亚系统，在某种程度上，教学是课程的延续。② 坦纳夫妇更加明确地提出，在当代的课程与教学理论界中，课程论与教学论是两个独立的领域，这种论点已经获得广泛的认可。也就是说，课程计划规定在教室进行的活动与在教师指导下在教室发生的活动少有关系，它们各自在互不发生重大影响的情况下，自行发生变化。这也被称为课程与教学各自独立的二元模式。③

2. 相互包含说——层级观

相互包含说认为课程与教学是一种上下级的关系，有两种正好相反的情形：一是教学包含课程——大教学（论）观，即认为教学是上位概念，课程包含于其中。这种观点隐含有课程等同于教学内容的趋向，如把课程

---

① 季浏. 体育与健康课程与教学论 [M]. 杭州：浙江教育出版社，2003.

② ZAIS R S. Curriculum：principles and foundations [M]. New York：Thomas Y. Crowell Company，1976.

③ 简楚瑛. 课程发展理论与实践 [M]. 北京：教育科学出版社，2010：8－10.

定义为“指学校教育科目及各科教材，也就是教学内容”。这样，课程就成了教学活动中的一个基本要素。二是课程包含教学——大课程（论）观，即把课程理解为上位概念，课程的内涵和外延都相对扩大。美国现代课程理论奠基人拉尔夫·泰勒把教学作为课程理论的组成部分，在其代表著作《课程与教学的基本原理》① 中，认为课程是实现教育目标的蓝图和规划，教学就是这种规划的具体实施过程。

3．相辅相成说——融合观

相辅相成说又称相互融合说，认为课程和教学虽然相对独立，但存在相互促进、相互依存和相辅相成的关系，课程不断地对教学产生影响，反之亦然。课程与教学过程的进行总是包括对内容某种方式的变革和创新，这种变革与创新正是人的主体性充分发挥的体现。教师和学生在具体的教育情境中不断变革与创新内容，从而构建自己的意义，这正是课程与教学过程本质的反映。教学不仅仅是人际交流的过程，也是课程开发的过程。教师和学生都是课程的开发者或“创作”者，在课堂教学中，教师和学生主体性充分发挥的过程即是共同开发课程的过程。这个过程是动态的，表现为课程内容的持续生成与转化、课程意义的不断构建与提升。

当代课程与教学论的主流观点认为，课程和教学这一对概念既有着紧密的联系，又相对独立。课程和教学是学校教育大系统中互动的两个子系统。课程是教育中最直接的社会系统，它为教学编制规划；而教学则是在教师主导与学生主体结合后加入这一大系统中。课程是为有目的的学习而设计的内容，教学则是达到教育目的的手段。课程理论与教学理论之间必然存在着各种联系和交叉重叠部分，课程理论必然会考虑到课程实施问题，而教学理论则肯定会涉及与教学方法相关的教学内容问题。

（二）体育与健康课程与教学的关系

体育与健康课程与教学的关系是目的和手段的关系。体育与健康课程体现了学校体育的目标，而教学则是实现这一目标的手段，它们分别侧重

---

① 泰勒. 课程与教学的基本原理［M］. 罗康，张阅，译. 北京：中国轻工业出版社，2014.

于教育的不同方面。体育与健康课程就像是一幢建筑的设计图纸，教学则是依据图纸施工的具体过程。体育与健康课程目标总是在特定的教学中实现，而体育与健康教学则是在特定的课程理念指导下进行。总之，体育与健康课程和教学相互联系、相互促进、相互制约、相互依赖、同时并存。

体育与健康课程与教学的关系虽然密不可分，但也有着较为明显的区别。体育与健康课程是为了实现学校体育目标而设置的教育科目，其呈现形式主要包括体育与健康课程标准、课程方案、教材（教科书）等。其基本要素主要包括课程理念、课程目标、课程内容、体育实施及学业质量评价等。体育与健康教学是在教师指导下学生掌握体育与健康的基本知识、技能和方法，培养体育与健康核心素养的过程。体育与健康教学是一种活动，它要解决“教师如何教”“学生如何学”等问题，是体育与健康课程实施的重要途径，但并非唯一途径。

第三节　体育与健康课程与教学论的学习

一、体育与健康课程的基本理念

准确理解和把握体育与健康课程基本理念的内涵及其发展趋势，是真正学懂、弄通体育与健康课程与教学基本原理，做好体育与健康课程与教学实践工作的前提条件。

（一）坚持“健康第一”的指导思想

1999 年 6 月，中共中央、国务院发布的《关于深化教育改革　全面推进素质教育的决定》提出，健康体魄是青少年为祖国和人民服务的基本前提，是中华民族旺盛生命力的体现。学校教育要树立健康第一的指导思想，切实加强体育工作，使学生掌握基本的运动技能，养成坚持体育锻炼的良好习惯。自此以后，“健康第一”便被确立为我国体育与健康课程与教学的指导思想。

体育与健康课程坚持“健康第一”指导思想，以中国学生发展核心素养为引领，重视育体与育心、体育与健康教育相融合，充分体现健身育人本质特征，引导学生形成健康与安全的意识及良好的生活方式，促进学生身心健康、体魄强健、全面发展。需要指出的是，体育与健康教学是面向全体学生的，全体学生的健康是国民健康的重要组成部分，也是“健康工作五十年，幸福生活一辈子”的基础，关乎国家的强盛和民族的振兴。

（二）落实“教会、勤练、常赛”

2020 年 10 月，中共中央办公厅、国务院办公厅印发的《关于全面加强和改进新时代学校体育工作的意见》提出，不断深化教学改革，加强体育课程和教材体系建设，强化学校体育教学训练，健全体育竞赛和人才培养体系。依据这一文件精神及学生的学习需求和兴趣爱好，“教会、勤练、常赛”便成为我国体育与健康课程与教学的基本理念之一。

落实“教会、勤练、常赛”基本理念，就要注重“学、练、赛”一体化教学。学、练、赛作为体育学习的不同形式各具独特功能，但任何单一的学习形式都难以达到最理想的效果，只有相互联动，才能更好地发挥综合效应。其中，学是基础和前提，练是提高与保障，赛是检验与强化。要坚持课内外有机结合，指导学生学会基本运动技能、体能和专项运动技能，提供更多时间让学生进行充分练习，巩固和运用所学运动知识与技能，参与形式多样的展示或比赛。

（三）加强课程内容整体设计

为解决内容碎片化、零散化的弊端，体育与健康课程根据学生运动技能形成规律和身心发展规律，整体设计课程内容，体现保证基础、重视多样、关注融合、强调运用等理念。保证学生学习和掌握结构化的基本运动技能、体能、专项运动技能和健康技能等，为学生参与运动和养成健康的生活方式奠定基础；重视系统安排多种运动项目的学练，促使学生形成丰富的运动体验，协调发展运动能力；关注体育与健康教育内容、体能与技能、学练与比赛、体育与其他相关学科等方面的有机融合，提高学生举一反三、融会贯通的能力；强调引导学生将体育与健康知识、技能和方法运用到体育学习、体育锻炼、运动竞赛和日常生活中，增强学生的理解能力和实践能力。

根据课程内容整体化设计的基本理念，各学校要明确学生各学段特点与发展需求，根据本校实际、师资力量等，使体育与健康教学内容更加富有逻辑性、系统性和衔接性。

（四）注重教学方式改革

教学方式的改革对于体育与健康课程与教学改革来说是一个恒改恒新的动态命题，因为教学方式要适应生产生活方式的持续变革和学生体育与健康学习需要的持续变化。体育与健康课程根据体育学习实践性和健康教育实用性的特点，强调从“以知识与技能为本”向“以学生发展为本”转变，把单纯传授知识和技能的过程变成培养人的过程。

在体育与健康教学中，要创设丰富多彩、生动有趣的教学情境，倡导将教师的动作示范、重点讲解与学生的自主学习、合作学习、探究学习有机结合，将集体学练、小组学练与个人学练有机结合，注重将健康教育教学理论讲授、交流互动与实践应用相结合，激发学生的学习热情，帮助学生理解和掌握知识与技能，提高解决体育与健康实际问题的综合能力。在实践运用中，要力求避免过于注重单一知识点，以及把结构化的知识和技能割裂开来的灌输式教学模式，倡导形式多样、切实有效的教学方式。

（五）重视综合性学习评价

2020 年 10 月，中共中央、国务院印发的《深化新时代教育评价改革总体方案》指出，教育评价事关教育发展方向，有什么样的评价指挥棒，就有什么样的办学导向。体育与健康课程强调树立新的学习评价观，重视从以往单纯地强调甄别性和选拔性评价向激励性和发展性评价转变，注重构建评价内容多维、评价方法多样、评价主体多元的评价体系。

在体育与健康学习评价中，一要明确评价的主要目的是引导学生发现不足、反思问题、改进学习、不断进步；二要注重评价内容多维，要对知识和技能、学习态度、行为表现和进步情况进行全面评价；三要强调评价方法的多样性，注重过程性评价的使用，重视增值性评价；四要倡导评价主体的多元化，要从以往单一地由体育教师对学生进行评价，向以教师评价为主，学生、家长、班主任同时参与的多主体评价模式转变；五要重视学习评价与学业质量的有机联系。

（六）关注学生个体差异

关注学生个体差异是素质教育个体性特征的基本要求，也是21世纪我国基础教育体育与健康课程与教学改革持之以恒的理念之一。体育与健康课程注重针对不同身体条件、运动基础和兴趣爱好的学生因材施教；提出不同的学习目标，选择适宜的教学内容，采用多样的教学方法与学习评价方式，在原有的基础上获得更好的发展。

在体育与健康教学中，一方面，要重视面向全体学生。体育与健康课程是面向所有学生的，所有学生都应平等地享受教育权利并受到一视同仁的公平对待，都应享受体育运动的乐趣并从中获得进步。另一方面，要注重因材施教、区别对待。学生的运动成绩受遗传特征、运动基础、运动兴趣、项目喜好、个性特征等多方面因素的影响，从而产生个体差异。在教学实践中要重视不同类型学生的特点，有针对性地采用不同的方法和策略促进每个学生在原有基础上获得进步，体验成功感，增强自信心。

二、学习体育与健康课程与教学论的意义

学好体育与健康课程与教学论，无论是对于体育学专业的本科生、专科生及体育与健康课程与教学论方向的研究生，还是对于已经工作在第一线的体育教师，都具有重要的理论意义和实践价值。

（一）有利于贯彻落实新时代党和国家相关政策文件的精神

党的十八大以来，我国学校体育工作受到了党和国家的空前重视，陆续颁布系列政策和文件。2020年10月，中共中央办公厅、国务院办公厅

印发的《关于全面加强和改进新时代学校体育工作的意见》指出："学校体育是实现立德树人根本任务、提升学生综合素质的基础性工程，是加快推进教育现代化、建设教育强国和体育强国的重要工作，对于弘扬社会主义核心价值观，培养学生爱国主义、集体主义、社会主义精神和奋发向上、顽强拼搏的意志品质，实现以体育智、以体育心具有独特功能。"在这份文件中，多处阐述了课程与教学，由此可见，课程与教学对加强和改进新时代学校体育工作具有十分重要的作用。本教材全面融入了党和国家相关政策文件的精神，这无疑助推了党和国家政策文件精神的贯彻落实。

（二）有利于全面理解体育与健康课程与教学的最新理念

没有理念的实践是盲目的，没有实践的理念是空洞的。肇始于世纪之交的基础教育体育与健康课程改革的重大变革正是源于课程理念的重大转变。例如，健康第一指导思想的正式确立；又如，从传统的教师中心、课堂中心及教材中心，转向以学生发展为中心。这些理念的转变深刻影响着我国基础教育体育与健康课程与教学的实践活动。理念是与时俱进的，教育部 2021 年 6 月颁布的《〈体育与健康〉教学改革指导纲要》及 2022 年 4 月颁布的《义务教育体育与健康课程标准（2022 年版）》提出的"教会、常练、勤赛"及"体育课程内容整体设计"新理念，对落实立德树人根本任务，促进学生体育与健康核心素养培育具有理念先导的引领作用。本教材既介绍了体育与健康课程与教学的发展历程，也及时更新了体育与健康课程与教学改革理念，帮助学生全面学习最新理念。

（三）有利于系统掌握体育与健康课程与教学的基本原理

相较于历史悠久的教育教学实践活动，关于课程的研究相对迟滞，这也导致了体育课程与教学论直到 2018 年才由教育部印发的《普通高等学校本科专业类教学质量国家标准》将其规定为体育教育专业的核心课程，以及体育学类其他专业的选修课程之一。无论是体育与健康课程还是体育与健康教学，抑或是体育与健康课程与教学的融合，都需要系统、深入地研究，并形成其知识体系。本教材聚焦课程与教学基本原理，全面阐述体育与健康课程与教学的目标、内容、实施、评价及其研究与改革等问题。系统掌握体育与健康课程与教学原理，是开展体育与健康课程与教学理论研究和实践工作的前提条件，是培养高素质专业化中小学体育教师的重要基础。

（四）有利于全面提升体育与健康课程实施和教学能力

课程实施是课程方案、课程标准、课程计划付诸实践的重要环节，体育与健康课程的价值必须经由课程实施才能转化为现实。教学虽然不是课程实施的唯一途径，但肯定是最重要的途径之一。体育与健康教学是实现体育与健康课程与教学目标、培养学生体育与健康核心素养的重要途径，这也是我国义务教育阶段持续增加体育与健康课学时数的重要原因之一。学无止境，教亦无止境，教学能力的提升对延续教师职业生涯来说至关重要。无论是对高等学校体育学专业的在校学生，还是对已经在教学第一线工作的体育教师来说，学好体育与健康课程与教学论，都能更好地掌握体育与健康课程实施策略及教学的基本规律，提升教学能力，有助于“学以致用、学以会用、学以能用”，进而指导体育与健康课程实施及教学实践。

三、学习体育与健康课程与教学论的要求

（一）明确体育与健康课程与教学论的学习目的

体育与健康课程与教学论是一门理论与实践相结合的课程，对于培养体育学科素养、教学能力、学会反思具有不可替代的作用。在学习过程中，要确立健康第一的指导思想，及时了解党和国家相关政策文件精神及体育与健康课程与教学改革的最新理念，并同体育与健康课程与教学的学习做到融会贯通。

（二）建立体育与健康课程与教学论的整体认知

在体育教师专业发展的课程体系中，体育与健康课程与教学论介于学

校体育学与体育教师教学技能训练之间，具有从理论到实践的过渡性质。就体育与健康课程与教学论本身而言，要避免只见树木不见森林的现象，要明确体育与健康课程与教学的目标、内容、实施、评价是一个整体，在目标引领内容和实施的思路下，通过评价形成闭环。

（三）拓展体育与健康课程与教学论的学习视野

在体育与健康课程与教学论学习中，要注意拓展学习视野。一要了解其母学科课程与教学论的发展历程及知识体系，因为体育与健康课程与教学论是课程与教学论的分支学科；二要具有一定的国际视野，在“扎根中国大地办教育”的总体原则下，及时了解和借鉴国外体育与健康课程与教学论研究和实践的先进经验；三要密切关注体育与健康课程与教学改革的实践动态，做到理论学习与实践提升相辅相成。

（四）学会运用体育与健康课程与教学论的学习方式

《教育部关于加快建设高水平本科教育全面提高人才培养能力的意见》提出：“推动课堂教学革命。以学生发展为中心，通过教学改革促进学习革命，积极推广小班化教学、混合式教学、翻转课堂，大力推进智慧教室建设，构建线上线下相结合的教学模式。”作为体育学专业的教育类课程，体育与健康课程与教学论的学习尤其要注意学会选择和运用恰当的学习方式。在常规课堂学习的基础上，要加强自主学习、合作学习和探究学习，学会运用基于信息技术的学习方式，如翻转课堂学习、混合式学习、泛在学习等。

复习与体验

1. 及时梳理对体育与健康课程、体育与健康教学概念的理解，熟悉体育与健康课程的最新理念。

2. 结合专业人才培养目标，跟同学交流学习体育与健康课程与教学论的意义。

3. 目标、内容、实施、评价是课程与教学的四大要素。基础教育体育与健康课程提出了“目标引领内容和方法”，由此可见目标的重要性，提前预习第二章体育与健康课程与教学目标。

拓展阅读文献

[1] 中华人民共和国教育部. 义务教育体育与健康课程标准（2022年版）[S]. 北京：北京师范大学出版社，2022.

[2] 中华人民共和国教育部. 普通高中体育与健康课程标准（2017年版）[S]. 北京：人民教育出版社，2018.

[3] 季浏. 体育与健康课程与教学论 [M]. 杭州：浙江教育出版社，2003.

[4] 钟启泉，汪霞，王文静. 课程与教学论 [M]. 上海：华东师范大学出版社，2008.

[5] 陈旭远. 课程与教学论 [M]. 北京：高等教育出版社，2012.

第二章 体育与健康课程与教学目标

本章导学

《课程标准（2022）》坚持目标导向，在育人方面更加注重学生理想信念和核心素养的培养，关注学生的生命质量和价值，突出终身发展。学校体育是实现立德树人根本任务、提升学生综合素质的基础性工程，体育与健康课程与教学体现以体育智、以体育心，促进学生德智体美劳全面发展。

学习目标

1. 准确理解体育与健康课程与教学目标的本质、特点、功能和关系，能够掌握国内外体育与健康课程目标改革发展趋势，懂得不同教育阶段体育与健康课程目标、教学目标的重要价值。

2. 明确现阶段国家对体育与健康教学目标的要求，以此为依据，探索现阶段体育与健康课程目标体系，从多维度出发理解并认识体育与健康教学目标的制定，能够根据我国当今体育与健康课程目标内容，选用并制定适合学生身心发展的教学目标。

3. 注重继承体育与健康课程的先进教育理念，学会从横向和纵向分析体育与健康课程目标的关系及层次，细化育人目标，进一步强化对体育与健康教学目标层次及其构成要素的认识，推动育人方式变革，着力发展学生核心素养。

体育与健康课程与教学目标是体育教学理论的核心内容之一。体育与健康教学目标有利于提升学生的运动能力、健康行为和体育品德，培养学生基本运动技能、体能、健康教育、专项运动技能和跨学科主题学习能力。本章我们将针对体育与健康课程目标与教学目标的概念、教学目标制定的依据等问题进行详细的阐述。

第一节　体育与健康课程与教学目标概述

一、体育与健康课程目标与教学目标的定义

体育与健康课程目标是指在一定的教育阶段，体育与健康课程着力培养学生核心素养所要达到的预期程度或标准；而体育与健康教学目标是指体育与健康教学活动主体预先确定的、在具体教学活动中所要达到的、利用现有技术手段可测量的教学结果。

（一）体育与健康课程目标与教学目标的内涵

体育与健康是一门以身体练习为主要手段，以增进学生健康为主要目的的必修课程，是学校课程体系的重要组成部分，是实施素质教育，培养德智体美劳全面发展的社会主义建设者和接班人不可缺少的重要途径。

体育与健康课程目标的内涵是指该课程所包含的学习内容，主要包括体育运动技能、体能、健康教育、专项运动技能、跨学科主题学习等方面的内容。体育教学目标的内涵主要包括：①认知目标：指学生在体育教学中获得的知识、理解、分析、判断和评价能力等方面的目标。②技能目标：指学生在体育运动中掌握的技术和技能，如运动基本技能、竞赛技能等。③情感目标：指学生在体育教学中形成的积极情感，如热爱体育、主

动参与、团结协作等。④价值观目标：指学生在体育教学中形成的正确价值观和道德观念，如公平竞争、团队精神、尊重他人等。

（二）体育与健康课程目标与教学目标的外延

体育与健康课程目标的外延是指体育与健康课程所涉及的范围和层次，应涵盖学生的身体素质、心理素质、社会素质等方面，实现全面、综合、可持续的学生发展。同时，体育与健康课程还应充分考虑不同年龄、不同性别学生的特点和需求，推广普及全民健身的宏观目标。体育与健康教学目标的外延包括：①个体目标：指每个学生在不同时间段内通过体育教育所达到的个人目标。②群体目标：指体育教学在促进集体合作、竞赛和团队精神等方面所达到的共同目标。③系统目标：指体育教学在满足社会全面发展需求、推动体育教育改革等方面所达到的整体目标。

（三）体育与健康教学目标的特点

第一，教学目标是实现“教—学—练—赛—评”一致性的目标。对体育教师而言，教学目标是教学与评价目标；对学生来说，教学目标就是学习目标，但它表现为体育教师教学活动所引起的学生终结行为的变化，即着眼于教而落脚于学。

第二，教学目标是教学活动预期的结果。这种预期的结果存在于教学实践活动之前，也就是说，在教学活动之前，即预见到教学活动可能促使学生运动能力、健康行为和体育品德等方面发生哪些变化。预期要达到的目标是否科学、具体、明确，直接影响到教学活动的成效，是人们对教学活动结果主观上的一种期望。

第三，体育与健康教学目标是通过体育与健康教学活动可以达到的结果。相对于学校体育与健康目标和体育与健康课程目标而言，它符合学校、班级、学生以及体育教师的实际与特点。

第四，横向上，对照不同的学习方面将有不同的体育与健康教学目标，各目标相互独立又彼此呼应；纵向上，体育与健康教学目标又是由学年（学期）教学目标、单元教学目标和课时教学目标构成，各目标之间层级分明、连续递增。

第五，体育与健康教学目标最终要落实到师生具体的教学活动中，因此，只有在目标中详细说明学生在什么条件下，应该做什么，做到什么程度，才能为教学活动的具体操作提供导向，也才能为教学评价提供可测量标准。体育教师的教和学生的学的结果，只有通过一定的方法与手段进行测量和客观评价，才具有应用的价值。

第六，体育与健康教学目标应根据确切的教学内容、具体的教学条件、学生的学习特点、课时分配等因素综合制订，这就要求教师必须因校、因课、因班制宜，依具体教学实际编制，内容和水平应有一定弹性，以便灵活掌握。

二、体育与健康课程目标与教学目标的功能

（一）体育与健康课程目标的功能

第一，为体育与健康课程内容和教学方法的选择提供依据。判断“什么教学最有价值”和“什么方法最有价值”均应以课程目标为重要依据，界定了课程的内容范围。

第二，为体育与健康课程与教学活动的组织提供依据。把课程组织成什么样的类型（如必修课程或选修课程），把体育与健康教学组织成什么样的形式，在某种意义上取决于课程目标。体育与健康课程目标决定了课程的性质和类型，也决定着教与学的组织形式。

第三，为体育与健康课程实施提供依据。课程的实施过程就是实现课程目标的过程，因此，体育与健康课程目标对体育与健康课程的实施起着导向和激励作用，影响着教与学的方法与策略。

第四，为体育与健康课程评价提供依据。评价什么以及如何评价都要以课程目标为具体依据，课程目标构成了对课程和教学进行价值判断的基本标准。

（二）体育与健康教学目标的功能

1．激励功能

目标反映了人的愿望和努力方向，当明确的目标意识延伸到人的行为领域，并同行为相联系的时候，则形成动机和动力源泉。虽然体育与健康教学目标并不完全是由任课教师和上课学生群体制订的，但合理的体育与健康教学目标必定充分反映着教师的努力方向和学生的学习愿望。体育与健康教学目标激发动机功能能否真正实现，也取决于其价值是否被学生认同及其难易程度是否适中。体育与健康教学目标的价值要想被学生认同，就必须与学生的内部需要相一致。

2．定向功能

明确的教学目标，还可以为教学中的师生活动指明方向，从而避免教学的盲目性。一般来说，目标指向正确，产生正向效果；目标指向错误，导致负向效果。因此，体育教师必须在教学一开始，就向学生指明教学目标，并以此来引导学生，保证积极的教学效果。

3．规约功能

教学目标不仅在方向上对教学起着指导作用，而且在具体步骤和方法实施中也具有规约作用。其预先规定了教学的大致进程，教学的展开过程就是教学目标得以一一实现的过程。因此，清晰的教学目标既有利于体育教师对教学活动的把控，又有利于提高教学设计的预见性和科学性。

4．衔接功能

如果制订好了每一个阶段的教学目标，就可以保证阶段教学目标的总和等于总的教学目标；反之，如果错订了阶段教学目标，就会使得阶段教学目标的总和小于总的教学目标。因此，正确地制订各个层次的教学目标，做到层层目标衔接，是最终实现总目标的可靠保证。

5．检验功能

在体育与健康教学中，教学效果的检测和评价，就是以体育与健康教学目标为依据，用客观的信息来显示教学效果是否达到或在何种程度上达到了既定的目标。因此，进行科学的评价首先要提供可行、可测的教学目标。如果缺乏科学、客观的衡量标准，测验的效度、信度、难度、区分度都将失去合理的保障，以此来衡量和检验的教学效果就会导致失误。从这个意义上说，科学、合理的教学目标，是科学检验教学效果、确定客观评价的基础和标准。

三、体育与健康课程目标与教学目标的关系

在学校具体的教育实践中，课程与教学是两个重要组成部分，也是不可分割的两个部分。而在学校教育目标体系中，体育与健康课程目标与教学目标联系最为密切，正因为如此，有人经常把二者混为一谈。但是，体育与健康课程目标与教学目标并不是同一回事，它们之间既有联系，又有区别。

（一）体育与健康课程目标与教学目标的联系

第一，相对于各级各类学校的培养目标和体育目标而言，体育与健康课程目标与教学目标都是子目标，它们共同为达成学校的培养目标与体育目标发挥着各自的作用。与此同时，体育与健康课程目标与教学目标的制定都必须以学校的培养目标和体育目标为依据。

第二，体育与健康课程目标与教学目标之间还有着纵、横两个方面的联系。从纵的联系来看，体育与健康教学目标是体育与健康课程目标的子目标。换言之，体育与健康课程目标的实现有赖于体育与健康教学目标的实现，或者说体育与健康课程目标是确定体育与健康教学目标的重要依据。从横的联系来看，体育与健康课程目标所涉及的方面，在体育与健康教学目标中也应该体现。

第三，体育与健康课程目标和教学目标之间有一个衔接点，即体育与健康课程的水平目标与教学的学年目标。课程的水平目标是确定学年教学目标的直接依据，它们之间应该是一致的。学年教学目标实现了，课程的水平目标也就实现了。

（二）体育与健康课程目标与教学目标的区别

体育与健康课程目标与教学目标是有区别的，具体见表2-1。

表2-1　体育与健康课程目标与教学目标的比较

比较内容	体育与健康课程目标	体育与健康教学目标
制定者	教育行政部门、体育与健康学科专家、少数体育教师	学校体育与健康教研组、体育教师
制定依据	社会发展需要、学生需要、体育与健康学科的特点	体育与健康课程目标、学校特点、学生特点、主要教学内容的特点等
制定文件	课程标准、地方课程方案	学年（学期）教学计划、单元教学计划、课时教学计划（教案）
适用范围	为体育与健康课程的编制提供依据；为体育教师的教与评、学生的学提供参考	为体育教师开展教学活动提供直接依据

如果从目标的性质来比较的话，会发现二者之间也有很大区别。体育与健康课程目标针对的是整个体育与健康课程，着眼于学生的整个学习过程或学习阶段以及学习方面，是宏观的、远景的、粗线条的，具有相对的稳定性；而体育与健康教学目标针对的是一个学年（或学期）、一个单元、一堂体育与健康课的具体教学情境，是微观的、现实的、具体的，具有相对的灵活性，确定后可以根据教学的具体情况进行调整。

四、国内外体育与健康课程目标改革发展趋势

课程目标是课程编制的起点，是进行课程评价的标准，也是课程实施

的归宿。当前国内外体育与健康课程目标具有如下共同发展趋势。

（一）增强学生健康素养，提升学生体能与基本运动技能

近年来，国内外越来越多的体育与健康课程将健康素养教育纳入课程目标之中，强调学生的健康意识、健康行为和健康管理能力等的培养。如美国人把了解身体活动和健康之间的关系看作最重要的认知目标，把加强自我意识和自我理解看作最重要的情感目标；日本强调让学生适当参加各种活动，以培养强壮的身体；加拿大提出促使所有学生的身体健康及成长的目标。美国学者布切尔认为，体育与健康课程应以发展学生身体为目的，让学生在教师的引导下，自觉通过体育锻炼提高身体素质，以增进健康水平。可见21 世纪学校体育课程目标已发展为“增强学生健康素养，提升学生运动技能”。

（二）落实立德树人根本任务，培养学生体育精神，发展学生核心素养

培养学生对体育运动的兴趣爱好及独立锻炼身体的能力，为终身体育奠定基础，这是各国体育与健康课程改革的共同趋势。俄罗斯注意培养学生参加体育锻炼的兴趣，力求达到身体完美；美国人认为培养锻炼能力要比提高运动技术及身体素质水平还重要，强调学生在参加体育活动中获得愉快的享受，激发长期参加体育锻炼的兴趣和愿望，养成爱好锻炼的生活方式；日本则通过各种合理的运动实践，在提高运动技能的同时，使学生能体验到运动乐趣；德国要求学生将在体育课中学到的东西应用到校外，使学生喜爱体育运动。当代学者大多主张体育与健康课程不能只注重暂时的体育实际效果，还要注意提高学生的体育人文素养。美国学者布切尔指出，体育与健康课程应基于参加者的需要、兴趣和能力促进终身体育。柯勇等认为中国学生发展核心素养是新的历史时期贯彻落实“立德树人”根本任务的理论构想与行动指南，基于学生发展核心素养的体育与健康课程设计，必须以核心素养的内涵界定、指标构成与水平划分为理论依据，以“分层转化”与“典型少数”为策略，合理解决体育与健康课程目标与内

容设计等关键问题，将核心素养的培养真正落实到具体的教学活动之中。①

（三）塑造学生健康行为，强调学生个性化，培养学生体育品德

体育与健康课程的根本职能就是为学生的身体健康和科学锻炼提供理论知识和方法指导，其内容应该包括掌握体育文化和卫生保健的基本知识。世界上许多国家都重视向学生传授体育卫生保健知识。俄罗斯强调向学生传授卫生、医疗、体育运动方面的知识；日本要求教师教给学生重要的活动技能和技巧，以及如何有效地运用它们；德国强调学生通过身体活动掌握运动和游戏的方法，并学习有关身体的知识。体育与健康课程目标的个性化，可以说仍然是“人本”理念的产物。所谓“个性化”，在教育视野里包括三层含义：一是指教育的人性化、人文化；二是指教育的个别化，如教育应考虑个体的身心特征，关注个体的天赋、爱好及价值取向等；三是指不同学校、不同学段或不同年级、班级的个性特色，如有个性特色的培养目标、专业设置、教学目标、教学内容、教学手段等。通过运动表现自我，发展社交能力，促进对能力各异的人的理解，培养竞争精神。配合育人的总目标，把体育与健康课程与品德教育、美育结合起来。推行个性化教学，强调学生的主体性和参与性，注重培养学生自主学习与创新能力。

（四）有重点地全面整合体育与健康教学目标

随着社会的发展和教育观念的转变，体育与健康课程的目标改革趋势也在逐渐向着高质量的方向发展，有重点地全面整合体育与健康教学目标。《课程标准（2022）》在修订原则中提出，要坚持目标导向，坚持问题导向，坚持创新导向；课程方案的变化主要集中在完善了培养目标，优化了课程设置，细化了实施要求；关于课程标准方面也做了改变，主要是强调了课程育人导向，优化了课程内容结构，研制了学业质量标准，增强

① 柯勇，左乐，黄博，等. 核心素养视域下体育课程目标与内容设计的关键策略分析［J］. 天津体育学院学报，2020，35（2）：163－168.

了指导性，加强了学段衔接。体育与健康课程基于培养目标，将党的教育方针细化为学生核心素养发展要求，明确本课程应着力培养的正确价值观、必备品格和关键能力。结合课程内容，依据核心素养发展水平，提出学业质量标准，引导和帮助教师把握教学深度与广度。通过增加学业要求、教学提示、评价案例等，增强了指导性，充分体现了体育与健康课程的多重功能与价值。

第二节　体育与健康课程与教学目标的结构

一、体育与健康课程目标的层次

体育与健康课程目标在垂直向度上，具有层次性、线性、累积性的特点，包含了特殊性的至一般性的、切近的至高远的、现实的至理想的一系列目标。有学者认为根据课程目标的上下层关系，可以依次将课程目标区分为以下几种不同的层次：课程总体目标——教育目的；课程总体目标的具体化——培养目标，学科领域的课程目标；学科领域的课程目标的具体化——教学目标。顶层目标是抽象的、整体的、普遍性的目标，底层目标是具体的、分化的、特殊的目标；底层目标逐步达成后，课程总目标也就达成了。宏观来讲，体育与健康课程目标体系由总目标、学习领域目标、水平目标和教学目标四个纵向层次构成。

（一）体育与健康课程总目标

体育与健康课程总目标面向某个教育阶段的全体学生，如义务教育、普通高中、高等教育等，是特定教育阶段大多数学生通过自己的努力都能够达成的体育学习目标。《课程标准（2022）》确立的课程目标是“体育与健康课程围绕核心素养，体现课程性质，反映课程理念，确立课程目标；总目标是通过体育与健康课程的学习，学生能掌握与运用体能和运动技能，提高运动能力；学会运用健康与安全的知识和技能，形成健康的生活方式；积极参与各项体育活动，养成良好的体育品德”①。

（二）体育与健康课程的学习领域目标

学习领域是指在体育与健康课程中，按学习内容性质的不同划分的学习范畴。学习领域目标是指各个学习领域期望达到的相应水平。《课程标准（2022）》改变了传统的按运动项目划分课程内容和安排教学时的框架，根据三维健康观、体育自身的特点以及国际上体育与健康课程的发展趋势，拓宽了课程学习的内容，将核心素养划分为运动能力、健康行为、体育品德三个方面，核心素养主要包括体育锻炼意识与习惯、健康知识与技能的掌握和运用、情绪调控、环境适应四个维度；同时还规定了健康教育的课程内容，包括健康行为与生活方式、生长发育与青春期保健、心理健康、疾病预防与突发公共卫生事件应对、安全应急与避险五个领域②，并根据学习领域目标构建课程的内容体系。

（三）体育与健康课程的水平目标

体育与健康课程的水平目标是指不同年龄（学段）学生在各方面学习中预期达到的相应水平。这是根据学校体育与健康课程目标，对各个学段体育教学结果的不同规定，是各个学段都必须指向的、各自必须完成的目标，它体现了根据不同年龄段学生身心发展的特点实施体育与健康课程的理念，其目的是为了在一定的阶段内，更好地加大教材内容的弹性，以满足学生、学校的不同特点、条件及实际需求。学段教学目标应体现不同学习阶段体育教学的侧重点，因此不同学段的教学目标是相对独立、各具特色的，同时各学段之间的教学目标又是彼此衔接、相互协调的整体。自中华人民共和国成立以来，我国传统体育教学大纲中对学段的划分基本上采

---

① 中华人民共和国教育部．义务教育体育与健康课程标准（2022 年版）［S］．北京：北京师范大学出版社，2022：6－7.

② 胡滨，耿培新．新时代中小学体育与健康教材建设的新使命与编写要求：对《义务教育体育与健康课程标准（2022 年版）》教材编写建议的解读［J］．首都体育学院学报，2022，34（3）：263－274.

用的是小学、初中、高中、大学四段法。《课程标准（2022）》则把小学阶段进一步划分为三个水平：水平一（1~2年级）、水平二（3~4年级）、水平三（5~6年级），初中、高中各自为一个学段，相应地为水平四、水平五，每个水平规定了相应的教学目标，其他学段的学生也可以将高一级的水平目标作为本阶段的发展性学习目标。这种划分法与以前的相比，更符合学生身心发展特征，目标也更为科学。

（四）体育与健康教学目标

体育与健康教学目标是体育与健康课程目标的延伸，包含在体育与健康课程目标体系之中，是体育与健康课程目标体系中不可缺少的重要组成部分。体育与健康课程目标尤其是水平目标，是制订体育与健康教学目标的主要依据。教学目标又是单元教学目标的具体化，是最微观层次的课程目标。就体育教学目标而言，按照教学过程的持续时间，体育教学目标的结构可分为学年（学期）体育教学目标、单元体育教学目标和课时体育教学目标。

表2-2 体育与健康课程目标的层次和具体内容

体育与健康课程目标的层次	具体内容
体育与健康课程总目标	九年义务教育体育与健康课程目标 普通高中体育与健康课程目标 ……
体育与健康课程学习领域目标	运动能力目标 健康行为目标 体育品德目标
体育与健康课程水平目标	水平一 水平二 水平三 ……
体育与健康教学目标	学年（学期）教学目标 单元（模块）教学目标 课时教学目标

二、体育与健康教学目标的层次

学年（学期）教学目标、单元教学目标、课时教学目标建构了教学目标体系的纵向系列，上位目标为下位目标的确立提供依据，下位目标是对上位目标内容的细化和具体化，是上位目标实现的前提。上、下位目标相互呼应、彼此衔接，在体育与健康教学活动中引导着学生的发展方向。

（一）学年（学期）教学目标

学年（学期）教学目标是根据“学段教学目标”确定的，它是对该学段内每个学年（学期）教学活动的分解与不同要求，是在该学年（学期）学习结束时必须实现的目标。学年（学期）教学目标，在性质上属于计划性目标，通常根据体育与健康课程总目标和水平目标的要求、学校实际情况、学生的兴趣爱好及课程内容的特点等来制订。该层次的教学目标主要是由各个学校的体育教研组或体育教师编写，一般出现在学校的体育教学计划中。

（二）单元（模块）教学目标

单元（模块）教学目标是依据“年级教学目标”和学期教学的分配计划，对安排在每个学年（学期）中的单元教学的具体要求，单元教学目标对指导教师的体育课教学具有重要意义，教师一般按照单元组织教学活动。单元教学目标的制订，主要依托各个课程内容，如某个运动项目的特性。

案例 2－1

“武术”单元教学目标

（全国中小学体育与健康课优秀单元教学计划选编，任课教师：杨 × ×）

教学单元时数：5 学时　　　　水平：四　　　　学生人数：40 人

教学内容	1. 学习武术拳术套路青年拳（主要教材） 2. 学会云南少数民族传统体育项目（辅助教材）	
目标	认知目标	1. 通过学习，对武术项目有初步的了解和认识，对其产生一定的兴趣； 2. 通过民族传统体育项目学习，帮助学生初步认识、了解云南少数民族传统体育项目的内容，体会其热情、奔放的特点
	技能目标	1. 掌握武术中的部分基本功、基本动作，学习青年拳一、二段动作，建立一定的攻防意识； 2. 体会武术的刚强、自信，为以后提高武术攻防技术的学习奠定基础； 3. 帮助学生在学习民族传统体育项目中，掌握正确的体态姿势，把女性婀娜多姿的体态用优美的舞蹈表现出来
	情感目标	1. 建立基本的武术意识； 2. 培养既有刚强的性格，又有亭亭玉立身姿，既有爱祖国、爱家乡的民族自豪感，又为自己生长在云南这块具有 25 个少数民族和丰富多彩的民族传统文化的边疆地区感到自豪的学生

（三）课时教学目标

课时教学目标，也叫课堂教学目标，属于操作性目标，是最微观层面的教学目标。体育与健康课程目标能否实现，主要取决于该层次目标的达成度。课时教学目标，是由每堂体育课具体的教学内容以及学生的学习特点和需要所决定的，同时还要考虑具体的教学时空情境和条件（或具体的体育教学环境）等因素，它体现在体育教师的教案中。课时教学目标是教学目标体系中最具灵活性，也是最活跃的要素，它是一系列教学目标得以逐层落实的基础。

案例 2－2

“中考体育项目”课时教学目标

<table>
<tr><td>年级</td><td>八年级</td><td>人数</td><td>45</td><td>日期</td><td>5 月 17 日</td><td>执教</td><td>洪××</td></tr>
<tr><td>班级</td><td>5 班、6 班</td><td>组班形式</td><td>自然班</td><td>周次</td><td>9</td><td>课次</td><td>20</td></tr>
<tr><td rowspan="2">内容主题</td><td colspan="3" rowspan="2">中考体育项目</td><td>重点</td><td colspan="3">各项目动作要领、注意事项；篮球运球姿势，运球绕杆过程中的步数和运球的次数（节奏）</td></tr>
<tr><td>难点</td><td colspan="3">如何调动学生的主动性、积极性</td></tr>
<tr><td>学习目标</td><td colspan="7">1. 认知目标：通过教学让学生明确各项目的动作要领、注意事项、练习方法；
2. 技能目标：熟练掌握，巩固提高，并应用在实际练习中；
3. 体能目标：发展学生的核心力量，提高速度、力量、弹跳、协调性素质，达到全面发展体能的目标；
4. 情感目标：培养学生自主学习、竞争意识以及积极进取、顽强拼搏的良好品德</td></tr>
</table>

体育与健康教学目标是一所学校在确定体育与健康课程的实施方案并制订以单元为基础的全年教学计划以后，由任课教师制订的。它是体育教师制订学段教学目标、学年（学期）教学计划、单元（模块）计划和课时计划的依据。在过去，我国较为重视的是课时计划，并把一堂课看作是最基本的教学单位。① 运用大单元进行教学是国外许多体育与健康教学专家所提倡的教学方式，其比传统的体育课单元所用的时间跨度要长，一般由 15～20 节课组成。

---

① 邹玉玲，史曙生，顾渊彦．体育课程导论［M］．北京：人民体育出版社，2005：107.

三、体育与健康教学目标的构成要素

（一）行为目标

行为目标指的是用可观察、可测量和可评价的具体行为来描述课堂教学目标，属于结果性目标。行为目标明确规定学生的预期学习结果和评价标准，要求准确地使用行为动词，以期说明学习者通过学习后应能做什么（或说什么），以便教师能观察学习者的行为，了解目标是否达到。

表述行为的基本方法是使用动宾结构的短语，用可观察的行为术语来描述，使师生双方都能明确体育学习的结果。其中，行为动词说明学习的类型，用以描述学生形成的具体行为；宾语则说明学习的内容。例如：做出行进间单手肩上投篮的动作；做出鱼跃前滚翻动作；说出单手肩上投篮动作的要领与方法；等等。

条件是指影响学生学习结果的特定限制或范围，即说明目标是在什么条件下产生或达成的。例如，①人的因素：包括独立进行、小组合作与探究、在教师指导帮助下完成等；②物资设备因素：包括场地、器材、体育挂图等；③时间因素：包括速度、时间限制等。

标准是指衡量学习结果行为的最低要求，也是目标实现与否的评价标准，它明确指出学生在学练活动结束后能力水平要达到什么程度。标准的表述一般与“动作完成得怎么样”“好到哪种程度”“精确度怎样”“完整性如何”“在多少时间内”“行为的速度、准确性、质量”等问题有关，例如：完成急行跳远至少有 3 次跳过 4 m；至少有 70% 的同学做出符合标准的前滚翻动作。

根据上述“行为”“条件”和“标准”三要素，就可以制订出规范、正确和完整的体育课堂教学目标，并拥有一个清晰的范式，例如：正确做出垫球技术动作（行为），并能够连续对垫（条件）20 次以上（标准）；知道耐久跑（行为）的意义，坚决做到在 5 min 内（条件）跑完 800 m 或 1 000 m（标准）。

（二）一般目标+具体行为目标

行为目标是基于行为主义的刺激——反应学说，强调行为结果而忽视内在的心理过程。尽管它有助于课堂教学目标的具体化，但容易导致教学局限于外在行为表现而忽视学生学习时的内在心理变化。为弥补其不足，美国教育心理学专家格朗伦（N. E. Gronlund）提出先用描述内部心理过程的术语陈述概括性的教学目标，然后用可观察的行为做具体例子，进而使目标具体化。这种内隐心理过程与外显行为相结合的目标构成要素，既反映学生学习时的内部心理变化，也反映学习者外显行为变化。

表述该目标的方法是，首先要确定一般教学目标，即用行为动词说明学生的内隐心理，如知道、了解和体验等；然后确定具体教学目标，列出具体行为样例，如说出、做出和展示等。通过这样的跟进式描述，就能把学生内隐心理变化转换为外显行为，使得一般教学目标得以明确。同时，这也是判断学生是否达到课堂教学目标的依据。这样，在描述内在认知、情感变化的同时，用一些外在的行为动词对其进行补充说明，课堂教学目标就得以精确化。这种内外相结合的方法，特别适用于描述认知目标、情感目标。例如，领会运动心理学术语“运动表象”的含义，这是一般目标，但“领会”描述的是内隐心理，究竟领会与否或领会多少，很难让人知道，也无法评价。因此需要一个跟进说明的外显行为实例来证实其真实的“领会”水平，比如，根据本人的理解说出运动表象的含义；能列举2~3种运动表象实例；能区别运动表象与想象的异同。由于有这三种不同水平、不同层次的实例补充，课堂教学目标“领会”就不再是不可捉摸的。

格朗伦的这种内隐心理与外显行为相结合的目标构成要素，既可以避免因单纯使用描述内部心理过程的术语而造成目标编写的笼统性和概括性，又可以有效避免因单一使用行为目标而出现的局限性和机械性，因此得到众多心理学家的支持。当然，基于此理论，我们也就能够提供诸多范例，例如，提醒学生在练习中注意同伴奔跑的特点和能力，在互相照顾、互相配合中赢得胜利；帮助学生在练习中掌握3~4种用跑和跳锻炼身体的方法；让学生寻找合作跑技巧并有所进步，使学生体验到合作跑的成功和乐趣；提醒学生在集体练习中遵守规则并照顾同伴，努力争取集体胜利。

（三）表现性目标

表现性目标是指学生在具体教学活动中的首创性反应和个性化表现。它与行为目标事先规定的结果不同，不要求学生做出统一的行为反应，重点关注学生行为表现的多元性和创造性。表现性目标，旨在提供一个主题，学生可以由现有发展区的认知经验和技术技能，完成最近发展区和潜在发展区的学习或活动。当然，在这一主题下，各种意义也是个性化的，就像学生本身所固有的差异性一样。

表现性目标能通过学生的主体行为和活动要求来进行判断和测量，并且在这些具体的言行上，当学习者表现出积极持久的姿态，即所谓的“接近意向”；反之，如表现出消极或反对的情绪，即所谓的“回避意向”。若出现“接近意向”则说明已树立了合作学习的观念；反之，则说明没有培养出合作学习的意识。因此，采用“接近意向”可描述和说明学生学习目标的达成，但究竟达到什么程度，很难理清和精确。而与此相对应的，传统的目标可以为我们提供一些不争的事实，如培养团结协作、勤于探究的精神；发扬迎难而上的作风，敢于挑战自我和战胜自我；激发运动兴趣，在练习中积极进取，充分发挥自身的主观能动性。

第三节　体育与健康教学目标的制订

制订科学、合理、可行的体育与健康教学目标，对于充分发挥体育与健康学科教学的功能，保障实现体育与健康的教学目的，确保目标层层衔接，最终实现总目标，明确和落实体育与健康的教学任务，规约体育与健康教学过程，指引和激励教师的教与学生的学，形成检验教学成果的标准，保证体育与健康教学活动的顺利进行具有十分重要的作用。

一、体育与健康教学目标制订的依据与要求

（一）体育与健康教学目标制订的依据

1．学生对体育与健康学习的需求

学生对体育与健康的学习需求影响着体育与健康教学目标维度的确定，因此，体育与健康教学目标的制订应突出其增强体质、促进身心健康、发展体能的本质功能。同时，也应全面考虑在体育与健康教学本质功能的规定与影响下，体育与健康教学目标所反映的体育与健康教学多种功能的可能性依据，根据学生多方面的需求与功能进行挖掘，教学目标的维度也将趋向多元化。

2．学校体育与健康课程目标的标准

学校体育与健康课程目标体现了我国的教育、体育与健康有关方针和政策的基本精神，以及国家、社会对学校体育的要求，是制订体育与健康教学目标的重要依据。教育部颁发的基础教育体育与健康课程标准，根据学校体育与健康课程总目标，制订了各个水平的教学目标和各项教材的教学目标，从而形成的体育与健康教学目标体系，是制订体育与健康教学目标的指导性依据。每一个上位目标都是其下位各层次目标的累积，每一个下位目标必是其上位目标的细化，因此，制订教学目标时，应以其上位目标，包括学校体育与健康课程目标为依据。

3．体育与健康教学内容

体育与健康教学目标的制订必须立足于对教学内容的认真分析，通过对教学内容基本结构与特点的整体把握，分析其中的教育元素，确定教学重难点，为建立体育与健康教学目标奠定基础。同时，体育与健康的教学内容还应该根据学生的需求来量身定做，因地制宜、因时制宜地把握好最适宜的教学内容。

4．学生的条件

体育与健康教学目标必须根据学生的身心发展特点与规律，已有的学习状态，以及学生对体育与健康的兴趣、态度、需要、学习倾向性等个性

因素来提出。这是制订体育与健康教学目标的生理学和心理学依据。需要说明的是，日标的制订除了考虑学生群体的特征，还应充分考虑学生个体的差异性，使每个学生都得到充分的发展。

5．学校教学条件

学校教学条件是制约教学目标实现的重要因素。在制订体育与健康教学目标时，应考虑学校现有的物质条件，主要指满足体育与健康教学的场地、器材、设施等。当前，不同地区的学校，甚至同一地区的不同学校，教学条件都千差万别。为了确保教学目标的可行性，在制订教学目标时，必须从实际出发，充分考虑学校的客观条件与可行性依据。

（二）制订体育与健康教学目标的原则

1．系统性原则

体育与健康教学目标是由若干个具体目标组成的完整系统，各层次目标构成一个有机的网络，它们纵横有序，层次分明。任何一个教学目标都不是孤立存在的，它是教学目标体系中的一个有机组成部分，和其他教学目标之间具有一定的关联性。纵向上，它要体现不同学段、不同学年、不同单元，以及不同课时之间的贯穿性和衔接性；横向上，不同学习领域的目标之间应相互配合、彼此补充。这样纵横连贯地制订体育与健康教学目标，才能保证体育与健康教学的终极目标及其教育目的和学校体育与健康目标要求的实现。

2．科学性原则

体育与健康教学目标的科学性体现在五个方面：①体现体育与健康学科的特点；②全面包括各个学习方面；③根据教材的特点，突出重点和难点；④具体、明确、可操作；⑤难度适中，所设立的教学目标应该是大多数学生经过一定的努力能够达到的。

3．灵活性原则

体育与健康教学目标可以由师生根据教学实际情况灵活制订，其内容和水平可以有一定的弹性空间，以便获得最佳成效。体育与健康教学目标的灵活性是由复杂性决定的，同时它又为体育教师创造性地开展教学工作提供了机会。具有灵活性的教学目标，可以更好地适应学生的学习特点，使其通过教学目标的实现，在其身心发展与课程思政方面取得更有利的发展。

4. 可测性原则

体育与健康教学目标是对体育与健康教学过程中学生身心发展状况进行明确、具体、恰当的描述，而这种内心发展状态是可以利用现有技术手段进行定性或定量测量的，否则，体育与健康教学目标将失去应有的意义。例如，只是使用“了解”“掌握”“熟练掌握”等词描述要求，缺乏质和量的具体规定性，这样的目标可测性、可比性都较差，很难准确测量和评价最终的教学效果，也难以指导教师正确选择教学方法、妥善组织教学过程。

5. 发展性原则

教学的效果最终要落实并体现到学生身上。体育与健康教学目标的制订，既要着眼于学生现有的发展水平和学习需要，又要放眼未来，使学生进入下一阶段或将来走向社会健康地成长成才，获得健康完满的生活，并形成坚持终身体育的观念。

（三）制订体育与健康教学目标的要求

1. 准确分析学生体育与健康的学习需要

学生的学习需要是指学生学习与“目前状况所期望达到的状况之间的差距”，主要包括学习者成绩、学习态度等现状与体育与健康教学目标之间的差距。分析学生能力与条件是指学生在体育与健康知识、运动技能、体能和情感等方面已经具备的能力与条件。在认真分析学生的学习需要与能力条件的基础上才有可能设置合理有效的体育与健康教学目标。

2. 注重体育与健康教学目标的整体构建

体育与健康教学目标是一个结构严密、层次分明、排列有序的系统，应具有整体性，要注意不同层次和序列教学目标的协调及衔接。这不仅要设立各类各层具体体育与健康教学目标，还要使其各类各层教学目标纵贯横联，形成一个完整和谐的系统，使之较好地体现体育与健康教学目标的系统性、层次性、进阶性和联系性，如小学体育与健康教学目标制订得是否合理，将影响到中学乃至大学。体育与健康教学目标只有形成一个纵横连接的网络系统，才能充分发挥其系统功能。

3. 明确体育与健康教学目标的表述

教学目标明确、具体、可量化，有利于加强体育与健康教学工作的计划性，为教学实施，特别是检查及评价教学工作奠定基础。如果教学目标制订得含糊不清，不便理解、不好把握，势必会影响教学内容的选择、教学方法的运用、教学策略的制定和教学评价的结果，进而影响教学目标的作用发挥和教学效果。

4. 细化体育与健康教学目标的操作目标

体育与健康教学目标只有分解成细致的操作目标，才可使教学目标的要求落到实处，具体包括学习目标（母目标）、依据学习目标界定和编写的行为目标（子目标）。行为目标是衡量学习目标达成与否的具体目标，学习目标的达成有赖于行为目标的逐一实现。所以，教学目标的分解直接关系到教学效果的优化和教学质量的提高，每个体育教师都应该具备对教学目标进行分解的能力。

5. 体育与健康教学目标要有一定的弹性

体育与健康教学目标受多种因素的影响和制约，而诸多因素都在不断变化着。这就要求我们在制订教学目标时，要保持一定的弹性，以便依据实际情况进行必要的调整或修改。

二、我国现阶段的体育与健康课程目标体系

体育与健康课程是新时代学校体育工作贯彻落实“立德树人”根本任务和“健康第一”教育理念的重要载体，是实现学科育人、课程育人和教材育人的基础。《课程标准（2022）》中的课程内容体现出以下特点。首先，《课程标准（2022）》遵循学生身心发展规律和运动技能形成规律，凸显课程内容的阶段性和关联性，并关注课程内容的不可逆性和进阶性，提出了全新的体育与健康课程目标体系；其次，这个体系涉及了体能、技能、健康、兴趣、爱好、知识、习惯、心理、体育活动、交往合作、生活

方式、体育品德等诸多方面的教学目标，各个教学目标分为三个学习方面，每一部分的内容均有其内涵与价值，合力促进学生核心素养的形成与提高；再次，体育与健康课程内容结构彰显了以核心素养为导向、以结构化为纲目、以综合育人为目标的特色，在指引课程内容设置、细化课程内容呈现和构建课程内容知识图谱等方面具有重要的作用。只有充分把握新时代体育与健康课程内容结构蕴含的价值，才能促成体育与健康课程的育人效能不断释放。

《课程标准（2022）》立足发展学生素养，构建了三个学习领域、四个水平、三个层次的课程目标体系。

（一）体育与健康课程目标的学习领域目标

三个学习领域目标分别是：运动能力、健康行为与体育品德。

1. 运动能力

运动能力是指学生在参与体育运动过程中所表现出来的综合能力。运动能力包括体能状况、运动认知与技战术运用、体育展示或比赛三个维度，主要体现在基本运动技能、体能、专项运动技能的掌握与运用。

2. 健康行为

健康行为是指学生增进身心健康和积极适应外部环境的综合表现。健康行为包括体育锻炼意识与习惯、健康知识与技能的掌握和运用、情绪调控、环境适应四个维度，主要体现在养成良好的锻炼、饮食、用眼、作息和卫生习惯，树立安全意识，控制体重，远离不良嗜好，预防运动损伤和疾病，消除运动疲劳，保持良好心态，适应自然和社会环境等。

3. 体育品德

体育品德是指学生在体育运动中应当遵循的行为规范和体育伦理，以及形成的价值追求和精神风貌。体育品德包括体育精神、体育道德和体育品格三个维度。体育精神主要体现在积极进取、勇敢顽强、不怕困难、坚持到底、团队精神等；体育道德主要体现在遵守规则、尊重裁判、尊重对手、诚信自律、公平竞争等；体育品格主要体现在自尊自信、文明礼貌、责任意识、正确的胜负观等。

核心素养的上述三个方面密切联系，相互影响，在体育与健康教育教学过程中得以全面发展，并在解决复杂情境的实际问题过程中整体发挥作用。

（二）体育与健康课程目标的四个水平

体育与健康课程依据核心素养达成度，分四个水平对课程目标进行细化，具体见表2－3。

表2－3　水平课程目标表

课程总目标	水平一（1～2年级）	水平二（3～4年级）	水平三（5～6年级）	水平四（7～9年级）
掌握与运用体能和运动技能，提高运动能力	积极参与各种体育游戏，感受体育活动的乐趣。 学练和体验移动性技能、非移动性技能、操控性技能等基本运动技能	积极参与多种运动项目游戏，感受运动乐趣。 学练体能和多种运动项目的知识与技能，能进行体育展示或比赛。 运用所学知识观看体育展示或比赛	积极参与运动项目学练，形成运动兴趣。 体能水平显著提高；掌握运动项目的基本知识，学练运动项目的技战术，并能在体育展示或比赛中运用。 运用比赛规则参与裁判工作，观看体育比赛并能进行简要评价	形成对所学运动项目的兴趣和爱好。 体能获得全面协调发展；理解运动项目的相关原理、历史和文化，能运用知识与技能分析和解决体育展示或比赛中遇到的问题，掌握1～2项运动技能。 经常观看国内外重大体育比赛，并能作出分析与评价

续上表

课程总目标	水平一（1～2 年级）	水平二（3～4 年级）	水平三（5～6 年级）	水平四（7～9 年级）
学会运用健康与安全的知识和技能，形成健康的生活方式	感受体育锻炼对健康的重要性，参与校内外体育活动。 知道个人卫生保健、营养膳食、安全避险等健康知识和方法，并将其运用于日常生活中。 活泼开朗，体验快乐。 乐于与他人交往，适应自然环境	了解体育锻炼对健康的重要性，积极参与校内外体育活动。 了解个人卫生保健、营养膳食、青春期生长发育、运动伤病、安全避险等健康知识和方法，并将其运用于日常生活中。 关注自己情绪的变化。 积极与他人沟通和交流，适应自然环境的变化	理解体育锻炼对健康的重要性，主动参与校内外体育锻炼。 将健康与安全知识和技能运用于日常生活中。 遭受挫折和失败时保持情绪稳定。 交往与合作能力提升，适应自然环境的能力增强	有规律地参与校内外体育锻炼。 运用健康与安全知识和技能进行健康管理的能力增强。 情绪调控能力增强，心态良好，充满青春活力。 善于沟通与合作，适应多种环境
积极参与体育活动，养成良好的体育品德	在体育活动中表现出不怕困难、努力坚持学练的意志品质。 按照要求参与体育游戏。 在体育活动中尊重教师、爱护同学，能扮演不同的运动角色	在有一定难度的体育活动中表现出勇敢顽强、克服困难的意志品质。 按照规则和要求参与体育活动。 在体育活动中表现出文明礼貌、乐于助人的行为	在有挑战性的体育活动中能迎难而上，表现出自信和抗挫折能力。 遵守各种规范和规则，尊重裁判，尊重对手，表现出公平竞争的意识。 具有团队精神和集体意识，能接受比赛结果	积极应对体育活动中遇到的困难，表现出吃苦耐劳、敢于拼搏、勇于争先的精神。 做到诚信自律、公平公正，规则意识强。 具有责任意识和集体荣誉感，能正确看待比赛的胜负

（三）体育与健康课程目标的层次关系

1. 第一层次：课程总目标

体育与健康课程总目标是通过体育与健康课程的学习，学生能掌握与运用体能和运动技能，提高运动能力；学会运用健康与安全的知识和技能，形成健康的生活方式；积极参与体育活动，养成良好的体育品德。

2. 第二层次：学习领域目标

体育与健康课程的学习领域目标，即体育与健康课程要培养的核心素养，主要是指学生通过体育与健康课程学习而逐步形成的正确价值观、必备品格和关键能力，包括运动能力、健康行为和体育品德等。运动能力是指学生在参与体育运动过程中所表现出来的综合能力；健康行为是指学生增进身心健康和积极适应外部环境的综合表现；体育品德包括体育精神、体育道德和体育品格三个维度。

3. 第三层次：水平目标

课程标准水平目标体系框架的提出，为体育教师有效地选择教学内容、实施课堂教学、完成学习评价等环节奠定了良好的基础。

三、体育与健康教学目标制定的多维取向

（一）课堂教学目标要因人而异

设置目标前，教师要充分了解每个学生的基础和能力水平，这是成功设置目标的重要前提。由于先天的素质和后天所处的文化环境、家庭背景的不同，学生之间会存在一定的差异性。这就要求教师要根据体育项目的特点，从学生现有的身体和心理素质等方面出发，在远度、高度、时间、次数等方面设置不同程度的、学生通过努力能够达到的目标。例如：安排总量 50 次的俯卧撑练习，要求力量好、体重较轻的学生用 2 ~ 3 组达成目标，并对其动作规格要求较高；要求力量中等、体重较轻的学生用 4 ~ 5 组达成目标，并适当强调其动作标准；要求力量小、体重较轻或力量一

般、体重较重的学生用6～8组达成目标；其他力量差、体重重的学生可以安排其在身体与地面成一定角度的情况下达成目标。

（二）在课堂教学过程中及时调整教学目标

课堂教学目标是否合理、能否达成体现在教学实施过程中学生各项任务的完成效果上。教师在教学实施过程中要通过关注每一个学生来了解教学目标的达成度。关注每一个学生，要求师生互动面广、对学生做出的回应及时评价、了解每一个学生在课堂上的实际收获。同时，教学目标在课堂上是否达成不只是体现在学生是否能对教师的指令做出正确的回应，以及活动中学生是否会积极思考两个方面。学生懂了并不等于会，学生“不会”就意味着教学目标没有达成。有时，学生只是在运用他们已有的知识做出回应，结果造成学生只是在对已经掌握的知识进一步熟练和强化，并没有获取新的知识或提高能力。出现这种情况，教师就应该思考教学目标设置的合理性和有效性，及时进行调整，让教学目标得到真正的落实。

（三）课堂教学目标设置要明确、具体、可测

课堂教学目标是教师根据教学目的、内容及学生实际而制定的一种具体要求和标准，它是教学目的的具体化，是课堂教学的方向，是一堂课的灵魂，是判断教学是否有效的直接依据，所以在制订教学目标时必须明确、具体、可测，这就要求其能够用时间、距离、次数和重量等来确定出具体的数字。这样可以让学生清晰明了、一目了然地知道自己所要达到的目标，由此引起学生的学习兴趣，提高其参与积极性。例如：一名学生目前的百米跑成绩是15秒，教师可以要求其通过两个月的学习和训练后提高至13.5秒，这就是一个明确而又具体的目标。如果教师只是简单地要求“下次跑快点”“再努力点跑”，这样的目标就比较模糊，学生也很难判断怎样才算跑得快了。

明确、具体、可测的课堂目标有助于帮助学生了解自己目前的水平距离要达到的目标还有多大的差距，使其明确学习和努力的方向，对于参与

动机和运动水平较低的学生，设置明确具体的目标显得尤为重要。

（四）课堂教学目标要在实施中注意公开和反馈

学生需要清楚地了解自己应该做什么，如何被评价，以及达到目标之后会有什么收获，教师把教学目标对学生公开就显得十分重要。例如，在篮球一分钟定点投篮练习时，教师先让每位学生报告自己目前的成绩和本次课所要达到的目标次数，然后，将技术水平和目标次数相近的学生分在一组进行练习，让他们相互鼓励，这样既能照顾到学生的个体差异，又能激发学生的竞争意识。

将教学目标进行反馈，就要把学生达成目标的程度、未达到目标的原因及达到目标的方法和策略进行反馈，由此可以让学生了解如下两个方面的信息：一方面，教学目标的设置是否合理，不合理的话，该如何做出调整；另一方面，对学生的努力程度做出评价，能否通过个人努力达到目标。这样，可以使学生在完成体育学习目标和练习内容的过程中及时得到正确的信息反馈，了解自身所达到的学习程度，有利于教学目标的调整和学习动机的激发。

（五）课堂教学目标要在实施中注重归因指导

一般而言，如果学生将成败归因于自身内在的因素（如能力、努力、身心状态），学生会产生积极的自我价值感；如果学生将成败归因于外在的因素（如任务难度、运气、外界环境），则学习结果不会对其产生影响。因此，教师不应运用外部归因来解释学生未达到目标的结果，因为它会让学生产生失败感或侥幸心理，使其觉得无论怎么做都不会改变结果。对于完成目标的学生，教师要强调这是个人努力的结果，让学生认识到个人努力是提高技术和达到目标的重要因素，从而激发学习动机，不断努力。

四、体育与健康学习目标制订的步骤和方法

（一）分析体育与健康学习对象

心理学研究表明，学生发展的内在动力是新的需要与原有水平之间的矛盾。新的需要与原有水平之间有差距，就会推动学生努力去学习，即产生学习的需要。在体育与健康教学目标制订中，学习需要是一个特定的概念，指有关学习的“目前状况与所期望达到的状况之间的差距”，即学生学习成绩的现状和教学目标之间的差距。换言之，学习需要的分析就是分析教学中实际存在的问题，重点是分析学生的学习现状。

分析学习需要有两种方法：内部需要评价和外部需要评价。通过这两种分析，若发现确实存在差距，也就存在了问题，于是必须对问题的原因及性质做进一步的分析。在此基础上，再进一步分析解决问题的可行性。通过对学习需要的分析，找出教学中存在的问题及其原因，据此确定教学目标。

此外，还要对学生的一般特征、学习风格、知识与能力基础等进行分析，因为这些因素也制约着教学目标的实现。

（二）分析体育与健康学习内容

要确保学习目标的实现，必须有合乎目标的教学内容。分析学习内容的目的在于确定教学内容的范围和深度，弄清教学内容中各项知识之间的相互关系，以便更好地安排学习程序。分析体育与健康学习内容的步骤是：①单元学习任务的选择与组织；②单元学习目标的确定；③学习任务分类；④学习内容的评价；⑤学习任务分析；⑥学习内容的进一步评价。

（三）编制体育与健康学习目标

学习目标有多个层次，这里说的是体育与健康课时学习目标的编制。

1. 目标分解

课时学习目标之上有课程总目标、课程学习领域目标、课程水平目

标、学年学习目标和单元学习目标几个层次。它们自上而下通过不断地具体化形成一个完整的体系。而与课时学习目标关系最紧密的当属单元学习目标。因此，首先要明确单元学习目标的属性，即它是精学类的单元还是简学类的单元，是开放型的学习内容还是封闭型的学习内容。在分解课时学习目标的过程中要注意以下几个问题：

第一，目标具有整体性，即要考虑课时学习目标与课程目标、单元学习目标的联系。

第二，目标具有灵活性，不能搞一刀切，要制订符合学生实际的目标。

第三，目标具有层次性，体现出体育与健康学习循序渐进的过程。

第四，目标具有可操作性，学习目标应该是可测量、可观察的。

2．任务分析

单元学习目标确定后，就可以根据其进行任务分析。这里的任务分析是指对学习者为了达到单元学习目标的规定所需学习的从属知识（技能、能力、态度、情感），并对它们的相互关系进行具体剖析。根据单元学习目标确定课时学习目标时，这种任务分析往往是与单元学习内容结合进行的，所以这种任务分析又称为学习内容分析。通常的做法是，从已确定的学习目标开始提问和分析，要求学习者获得学习目标规定的能力，他们必须具备哪些次一级的从属能力；而要培养这些次一级的从属能力，又需具备哪些再次一级的从属能力。这种提问和分析一直进行到学习起点为止。单元学习目标可分为认知的、情感的、技能的几种类型。单元学习目标的类型不同，据此进行任务分析就具有不同的特点。这样，形成了任务分析的多种方法，如归类分析法、图解分析法、层级分析法等。最后对任务分析的结果进行评价，即对所剖析的从属知识与技能及其相互的联系进行评价，删除与实现单元学习目标无关的部分，补充可能遗漏的内容。

3．起点确定

学习目标不是对教师的指导行为的描述，而是指学习者预期的学习结果。既然如此，要制订出合适的学习目标，就不能忽视对学习者的分析，对学习者的起点能力进行分析，即确定学习的起点。

学习起点的确定，直接关系到学习目标的作用发挥和学习的有效性。学习起点定得太高，则可能导致课时学习目标过高，使学习脱离大多数学生的实际需要，学习目标不但不能发挥其作用，反而有可能带来副作用；学习起点定得太低，则会在学生已掌握的内容上或学习活动上浪费时间和精力。一般来说，确定学习起点，主要应对学习者进行如下三个方面的分析。

第一，分析学习者的社会特征。即对学生的学习习惯、学习方法、成熟程度、班级水平、心智发展水平及对所学内容的态度等都要有所了解。这些因素对学习目标制订的影响有不同的特点，有的是经常起作用的，有的是随着时间、内容的变化而变化的，有的影响大些，有的影响小些，这些都要求教师具体情况具体分析。对学习者社会特征的分析，有经验的教师采用观察、谈话、访问、调查等方法，就可以做出较为准确的估计。

第二，分析学习者的预备技能。即了解学习者是否已经掌握了新的学习所需的相关知识和技能，这是进行新的学习的基础。更具体地说，就是分析个体关于某个体育与健康学习领域的知识、技能与经验的原有基础。

第三，分析学生的目标技能。即了解学习者是否已经掌握或部分掌握学习目标中要求学会的知识与技能。如果已经达到了部分目标，则这部分内容的学习没有必要进行。这有助于我们在确定目标和内容方面做到重点突出、详略得当。

对学习者预备技能和目标技能的分析可采用观察、谈话等方法，也可采用测试的方法。在实际进行学习起点分析时，是否要对起点能力的三个方面分别进行分析，或是否要用测试的方法，都可以根据设计者的学科专业水平、经验以及对学习者的熟悉程度等情况灵活运用。

学习任务分析与学习起点的确定是密不可分的。没有学习任务分析，就没有所谓学习起点的确定；没有学习起点的确定，学习任务分析就失去了终点。在制订学习目标时，这两方面的分析往往是同时进行的，两个步骤并不存在明显的先后关系。

(四) 体育与健康学习目标表述

制订学习目标时，必须对学习者通过每一项从属知识和技能的学习所应达到的行为状态做出具体、明确的表述，再将这些表述进行类别化和层次化处理。课时学习目标的表述除需要具体、可操作、可测量和必须陈述学生的学习结果这几点外，还应反映学习结果的类型。下面结合课时学习目标的表述要求，介绍两种表述方法。

1. 行为观的表述方法

行为观的表述方法强调用可观察、可测量的外显行为来描述。这类方法很多，下面以 ABCD 表述方法为例进行介绍。

A，即 audience，意指“学习者”，是目标句子中的主语，书写时可以省略，但目标表述的方式仍应较明显地体现出学生是行为完成的主体，如（学生）能说出单手肩上投篮的动作要领，若写成“教会学生……”或“培养学生……”则变为教师的行为。

B，即 behaviour，意为“行为”，是目标句子中的谓语和宾语。在表述学习目标时，应尽可能选用那些意义明确、易于观察的行为动词。行为动词说明学习类型，宾语说明学习的内容，通常在行为动词后面，加上动作的对象就构成了对行为的表述。

C，即 conditions，意为“条件”，是目标句子中的状语，主要说明学生在何种情境或条件下完成指定的操作。对行为条件的表述，体育与健康学习中常用的有：①环境因素，包括对学习空间、学习地点的限制，如“在沙坑里完成纵跳”；②作业条件因素，包括对器材的高度和重量的规定，以及允许或不允许使用器材与辅助手段等，如“用 2 kg 的实心球向前（后）抛”，或“在同学的保护下跳过山羊”；③提供信息或提示，如“借助人体解剖图，说出……”；④完成行为的情境，如“在课堂讨论时，叙述出……”。

D，即 degree，意为“程度”，指评定行为的最低依据，或学生对目标所达到的最低水准，主要包括以下三类：一是完成行为的时间限制，如几分钟内完成 n 个动作；二是完成行为的准确性，如动作的正确率至少达 80%；三是完成行为的成功特征，如肢体动作的速度、柔韧性达到某一标准。

可量化的目标表述方式可参考表2－4。

表2－4 可量化的目标表述方式

目标	学习者	行为	条件	程度
学生离篮筐3米远投篮10次命中5次以上	学生	投篮	离篮筐3米	命中5次以上
两名学生在1 min内不间断传球20次以上	学生	传球	1 min内不间断	20次以上
学生以蛙泳姿势1 min内游完50米	学生	蛙泳	1 min	50米
学生离球门20米远踢球5次，命中球门3次以上	学生	踢球	离球门20米	命中球门3次以上

ABCD表述方法也称为行为目标表述方法。其优点是学习目标具体可测，避免了用传统方法陈述目标时的含糊性；缺点是只强调行为结果，忽视内在能力和情感的变化，违背了学习的真义，而且有的学习结果也很难行为化。为了弥补ABCD表述方法的不足，有人提出了内外结合表述方法。

2. 内外结合表述方法

教育的真正目标是受教育者内在能力或情感的变化，而那些内在的心理变化，如理解、欣赏、热爱、尊重等，不能直接进行观察和测量。为了能间接地测量、观察这些内在心理变化，需要列举反映这些内在变化的行为样品，使这个目标具体化。这就是格朗伦提出的内部过程与外显行为相结合的折中陈述方法的意义。例如，“球类运动中要培养学生的团队精神”这个目标可以表述为：“学生具有一定的团队精神；能说出团队精神的大概意义；能在运动中与同伴进行适时的传接球的密切配合；能够指出运动中由于同伴的配合不当所造成的失误”。第一句话是对内部过程的表述，后面三句话是为了说明内部过程而表述的可观察、可测量的外显行为。两者相结合的表述方法，既保留了行为目标表述的优点，又避免了行为目标只顾及具体行为变化而忽视内在心理过程变化的缺点，所以这种表述方法受到很多人的青睐。它既适合认知目标的表述，也适合情感目标的表述。不宜量化的目标表述可参考表2－5。

表2－5　不宜量化的目标表述

目标	分解表述
具有积极进取的人生态度	在运动中不怕困难，敢于挑战； 经常鼓励同伴振作精神； 能够正确地面对失败，毫不气馁
具有自主探究学习能力	经常思考自己的动作是否合理； 经常对同伴或教师的讲解产生疑问； 经常尝试新的练习方法

需要说明的是，由于实际学习的复杂性和多样性，学习目标的拟写未必严格套用此法。一些学习目标的表述不能拘泥于某一种形式及其条条框框，而必须根据目标的层次、学习任务分析的结果、学生的特点等情况具体分析，只要简洁明了容易理解就可以了。

五、体育与健康学习目标制订案例

体育与健康学习目标的制订是将体育与健康教学中学习者通过学习体育与健康基础知识、运动技能和培养社会适应能力所要达到一种什么样的行为结果和体验性结果，或者说将通过体育与健康学习后所要达到的最终行为状态和体验的感受，用具有可测量性、可观察性、可操作性的目标准确地表述出来。[①] 体育与健康学习目标的制订是体育与健康教学设计的重要环节，因为体育与健康学习目标一旦确定下来，其他的体育与健康教学设计环节都要围绕它来进行。

体育与健康学习目标是指在一定的时间和范围内，师生经过努力后所要达到的教学结果的标准、规格和状态。体育与健康学习目标是体育教学

① 董翠香，田来，杨清风．核心素养导向的体育与健康教学设计［M］．上海：上海教育出版社，2020：78.

的出发点和归宿，决定着体育与健康教学的方向。实际上体育与健康学习目标是人们对体育与健康教学活动结果的一种主观上的愿望，是对完成教学活动后，学习者应达到的行为状态的详细具体的描述，它表达了学习者通过体育与健康学习后的一种学习结果。体育与健康学习目标是体育与健康课程目标的具体化，是由教师根据有关教育法规、课程标准、体育与健康教学的本质和功能、学生实际以及体育与健康教学环境和条件的实际情况制订的。它是指导体育与健康教学活动设计、实施和评价的基本依据，对教学活动有导向、指引、操作、调控、测评等功能。体育与健康学习目标通常在“单元”或“课”的教学计划（方案）中按照体育与健康课程目标学习领域分别陈述。

案例 2-3

“水平四：发展灵敏与协调能力之体能提升与自我诊断的实践应用”单元学习目标制订

单元学习主题	体能提升与自我诊断的实践应用
单元指导思想	本单元以立德树人和健康第一为指导思想，积极贯彻落实“初中多样化”体育与健康课程改革理念。从学生自身出发，将上下肢核心肌群的区分及各肌肉群体的力量提升作为重点着力推进，搭配灵敏性与协调性、心肺耐力的练习，提高学生神经协调反应能力，促进动作完成质量和躯干稳定，对其他专项的体能训练起到正向作用。启发学生根据自身情况设计个性化的运动计划，能做到“举一反三”；关注学生的差异性，让学生在学习运动知识的同时，培养勇于挑战、坚韧不拔的精神和意志品质
单元学情分析	初中阶段的男、女生正处于青春发育期和个性发展的关键时期，求知欲强，具备一定的探究和协作能力，在小学阶段各个项目的学习中都曾进行一般体能或专项体能的练习，对体能有一定的了解，因此本单元教学中应强调各项体能的概念、原理、练习方法，通过任务驱动，引导学生积极思考、体验探究、获得发展，促进学生掌握各项体能的要点和锻炼方法，提升学生身体素质，发展学生知识整合、迁移和应用的能力，为运动技能的发展奠定扎实基础

续上表

单元学习目标	了解体能发展的基本知识、原理和概念，明确国家学生体质健康标准的测试与评价方法；能运用科学方法评价体能锻炼效果，改进体能锻炼计划，掌握有效控制体重和改善体型的方法；掌握各种体能发展的基本原理与科学方法，能根据自身的情况调整适合的体能锻炼计划，形成健康的锻炼习惯；养成乐学善思、挑战自我、勇敢顽强、坚持不懈的良好学习习惯，在学习与实践中培育和践行社会主义核心价值观，体现团结协作、诚信友善、遵守规则的良好社会行为	
单元教学安排	18 课时	
课时	课时主题	课时目标
1	体能前测：了解自己的身体	1. 了解运动计划的设计原则与实施方法； 2. 知道健康体能的测试内容、方法与标准； 3. 发展认知、思考与合作能力
2	一般耐力：“校园寻宝”定向跑	1. 掌握定向跑的练习方法； 2. 能够在 30 min 内完成 4 000 ~ 4 500米定向跑； 3. 发展下肢力量与一般耐力
3	心肺耐力：循环练习 + 弹力带阻力跑	1. 掌握循环练习的方法； 2. 能够在保证质量的基础上，完成规定组数、次数的训练； 3. 提升上下肢、核心力量及心肺耐力等身体素质
4	臀腿肌肉群知识与练习动作体验	1. 掌握体能臀腿力量训练的正确动作； 2. 体验不同部位、不同器材的练习与使用方法，练习时发力部位准确，肌肉感受明显； 3. 发展臀部肌群的肌耐力及爆发力
5	臀腿力量练习	1. 掌握体能臀腿力量的正确动作及方法； 2. 练习时发力部位准确，肌肉感受明显； 3. 发展臀腿力量

续上表

课时	课时主题	课时目标
6	姿态诊断与臀腿力量动作创编	1. 掌握体能臀腿力量训练的正确动作及方法，以及下交叉综合征诊断与练习方法； 2. 可以根据不同部位和器材设计出有针对性的臀腿力量训练方法； 3. 发展臀腿力量
7	灵敏、协调练习1：基础练习	1. 掌握封闭式与半开式灵敏、协调基础练习方法； 2. 练习时移动步伐准确、有提前变向意识，能够在20 s内完成“T”形变向检测； 3. 发展协调、灵敏能力及腿部肌肉力量
8	灵敏、协调练习2：进阶练习	1. 掌握灵敏、协调素质的进阶练习方法； 2. 合拍进行节奏跳动，重心转换迅速，给出随机信号能够做出合理反应，全场分数达到 5 分以上，提高协调、灵敏等身体素质； 3. 发展下肢肌肉力量
9	灵敏、协调练习3：综合自测	1. 掌握灵敏、协调动作的自测方法； 2. 能够结合自身情况设计运动计划，在实际练习中反应与步法移动迅速，身体在方向变换中能够协调配合，全场分数达到 36 分以上； 3. 发展全身协调能力和灵敏、速度等素质
10	核心肌肉群知识与练习动作体验	1. 掌握体能核心力量训练的正确动作； 2. 体验不同部位、不同器材的练习与使用方法； 3. 发展核心力量
11	核心力量练习	1. 掌握体能核心力量训练的正确动作及方法； 2. 练习时发力部位准确，肌肉感受明显； 3. 发展核心力量以及灵敏协调素质

续上表

课时	课时主题	课时目标
12	姿态诊断与核心力量动作创编	1. 掌握体能核心力量训练的正确动作及方法，以及跪卧撑的正确动作与练习方法，并可以根据不同部位和器材设计出有针对性的核心力量训练方法； 2. 练习时发力部位准确，肌肉感受明显； 3. 发展核心力量以及心肺功能
13	肩、胸、上背部肌群知识与练习动作体验	1. 掌握体能肩、胸、上背部力量训练的正确动作； 2. 体验不同部位、不同器材的使用方法，练习时发力部位准确，肌肉感受明显； 3. 发展肩、胸、上背部力量以及心肺耐力
14	肩、胸、上背部力量练习	1. 掌握体能肩、胸、上背部力量训练的正确动作及方法； 2. 练习时发力部位准确，肌肉感受明显； 3. 发展肩、胸、上背部力量及协调素质
15	姿态诊断与肩、胸、上背背部力量动作创编	1. 掌握体能核心力量训练的正确动作及方法，以及上交叉综合征诊断与练习方法，并根据不同部位和器材设计出有针对性的核心力量训练方法； 2. 练习时发力部位准确，肌肉感受明显； 3. 发展肩、胸、上背部力量以及心肺功能
16 ~ 18	体能运动会	掌握体能比赛规则制定方法、比赛组织流程与赛程编排方法，能够共同设计、组织并管理实施体能运动的相关内容，积极参加比赛，感受比赛的激情与成功的喜悦

复习与体验

1. 及时梳理体育与健康的课程目标、教学目标、学习领域目标的本质、意义、特点和功能，以及它们之间的相互关系，更新国内外体育与健康课程目标相关知识。

2. 结合所学体育与健康目标层次，试着向他人讲述体育与健康课程目标和学习领域目标的层次、构成要素及其关系，并与同学交流讨论体育与健康课程目标学习的意义。

3. 根据所学体育与健康学习领域目标的制度，增进体育与健康课程的针对性和有效性，学习小组尝试制定学习领域目标，选编教学内容。

拓展阅读文献

[1] 张细谦. 体育与健康课程实施策略的研究 [M]. 北京：北京体育大学出版社，2021.

[2] 季浏. 我国《义务教育体育与健康课程标准（2022 年版）》解读 [J]. 体育科学，2022，42（5）：3－17，67.

[3] 汪晓赞，杨燕国，徐勤萍. 新世纪以来我国基础教育体育与健康课程标准的继承与发展 [J]. 西安体育学院学报，2022，39（5）：513－524.

[4] 季浏. 基于核心素养的体育实践课课时教学设计与实施：《义务教育体育与健康课程标准（2022 年版）》专家解读 [J]. 体育教学，2022，42（8）：4－7.

第三章　体育与健康课程与教学内容

本章导学

体育与健康课程与教学内容是实施体育与健康课程标准、培养学生核心素养的载体，具有健身性、实践性、趣味性、综合性等特征，发挥着健身主导、享受乐趣、强化实践、课程思政的教育功能。《课程标准（2022）》规定，课程内容主要包括基本运动技能、体能、健康教育、专项运动技能和跨学科主题学习。在体育与健康课程实施过程中，实施者应该遵循课程改革的要求，坚持核心素养导向，依据学生身心发展的规律，从实际教学条件出发，选择和设计体育与健康教学内容。

学习目标

1. 准确理解体育与健康课程内容及其含义，明确二者之间的区别和联系。

2. 了解体育与健康课程内容组织原则，准确把握课程内容的来源，熟悉《课程标准（2022）》中关于课程内容的规定，了解体育与健康课程与教学内容蕴含的思政元素。

3. 理解体育与健康教学内容选择依据，学会用体育与健康教学内容选择的原则和方法，开发、设计教学内容。

课程与教学内容是达成课程目标和学习目标的载体，具有显著的学科特点和功能，在培养学生学科核心素养过程中占有重要地位。体育与健康课程与教学内容的选择和设计，应遵循学科发展规律、学生身心发展规律，顺应社会发展的需求，在教学实践中尤为值得重视。

第一节　体育与健康课程与教学内容概述

一、体育与健康课程内容与教学内容的含义与关系

（一）体育与健康课程内容的含义

课程内容是课程的基本要素，是课程实施，达成课程目标的载体，是课程内在结构的核心部分、关键要素。受教育观念的影响，不同的课程价值观、结构观和设计观对课程内容的理解也有所不同。

体育与健康课程内容是根据一定的教育价值观和相应的课程目标构建的体育与健康知识、技能和方法体系。体育与健康课程内容是课程中的核心部分，它服务于课程目标落实和课程实施活动，主要解答体育与健康课程“教什么”的问题。当前的体育与健康课程内容主要包括基本运动技能、体能、健康教育、专项运动技能、跨学科主题学习等内容与活动，它为课程实施提供了内容和方式，是教与学的主要遵循。

（二）体育与健康教学内容的含义

教学内容是教师依据教学目标选择出来的，根据学生发展需要和教学条件，创造性地将课程内容在教学中应用的结果。教学内容受到课程目标要求、学生发展需求、教学实际条件以及教师教学设计能力、学生学习能力等因素的影响。

体育与健康教学内容是体育教师依据课程目标的规定，根据学生发展需要和教学条件，将课程内容资源科学创编后生成并能够运用于教学的体

育与健康知识、技能和方法。体育与健康教学内容主要回答体育与健康课程实施中“用什么教”和“用什么方法教”的问题，是具体的、可操作的内容与方法。

（三）体育与健康课程内容和教学内容的关系

课程内容、教学内容都是体育与健康学科贯彻“立德树人”根本任务，落实“健康第一”指导思想，实施体育与健康课程标准，培养学生学科核心素养的主要载体。二者相互联系，相辅相成，体育与健康课程内容规定了体育与健康学科为达到课程目标而具备的统一标准和要求，为体育与健康教学内容的选择提供素材和依据；体育与健康教学内容是教师依据学科特征、教学条件、学生需求，对课程内容进行筛选、加工、创编后而形成的，适用于学生学习的具体化的知识、技能和方法。

体育与健康课程内容和教学内容是两个不同的概念，其存在方式具有明显的差别。课程内容多呈现在课程标准、课程方案等指导性文本之中，是课程标准或课程方案的核心内容；教学内容多出现在各类教学计划中，如学年计划、学期计划、单元计划、课时计划，各类计划就是对教学内容的具体化分配。[①] 此外，从内容的来源看，体育与健康课程内容和教学内容同样包含体育与健康的知识、技能和方法，前者所包含的内容较为广泛、抽象，而后者较为具体、明确，直接服务于具体的教学活动。

体育与健康教学内容受制于课程内容，如果没有课程内容，教学内容就失去了依据。相反，教学内容是课程内容的重要载体，如果没有教学内容，课程内容就无法实现，就失去了存在的意义。

---

① 于素梅. 一体化体育课程内容体系的建构［J］. 体育学刊，2019，26（4）：16－21.

二、体育与健康课程与教学内容的特点

（一）实践性

体育与健康课程的最大特征是以身体活动为主要手段，这决定了课程与教学内容应通过身体大肌肉群活动且承受一定的运动负荷才能够达成运动能力、健康行为、体育品德的培养目标。运动能力的发展、健康行为的养成和体育品德的形成都是以个人的运动体验为基础，学生只有在切身体验中才可以感受到运动带来的收获。体育与健康课程与教学内容构建了运动技能学与练、锻炼行为养成、体能增强、心理健康发展、道德品质培养的知识体系，学生通过思维活动和运动中建立的肌肉本体感觉，形成动作记忆，收获运动兴趣，增强技能体能。

（二）健身性

体育与健康课程与教学内容实施的根本要义在于通过知识、技能和方法的学习达到增强体能、增进健康的目的。学生学习的体育与健康知识、技能和方法体系不是理论化的知识体系，而是身体活动参与的内容体系，并且在进行身体练习的过程中必须也必然要承受适宜的运动负荷。学生在学习和练习具有一定运动负荷的课程与教学内容的过程中发展体能和掌握运动技能，促进身心健康成长。课程与教学内容中天然存在的健身性，是体育与健康课程与教学内容的基本特征。

（三）趣味性

体育与健康课程与教学内容多是来自体育运动项目，常见的体育运动项目有体育游戏、体操、舞蹈、竞技运动项目、户外运动和我国传统的武术、气功等。其中，以身体运动为媒介的体育游戏，自然具有趣味性、娱

乐性的特点，在实施过程中达到寓教于乐，促进参与者身心发展的目的。[①] 体育与健康课程与教学内容在强调身体体验的同时，也为参与者带来丰富的情感体验。学生在经历挑战与尝试、竞争与合作、成功与失败的体验中，增强情绪调控能力，享受运动带来的乐趣。

（四）综合性

以身体练习为媒介的体育与健康课程与教学知识的排列顺序并没有明显的由易到难、由简到繁、从基础到高级的阶梯状结构，而是呈现复杂的螺旋式结构体系，这种结构体系事实上是身体活动相关知识、技能和方法的综合性开发的结果。体能、基本运动技能、专项运动技能、健康教育和跨学科主题学习等内容构成体育与健康课程与教学的知识、技能和方法体系，其来源广泛，体系庞大，内容丰富，在课程与教学目标的统领下，相互替代、交叉、融合，呈现综合性，服务于学生核心素养的培养。

三、体育与健康课程与教学内容的功能

（一）健身性功能

选择和设计体育与健康课程与教学内容最根本的价值就是使学生体魄强健、体质增强。学生通过身体活动参与学习和练习，掌握体育与健康的知识、技能和方法，在此过程中提高心血管系统、呼吸系统的机能水平，促进骨骼和肌肉的生长发育，从而达到发展体能、增强体质的目的。

（二）趣味性功能

体育与健康知识、技能和方法体系不是呆板的、生硬的、枯燥乏味的

① 杨文轩，陈琦. 体育概论［M］. 2版. 北京：高等教育出版社，2013：121－122.

内容，而是灵活多样的、可替代的、有趣味的内容，它能够激发学生的学习兴趣，吸引学生进行学、练、赛，并从中愉悦身心，享受乐趣，达到身心健康发展的目的。

（三）实践性功能

体育与健康课程的主要特点是以身体练习为主，具有很强的实践性。无论是课堂教学中的学、练、赛，还是由课内拓展到课外的自主练习活动，其主要内容都是以身体运动为基础的运动技能学练和体能练习。体育与健康课程与教学内容将运动能力、健康行为、体育品德的培养融为一体，并通过作用于学生的身体活动，实现体育与健康课程的价值和目标。

（四）思政性功能

体育与健康课程与教学内容不仅仅是学生运动技能的学练和体能的练习，更是在教师指导下进行道德认识和社会实践的过程。体育与健康课程与教学内容将身体练习和体育理想、价值、精神、道德、规则、审美等内容相融合，培养学生具有以“为国争光、无私奉献、科学求实、遵纪守法、团结协作、顽强拼搏”为内涵的中华体育精神，以及勇于挑战、坚忍不拔的拼搏精神，追求卓越、突破自我的进取精神，敬畏规则、公平竞争的规则意识，一丝不苟、精益求精的严谨态度，精诚团结、协作共进的集体主义，乐观向上、不惧失败的积极心理[①]（见表 3－1），从而实现课程和教学全程育人的目的。

---

① 胡德平. 体育课程思政的理论内涵、内容体系与建设路径 [J]. 武汉体育学院学报，2022，56（5）：13－21.

表3-1　体育与健康课程与教学内容的思想品德培养①

运动项目	教学内容	品德品质
田径类运动	短跑	坚韧性、自制力、果断性、主动性、坚持不解、实事求是、吃苦耐劳
	中长跑	坚韧性、自制力、独立性、吃苦耐劳、勇敢顽强、坚忍不拔
	接力赛	集体主义品质、团队意识、顽强拼搏、规则意识
	跳高、跳远	勇于挑战、自信、果断、吃苦耐劳、不畏艰险、顽强拼搏
	投掷	自制力、遵守纪律、服从命令、听从指挥
	跨栏	坚韧性、自制力、坚忍不拔、勇敢顽强、勇于挑战
体操类运动	团体操、队列	自制力、集体主义精神、团结、紧张、严肃、活泼、团队协作
	跳马、跳箱、跳山羊、单杠、双杠	坚韧性、自制力、勇敢、果断、机智、团结友爱、精益求精
球类运动	篮球、足球、排球	自觉性、独立性、果断性、规则意识、公正诚信、自尊、自信、机智、灵活、勇敢顽强、坚韧不拔、集体主义精神、体育道德风尚
武术与中华传统体育类运动	武术基本功、套路	坚韧性、独立性、武德教育、爱国主义教育、民族自豪感、严肃认真、虚心好学、勇敢顽强、精益求精
水上或冰雪类运动	游泳、滑冰、滑雪	坚韧性、不怕困难、勇于拼搏、自制力、独立性、勇于进取
新兴体育类运动	定向越野、攀岩	勇于进取、挑战自我、不畏困难、坚韧性、思考力

① 刘辉利. 大单元设计中体育教学内容的选择与优化策略［J］. 体育师友，2022，45（2）：4-5，12.

四、体育与健康课程与教学内容的价值取向

（一）社会本位价值取向（1949—1976 年）

中华人民共和国成立后，学生健康严重不良的情况引起毛泽东同志的极大关注。毛泽东同志先后于 1950 年 6 月和 1951 年 1 月两次就学生的健康问题致信教育部时任部长马叙伦，强调学校要将学生的健康放在第一位，这是对当时教育工作、学校体育卫生工作极其重要的指示。1950 年，教育部相继颁发了第一个《中学暂行教学计划（草案）》和《小学体育课程暂行标准（草案）》，明确了各年级的教学内容主要包括整队和步伐、体操、舞蹈、游戏、技巧运动、球类运动、田径赛。与此同时，国内全面开始学习苏联学校体育的经验，引进了苏联《准备劳动与卫国体育制度》，苏联模式的学校体育思想、理论、原则、教学组织、方法、手段、课程教材建设等对当时我国学校体育锻炼的开展、教学质量的提高和学生体质的增强起到积极有效的作用。[①] 深受苏联教育思想影响的我国体育课程与教学内容，强调面向全体学生，将体育与卫生、劳动、国防密切结合，为培养健康、勇敢、乐观的祖国忠实保卫者与共产主义社会的积极建设者服务，体现了课程与教学内容为培养无产阶级建设者服务的价值取向。

为了规范体育课教学，提高教学质量，1956 年，教育部制订和颁发了中华人民共和国第一部中小学体育教学大纲，并据此编著了中小学体育教学参考书。1961 年，人民教育出版社出版的中小学体育教材教师用书，明确了中小学体育教学内容主要包括体操、田径、武术、游戏（包括球类）、体育基本知识五大项，教学内容按年级编排的形式呈现。明确的体育课程与教学内容，摆脱了“大跃进”时代教学的混乱和恐慌，对于稳定当时的教学秩序，提高体育教学质量起到积极作用。

“文化大革命”期间，体育课改为军事体育课，教学内容以军事项目为主，主要包括队列练习、射击、刺杀、投弹、防空基本知识、过障碍、

---

① 李晋裕，滕子敬，李永亮. 学校体育史［M］. 海口：海南出版社，2000：3-14.

行军和爬山、游泳、爬绳、徒手体操、技巧、单双杠、军体拳等，突出掌握一定的军事体育基本知识和技能；但过度强调体育为国家军事服务的政治目的，削弱了运动知识和技术学习的分量，违背了体育教学规律，破坏了学校体育工作的开展。

（二）学科本位价值取向（1977—1999 年）

1977 年 8 月，邓小平同志主持召开科学和教育工作座谈会，提出要重视中小学教育，“关键是教材”[①]。为抓好教材建设，1978 年，教育部以十年制（小学五年、中学五年）为基本学制制订颁发了《十年制中小学体育教学大纲（试行草案）》，规定中小学体育教学内容以发展人体基本活动能力为主，兼顾运动项目的分类方法，将跑、跳、投、技巧、单双杠等内容纳入基本活动能力部分，将球类、武术等内容纳入运动项目。这种分类方法以生理学、解剖学为依据，更加具有科学性，更能凸显体育学科自身的特点。

1987 年 1 月，国家教委颁布新修订的《全日制小学体育教学大纲（六年制）》和《全日制中学体育教学大纲（六年制）》，确立了体育教学“一个目的、三项基本任务”的总目标。“一个目的”是培养德、智、体、美全面发展的社会主义建设者和保卫者；“三项基本任务”是全面锻炼学生身体，使学生掌握体育基础知识、基本技术和基本技能，向学生进行思想品德教育[②]；并且调整了教学内容的分类方法，小学低年级仍保持运动项目和人体基本活动能力相结合的分类方法，小学高年级和中学阶段按照运动项目进行分类，田径、基本体操、技巧与器械体操、球类、武术、舞蹈与韵律操作为实践部分的教学内容；提倡根据教学条件选择教学内容，增强了教学内容选择的灵活性、适应性。

1992 年 11 月，国家教委颁发了《九年义务教育全日制小学体育教学大纲（试用）》和《九年义务教育初级中学体育教学大纲（试用）》，强调

① 邓小平. 邓小平文选：1975—1982 年 [M]. 北京：人民出版社，1983：52.

② 李晋裕，滕子敬，李永亮. 学校体育史 [M]. 海口：海南出版社，2000：163 - 164.

体育与卫生、理论与实践相结合，增大了体育卫生知识的比重。

自改革开放以来，我国经济社会飞速发展，人们的生活方式发生深刻的变化，对健康的理解更为深刻，体育也从单一的生物观向生物、心理、社会三维体育观转变。在此阶段，无论体育课的目标任务，还是体育教学的内容和形式，都对学生身体的生物学改造过程认识逐渐深化，体育教学探索出体质教育、技能教育、快乐体育、终身体育等模式，课程与教学内容的选择和设置更加注重适应学生身心发展的阶段性规律，体现出以增强学生体质、增进学生身心健康为根本目标的学科本位价值取向。

（三）学生本位价值取向（2000 年至今）

1999 年 6 月，中共中央、国务院发布《关于深化教育改革　全面推进素质教育的决定》，明确提出“学校教育要树立健康第一的指导思想，切实加强体育工作，使学生掌握基本的运动技能，养成坚持锻炼身体的良好习惯”。“健康第一”作为指导思想，突出学生的主体地位，强调学生身心和谐发展，为新时期我国学校体育课程价值取向的转型树立了“风向标”。

教育部于 2001 年颁布实施《体育（1 ~ 6 年级）体育与健康（7 ~ 12 年级）课程标准（实验稿）》，于 2003 年颁布实施《普通高级中学体育与健康课程标准（实验）》，于 2011 年颁布实施《义务教育体育与健康课程标准（2011 年版）》，根据课程目标与内容划分运动参与、运动技能、身体健康、心理健康、社会适应五个学习领域（2011 年版课程标准修订为四个学习方面，即运动参与、运动技能、身体健康、心理健康和社会适应），在课程目标的指引下，鼓励学校和教师根据国家课程、地方课程、学校课程的三级课程管理要求加大课程内容的选择性，精选既受学生喜爱，又对促进学生身心发展有较大价值，且有利于为学生终身发展奠定基础的体育与健康基础知识、基本技能和方法作为学习内容。

经过十多年的课程改革与实践，为了更好地突出中国特色、时代特征和国际视野，教育部分别于 2017 年和 2022 年相继颁布实施《普通高中体育与健康课程标准（2017 年版）》和《义务教育体育与健康课程标准（2022 年版）》，确立了体育与健康课程要培养的核心素养，即运动能力、健康行为和体育品德，根据核心素养构建体育与健康课程内容。高中阶段体育与健康课程内容构成包括必修必学的体能模块、健康教育模块和必修选学的运动技能系列（包括球类项目、田径类项目、体操类项目、水上或冰雪类项目、武术与民族民间传统体育类项目、新兴运动类项目）；义务教育阶段体育与健康课程内容构成包括基本运动技能、体能、健康教育、专项运动技能和跨学科主题学习。

在“健康第一”思想的指导下，伴随着课程改革的步伐，体育与健康课程与教学内容历经五个学习领域、四个学习方面、三大核心素养的目标变化，提倡从众多的身体活动和体育运动项目中选择和组织有利于促进和发展学生体育核心素养的课程内容①，更凸显出以“立德树人”为根本任务，遵循学生身心发展规律、运动技能形成规律、体育与健康知识学习和运动认知规律、运动负荷变化与控制规律、运动乐趣变化与形成规律以及体育与健康学科特点，走向以育人为最高目标的“学生发展中心”价值取向。

第二节 体育与健康课程内容的组织

一、体育与健康课程内容组织的原则

（一）坚持正确的政治方向

课程内容体现着党和国家对教育的基本要求，体现着国家和民族基本价值观。全面贯彻党的教育方针，落实立德树人根本任务，坚持“健康第一”指导思想，充分发挥体育与健康课程内容的育人功能，引导学生在体育运动中享受乐趣、增强体质、健全人格、锤炼意志，形成科学、文明、健康的生活方式，是体育与健康课程内容选择和设计应始终坚持的根本原则。

---

① 殷荣宾，季浏，蔡赓. 基础教育学校体育课程内容选择及价值取向的演变与诉求［J］. 武汉体育学院学报，2017，51（2）：81－86.

（二）突出核心素养的培养

核心素养是学生应具备的适应终身发展和社会发展需要的必备品格和关键能力，是党的教育方针的具体化，是体育与健康课程内容选择和设计的基本依据。紧密联系学生思想、学习、生活实际，将核心素养的培养贯穿在体育与健康课程内容的选择和设计中，以培养学生的运动能力、健康行为、体育品德为目标，整体设计基本运动技能、体能、健康教育、专项运动技能和跨学科主题学习的内容，引导学生在体育与健康实践活动和真实情境中体验、探索、感悟和解决问题。

（三）遵循学生身心发展规律

学生的身心发展随着年龄的增长而呈现阶段性特点，因为学生年龄和性别不同而存在身心发展差异。体育与健康课程内容的选择、设计与实施应建立在对机体正常生命活动规律正确认识的基础上，需要适应不同年龄阶段学生的认知特征，把握学生的身体发育规律、动作技能形成规律和情感发展规律，明确学生身心发展的顺序性、阶段性、差异性和敏感性等特点，科学选择和设计体育与健康课程内容。

（四）体现体育与健康课程特点

体育与健康课程以身体练习为主要手段，具有基础性、健身性、实践性和综合性的特点。体育与健康课程内容应体现体育与健康学科特点和规律，具有明显的体育与健康学科育人的特色。在进行课程内容选择与设计时，应保证学生学习和掌握结构化的基本运动技能、体能、专项运动技能和健康技能，重视系统安排多种运动项目的学练，关注体育与健康教育内容、体能与技能、学练与比赛、体育与其他相关学科知识的融合，将知识、能力、情感、价值观的培养有机结合，引导学生将体育与健康知识、技能和方法运用到体育学习、体育锻炼、运动竞赛和日常生活中。

一、体育与健康课程内容的来源

（一）体能活动

体能是通过人体肌肉活动表现出来的速度、力量、耐力、柔韧、灵敏等基本运动能力。《国家学生体质健康标准（2014 年修订）》从身体形态、身体机能和身体素质等方面综合评定学生的体质健康水平，为达到相关要求，并充分利用体育与健康课程以身体练习为主要手段的特点，在课程内容中融入各种体能练习以及体能发展的基本原理、体能锻炼计划制订的程序与方法等，为学生进行运动技能学习、科学体育锻炼和体育比赛活动奠定良好的运动能力基础。

（二）运动技能

运动技能又称“动作技能”，是人体运动中掌握和有效地完成专门动作的一种能力，如行走、奔跑、跳跃、投掷、滚翻、攀爬、钻越、支撑、悬垂、旋转等。运动技能包括基本运动技能和专项运动技能，基本运动技能包括移动性技能、非移动性技能和操控性技能。其中，移动性技能是指身体从某一位置移动到另一位置的能力，例如，提踵走、高矮人走、马步跑等活动；非移动性技能是指个体为维持平衡对身体进行控制的能力，例如，伸展、屈体、扭转、悬垂、支撑与推拉、平衡等活动；操控性技能则是指身体通过控制某种器械进行运动的能力，例如，各种投、传、击、踢、接球，用手或脚运球等活动。[①]

专项运动技能根据运动项目进行分类，主要包括球类运动、田径类运动、体操类运动、水上或冰雪类运动、中华传统体育类运动、新兴体育类运动等项目。球类运动是以球为载体，在开放和对抗情景中运用攻防技战术进行体育活动的运动项目，在提高学生快速反应能力、预判能力和决策

① 汪晓赞.《义务教育体育与健康课程标准（2022 年版）》的课程内容结构与特色［J］. 首都体育学院学报，2022，34（3）：241－252，274.

能力，以及培养学生协作能力和团队精神等方面具有独特之处。田径类运动主要以跑、跳、投掷及其组合构成，以追求速度、高度和远度为特点，在发展学生心肺耐力、肌肉力量、肌肉耐力以及培养积极进取、勇敢顽强等体育精神方面有独特价值。体操类运动具有一定的艺术表现力，能展现身体控制能力，塑造健美形体，对提高学生方位意识、时空概念等方面有不可替代的作用。水上或冰雪类运动具有独特的项目环境优势，对提高学生机体耐受力，培养学生不怕困难、坚韧不拔等体育精神有独到之处。中华传统体育类运动主要集合了经过历代传承、具有浓厚民族文化色彩和特征的体育活动，也是传承中华优秀传统文化，增强课程思政的重要载体，对培养学生的民族精神、文化自信、民族自豪感等方面有着重要作用。新兴体育类运动具有较强的时尚性和挑战性，深受青少年喜爱，对激发学生探索欲、好奇心、冒险精神等方面具有独特的育人价值。① 专项运动技能来源于对现有竞技运动项目的改造、对民族民间传统体育项目的传承和新兴运动项目的引入。

运动技能是体育与健康课程内容中最主要的组成部分，它既可以存在于体能和游戏中，也可以存在于各种专项运动项目中；既可以独立存在，也可以与其他运动形式综合呈现。

（三）健康与安全知识

儿童青少年时期正处于身心发育的重要阶段，也是其形成正确健康观念和良好行为方式、养成健康生活习惯的重要时期。体育与健康课程是落实健康教育的主要课程，是培养学生形成良好的健康意识和行为习惯的重要途径，负有提供健康教育内容以及培育学生健康素养的职责。健康行为与生活方式、疾病预防、心理健康、生长发育与青春期保健、安全应急与避险等公共卫生知识是儿童青少年健康与安全教育的主要组成部分，将其纳入体育与健康课程内容中，引导学生树立尊重生命、珍爱生命的意识和“健康第一”的观念，掌握个人卫生保健、营养膳食、青春期生长发育、

① 汪晓赞.《义务教育体育与健康课程标准（2022 年版）》的课程内容结构与特色［J］. 首都体育学院学报，2022，34（3）：241－252，274.

常见疾病和运动伤病预防、安全避险等知识与方法，促进学生养成健康的生活和行为方式，提高情绪调控与环境适应能力。

（四）思想品德知识

体育与健康课程内容是实现“立德树人”根本任务、落实“健康第一”指导思想、提升学生综合素质的基本要素。典型的体育人物、经典的体育故事、精彩的体育比赛、严格的竞赛规则、催人奋进的体育精神等思想品德教育的内容，为学生正确处理个人与他人、个人与集体、个人与社会、个人与国家的关系提供健康心态、道德准则、行为底线。通过体育与健康课程的实践活动，使学生感知体悟体育蕴含的理想、价值、精神、道德、规则、审美以及爱国主义、集体主义、社会主义精神，对于弘扬社会主义核心价值观，培养学生爱国主义、集体主义、社会主义精神和奋发向上、顽强拼搏的意志品质，实现以体育智、以体育心、以体育人具有独特功能。

三、体育与健康课程内容的结构

（一）体育与健康课程标准对课程内容的规定

2018 年 1 月，教育部发布《普通高中体育与健康课程标准（2017 年版）》（2020 年进行修订），明确以核心素养统领课程目标、课程内容、教学方法、学习评价等，将课程内容分为必修必学和必修选学两个部分（见表 3 – 2），必修必学部分由体能和健康教育 2 个模块组成；必修选学部分由球类运动、田径类运动、体操类运动、水上或冰雪类运动、武术与民族民间传统体育类运动和新兴体育类运动 6 个运动技能系列组成。其中，每个运动技能系列由若干运动项目（如篮球、防身术、游泳等）组成，每个运动项目由包含相对完整内容的 10 个模块（各模块之间呈相互关联、环环相扣、螺旋上升和逐渐拓展的递进关系）组成，以便学生对所选模块进行较为系统的学练。

表 3－2　普通高中体育与健康课程内容结构

课程内容							
必修必学	必修选学（运动技能系列）						必修必学
体能	球类运动 项目 1、2、3、4 ……	田径类运动 项目 1、2、3、4 ……	体操类运动 项目 1、2、3、4 ……	水上或冰雪类运动 项目 1、2、3、4 ……	武术与民族民间传统体育类运动 项目 1、2、3、4 ……	新兴体育类运动 项目 1、2、3、4 ……	健康教育

2022 年 4 月，《课程标准（2022）》颁布，明确以核心素养为导向，围绕课程目标设置五大主题的课程内容，分别是基本运动技能、体能、健康教育、专项运动技能和跨学科主题学习（见表 3－3）。

表 3－3　义务教育阶段体育与健康课程内容结构

课程内容				
基本运动技能	体能	健康教育	专项运动技能	跨学科主题学习
移动性技能、非移动性技能、操控性技能	身体成分、心肺耐力、肌肉力量、肌肉耐力、柔韧性、反应能力、位移速度、协调性、灵敏性、爆发力、平衡能力	健康行为与生活方式、生长发育与青春期保健、心理健康、疾病预防与突发公共卫生事件应对、安全应急与避险	球类运动、田径类运动、体操类运动、水上或冰雪类运动、中华传统体育类运动、新兴体育类运动	设置有助于实现体育与德育、智育、美育、劳动教育和国防教育相结合的多学科交叉融合的学习主题，如钢铁战士、劳动最光荣、身心共成长、破解运动的“密码”、人与自然和谐美等

《课程标准（2022）》提出根据课程目标的水平设计相应的内容，水

平一设置了基本运动技能的课程内容；水平二、水平三、水平四分别设置体能和专项运动技能的课程内容；健康教育和跨学科主题学习贯穿整个义务教育阶段。《普通高中体育与健康课程标准（2017 年版 2020 年修订）》提出课程内容的主体是运动技能学习和体能练习，同时，专门设置了健康教育模块（见表 3－4），而将学生体育文化素养的培养穿插在运动技能和体能的教学过程中。

表 3－4　课程内容与水平目标对应表

课程内容	水平目标（学习阶段）				
	水平一	水平二	水平三	水平四	高中阶段
基本运动技能	√				
体能		√	√	√	√
健康教育	√	√	√	√	√
专项运动技能		√	√	√	√
跨学科主题学习	√	√	√	√	

（二）体育与健康课程内容的构成

1. 基本运动技能

基本运动技能指个体在遗传的基础上形成的生存、生活、工作、学习和专项运动技能发展所必备的一种基本运动能力。[①] 义务教育体育与健康课程根据水平一目标的要求而专门设置的课程内容，其目的是通过学练和体验移动性技能、非移动性技能、操控性技能等基本运动技能，发展学生的身体活动能力，从而为体能和专项运动技能学练奠定基础。移动性技能包括提踵走、高矮人走、马步跑、追逐跑、垫步跳、跑跳步、钻越、躲避、攀爬和队列练习等；非移动性技能包括伸展、屈体、扭转、悬垂、支撑与推拉、平衡等；操控性技能包括各种投、传、击、踢、接球，用手或用脚运球，用短（长）柄器械击球等。基本运动技能的培养可根据实际情

① 王树明. 运动技能学习与控制［M］. 北京：高等教育出版社，2018：313.

况，创设生动形象的游戏化教学情境，激发学生的学练兴趣；运用启发性问题，引导学生发挥想象力，探索各种运动形式，促进学生积极参与和主动思考。

2. 体能

体能学练主要针对改善身体成分，发展心肺耐力、肌肉力量、肌肉耐力、柔韧性、反应能力、位移速度、协调性、灵敏性、爆发力、平衡能力等，为学生增进体质健康和学练专项运动技能奠定良好基础。其内容主要包括体能发展的基本原理与方法及根据体能发展需要创编的各种体能游戏和比赛。体育与健康课程针对水平二、水平三、水平四和高中阶段的目标，设置体能的课程内容，引导学生练习体能，了解体能练习的相关知识和原理，掌握多种科学的体能锻炼方法，学会制订体能锻炼计划以及评价体能练习的效果等。

3. 健康教育

健康教育包括健康行为与生活方式、生长发育与青春期保健、心理健康、疾病预防与突发公共卫生事件应对、安全应急与避险五个领域。小学体育与健康课程引导学生“树立尊重生命、保护生命的意识”；初中体育与健康课程介绍饮食习惯与健康的关系，提示学生通过合理膳食促进健康；高中体育与健康课程要求学习“卫生与健康”的内容，引导学生“养成良好的锻炼、饮食、作息和卫生习惯”“远离不良嗜好”“树立正确的营养观念”等。通过实施健康教育，帮助学生逐步养成健康与安全的行为习惯和生活态度。

4. 专项运动技能

专项运动技能包括球类运动、田径类运动、体操类运动、水上或冰雪类运动、中华传统体育类运动、新兴体育类运动等项目。球类运动项目主要包括篮球、足球、排球、羽毛球、乒乓球、网球、手球等，表现为同场对抗或隔网对抗；田径类运动项目包括跑（如短跑、中长跑、接力跑、跨栏跑等）、跳（如跳远、跳高等）、投掷（如推铅球、掷垒球、掷实心球等）；体操类运动项目包括技巧与器械体操（如技巧运动、支撑跳跃等）和艺术性体操（如健美操、韵律操、体育舞蹈等）；水上或冰雪类运动项目包括水上运动项目（如蛙泳、蝶泳、自由泳等）或冰雪运动项目（如速度滑雪、高山滑雪等）；中华传统体育类运动项目包括武术类运动项目（如长拳、太极拳、射箭等）和其他民族民间传统体育类运动项目（如舞龙、舞狮、毽球、珍珠球等）；新兴体育类运动项目包括生存探险类项目（如定向运动、野外生存、攀岩等）和时尚运动类项目（如花样跳绳、极限飞盘、飞镖等）。

5. 跨学科主题学习

体育与健康教育与德育、智育、美育、劳动教育和国防教育相互渗透、互相交织，有机结合成为完整的育人体系，共同促进学生全面发展。体育与健康课程同国防教育相结合，培养学生的爱国主义和集体主义精神，合理运用战略战术和发展体能，强调纪律意识、勇敢顽强、不畏艰难、责任担当等；同劳动教育相结合，发展学生的协调性、肌肉力量和肌肉耐力等体能，培养学生的劳动意识和吃苦耐劳、坚忍不拔等优良品质；同道德与法治、科学、信息科技、生物学等课程相结合，发展学生的心智水平，提升学生的身体认知能力和情绪调控能力以及培养学生分析问题、解决问题的能力；同艺术类课程相结合，增进对自然的认识，感受人与自然的和谐之美，体验体育活动的趣味性，加深对运动美的理解。

第三节　体育与健康教学内容的选择和设计

体育与健康教学内容的选择和设计是立足学生的学习需要，从纷繁复杂的教学素材中挑选和编制出适用于体育与健康教学的知识体系的工作过程。

一、体育与健康教学内容选择的依据

（一）遵循课程改革的要求

课程改革体现了党和国家对教育的基本要求，正在实施的《课程标准（2022）》和《普通高中体育与健康课程标准（2017 年版 2020 年修

订)》，站在课程育人的高度，为中小学体育与健康课程与教学实践提供了清晰的方向和路径。体育与健康教学内容的选择和设计应树立明确的课程育人意识，遵循体育与健康课程改革的要求，落实体育与健康课程标准和方案，设计出体现时代特征、中国特色、地方实际，与学生身心发展规律深度融合的体育与健康知识、技能和方法。

（二）坚持核心素养导向

体育与健康课程要培养的核心素养主要包括运动能力、健康行为和体育品德，它是教学内容设计的逻辑主线，为确定“用什么教”提供了基本方向和依据。体育与健康教学内容的选择和设计，应坚持以核心素养为中心和目标，从有利于促进学生核心素养形成和发展的角度，整体设计基本运动技能、体能、健康教育、专项运动技能和跨学科主题学习的教学内容，将核心素养的培养贯穿在学年、学期、单元、课时等层次的教学内容中，提高学生在体育与健康活动和情境中运用所学知识与技能去体验、探索、感悟和解决问题的能力。

（三）依据学生身心发展的阶段性特点

体育与健康教学内容的选择和设计要充分考虑不同水平阶段学生的生长发育、体质状况、运动基础、认知发展、兴趣爱好和个体需求等情况。仅从学生的体能发展而言，应考虑体能发展敏感期的分布，在低年级可选择和设计有利于速度、柔韧、灵敏等素质发展的内容；在高年级可选择和设计有利于心肺耐力、力量等素质发展的内容，充分考虑学生身心发展的阶段性特点，确保教学内容设计的科学性和针对性。

（四）注重从教学实际条件出发

我国各地、各校的教学内容资源十分丰富，差异也很明显。体育与健康教学内容的选择和设计应充分考虑当地的气候特点、场地设施、安全环境、民族传统文化等情况，充分利用气候和山、水、林、田、湖、草、沙等自然资源条件，结合师资队伍、场地器材、学生运动基础、学校传统特色等实际情况，从提高学生的学习效果、形成学校特色的角度，因时、因地开发体育与健康教学内容。此外，还要充分考虑地方经济社会发展和文化传统的差异，挖掘可供使用的民族、民间、民俗的优秀传统体育文化资源，灵活设置可替代性项目，增强教学内容的社会性、生活化。

（五）重视健康教育

按照教育部印发的《〈体育与健康〉教学改革指导纲要（试行）》要求，“健康教育每学期 4 课时，按照各学段规定应学习的健康知识”，学校必须保证规定课时的健康教育，并依据学段特点设计健康教育的内容，加强健康教育知识与学生生活的联系，培养学生的健康能力，引导学生将所学的健康知识与技能运用到体育锻炼、学习和生活中，逐渐形成健康文明的生活方式。

二、体育与健康教学内容选择的原则

（一）目标性

体育与健康教学内容应符合运动能力、健康行为、体育品德培养目标要求，体现体育与健康课程特点的内容，而且该内容是健康的、文明的、具有教育意义的，能够有效增进学生健康、促使学生习得运动技能、锤炼意志品质。

（二）主体性

体育与健康教学内容应满足学生的主体需要，促进学生的学习，并且能够融入学生的生活，引导学生学用结合，为养成文明健康的生活习惯奠定基础。主体性原则突出以学生为中心的思想，关照学生身心发展规律，体现因材施教的原则。

（三）趣味性

体育与健康教学内容应充分考虑不同水平阶段学生的兴趣爱好、学习需求、运动基础和能力等实际情况，所选择和设计的教学内容本身应具有趣味性并且能够激发学生学习的兴趣，引导学生在玩中学、玩中练、玩中赛，让学生持续体验成功的乐趣，从而使学生的兴趣得到培养，能力得到提高，个性得到张扬。

（四）情境性

体育与健康教学内容要与学生实际生活情境相结合，构建生活情境与学习之间的密切联系，保证学生学习和掌握基本运动技能、体能、专项运动技能和健康技能等，为学生参与运动和养成健康的生活方式奠定基础；提高学生举一反三、融会贯通的能力，引导学生将体育与健康知识、技能和方法运用到体育学习、体育锻炼、运动竞赛和日常生活中。

（五）科学性

体育与健康教学内容应选择符合学生学习、锻炼、比赛需求的基础知识、基本技能和方法，反映体育与健康的新知识、新成果，培养学生的健康意识，增强学生的健康管理能力。体育与健康教学内容应遵循体育与健康课堂教学的基本规律，内容结构呈循序渐进状，逐步提高运动负荷，安全有效地促进学生掌握运动技能，增强体质，促进健康。

（六）可行性

体育与健康教学内容应根据当地经济社会发展和文化传统习惯，挖掘社会性、生活化的内容，尽可能体现地方特色，传承优秀文化成果，增强文化自信（见表3－5）。

表 3-5　依据原则选择和设计体育与健康教学内容的运用

项目	目标性	趣味性	情境性	科学性	可行性	选择结果
拳击	×	×	×	×	×	×
举重	√	×	×	×	×	×
骑马	√	√	×	√	×	×
跳水	√	√	×	√	×	×
五步拳	√	√	√	√	√	√
篮球	√	√	√	√	√	√
运动安全教育	√	√	√	√	√	√

体育与健康教学内容应能够激发教师的创新思维，发挥创造能力，根据每所学校的地理特征、师资队伍、场地器械、学生素质、办学理念等情况，积极开发和充分利用可替代且行之有效的教学内容资源。

三、体育与健康教学内容的开发

（一）教学素材的改造

教学实践中，体育教师往往根据教学条件，对教学素材进行加工改造，使其更适用于学生的学习需求和具体的教学情境。目前，针对运动项目进行改造的做法较为常见，常用方法如表 3-6 所示①：

表 3-6　教学素材改造的具体运用示例②

具体改造方法	示例
简化	简化技战术；删减动作的数量（比如，将 32 式太极拳改为 8 式太极拳）
降低/增加	将带器械的练习改为徒手练习，或将徒手练习改为带器械加难度的练习

① 毛振明. 体育教学论［M］. 3 版. 北京：高等教育出版社，2017：105-106.

② 李林. 体育课程内容资源的开发方法：改造法［J］. 体育教学，2006（6）：22-24.

续上表

具体改造方法	示例
修改	修改运动项目的比赛规则。例如：修改比赛方法，将篮球比赛中两队集体对抗改为三人各自为阵的单打比赛；修改得分方法，将篮球比赛的得分方法改为“球触篮板得 1 分，球触篮筐得 2 分，球投进篮筐得 3 分，在 3 分线后投进篮筐得 5 分”；修改获胜方法，排球以先得 25 分为胜改为 20 min 内得分多者为胜；修改比赛时间，将足球比赛时间由 45 min 半场改为 10 min 半场
转换/移植	将室内运动项目转换到室外的环境中；将陆地运动项目移植到水中进行等
变形	改变具体动作的组合方式；改变人员的组合方式；改变练习的路线等
限制	单人跑改为“两人连足跑”；双脚跳改为双脚用麻袋套住的“袋鼠跳”等
调整	调整场地器械的规格等，如在女生或小学生的篮球比赛中用足球代替篮球，在排球比赛中用气排球代替排球

1．游戏化

单一技术动作如跑、跳、投、滚翻等动作，往往在反复的练习中令人感觉枯燥乏味，如果对其进行游戏化的改造，将这些单调的动作用“情节”串联成体能游戏或项目相关的游戏，并强化协同和竞争的要素，必将提高参加者的兴趣，增强练习的效果。

2．生活化与实用化

生活化是指教师通过捕捉生活中的学科知识，挖掘学科知识的生活内涵，将教学内容建立在学生生动、丰富的生活经验之上，引导学生通过探究、合作等学习方式，获得并运用体育与健康学科知识、技能和方法。这种方法又可以分为几个小方法，如野外化（把室内或正规场地式的竞技运动改造为野外的非正规场地式运动）、实用化（与实用技能相结合）、生活化（根据生活的条件进行项目改造）等，这些方法的特点是能够贴近学生的现实生活和实际需要，既能传授比较实用的运动技能，又能调动学生的直接学习动机，还增加了体育与健康教学内容的趣味性。

3. 简约化

这是最常用的改造方法，其特点是将正规的、高水平的竞技运动项目从场地、器材、技术、规则等方面加以简化，使内容适应学生，适应学校条件，适应学习目标的需要，也适应体育教师的教学能力，使教学内容更实用、更有乐趣。

4. 处方化

按照医学的原理，针对某一类学生或某个学生的身体问题，将运动的强度、重复次数、速率等因素按处方组合排列，按照学生体育锻炼的个性化需要制订运动处方，组成体育运动和身体锻炼的针对性方案。

5. 情境化

课堂上学生有效学习的发生，需要以联系实际的情境为统领，将教学与学习过程植入创设的情境之中，让学习变得更有实际意义，让学生更有学习动机。确定大单元学习目标后，教师应把握学科知识内容，依据学生具体情况，对教学内容进行分析、整合、重组和开发，通过适当增减、重组、改造等方式，将其情境化，形成明确的主题、目标、任务，即在创设的综合、真实及具有挑战性的学习情境中，将课程标准及教材上所呈现的理论知识、技能与实际生活情境相关联，为学生习得和运用相关知识、技能提供便利、快捷的条件。

（二）内容资源的整合

教学内容资源的整合是从学生身心发展的实际出发，按照学科知识的逻辑关联和顺序，对教学内容资源进行整体化设计，使学生的知识结构成为一个有机联系的整体。站在学生知识构成整体性的角度看，教学内容资源的整合方式主要包括融合和衔接。

1. 融合

体育与健康教学内容融合是指打破学科已有界限，将不同学科相关的体育与健康基本知识、技能、方法融合在一起，促进学生体育与健康知识学习的综合化，防止学生的知识体系窄化、僵化和脱离生活实际。

体育与健康教学内容是以学生身心发展特点和学习规律为依据，以学校体育学、体育与健康课程与教学论、健康教育学为基础，利用运动解剖学、运动生理学、体育心理学、体育社会学、体育哲学、运动训练学、运动营养学、体育伦理学、体育美学和体育史学等多学科知识建立的知识体系，该知识体系与生物学、化学、物理学、社会学、心理学、艺术学等学科存在广泛的关联性。在教学内容开发时，可以将不同学科的知识融合在一起，以求更好地实现教学目标，如把突发事件（如火灾、地震）逃生演习融入体育教学内容中，可以培养学生的安全意识，提高学生防范危险的能力，达到健身与安全教育双赢的目的。

体育与健康教学实践中，健康教育方面的教学内容，来源于体育与健康、道德与法治、生物学、科学等多门课程的知识，通常可以将内容的知识性与趣味性有机结合，将教学内容资源与学生的认知水平和生活经验相结合，构建出适用于学生的健康教育内容。跨学科主题学习方面的教学内容可以根据德智体美劳五育并举的要求，构建将体育与德育、智育、美育、劳动教育和国防教育相结合的多学科交叉融合的教学内容，如“钢铁战士”的水平一学习主题“小小特种兵”，就是将体育运动与国防教育相融合，结合中国人民解放军的发展壮大历程等开展国防启蒙教育，在创设的情境中融入走、跑、跳、攀爬、越等基本运动技能学练，培养学生不怕困难、勇敢顽强的意志品质，激发学生不怕吃苦的精神。

2. 衔接

采用衔接的方式将体育与健康教学内容进行整合，是在体育与健康培养目标的引领下，根据小学、初中、高中各个学段学生的身体生长发育规律、认知发展规律、动作技能形成规律和情感发展规律，构建起具有逻辑性、连续性、系统性的知识技能体系。该方式从学生身心发展的实际出发，顺应学生身心发展的需求，结合运动技能形成与发展的由易到难、由简入繁、由局部到整体规律，使各个学段、不同时期的体育与健康教学内容联系成为一体，更好地发挥育人功能（见表3－7）。

表 3-7　不同学段、不同水平体育与健康教学内容的选择

学段	学生身心特点	教学内容的选择
水平一	该学段的学生活泼好动，喜欢扮演各种角色，乐于在别人面前展示自己；形状知觉、方位知觉较差，思维具有直观、具体、形象的特点；理解和遵守一致的规则，接受他人参与到自己的游戏当中来；情绪较不稳定且容易冲动，自控力不强	设置角色扮演的游戏活动，如"老鹰抓小鸡""打鸭子""贴烧饼""拉网捕鱼"等游戏以及各种形式的走、跑、跳、投、抛、接、挥击、攀、爬、钻、滚动和支撑等基本动作技能，发展大肌肉力量、肢体协调性、平衡感以及小肌肉技巧和灵巧度
水平二	该学段的学生情绪情感比较鲜明、活泼，表现欲比较强，爱争强好胜，兴趣并不容易集中，对跑、跳、投等基本技能动作有了初步的了解和认识，积累了一定的运动知识与经验	设置球类运动、田径类运动、体操类运动、水上或冰雪类运动、中华传统体育类运动、新兴体育类运动等项目，以基本动作与简单动作组合为主，着重发展学生的柔韧性、灵敏性、速度等身体素质
水平三	学生的运动感知觉得到发展，辨别方位的能力提高，动作的协调性得到很大的提升，但神经系统的兴奋与抑制还不均衡，仍然是以兴奋为主导，且兴奋容易扩散，不易控制，导致多余动作较多	设置球类运动、田径类运动、体操类运动、水上或冰雪类运动、中华传统体育类运动、新兴体育类运动等运动项目，以基本动作技术、组合动作技术和简单的战术配合，发展各种体能
水平四	学生身体发育进入高峰期，思维迅速发展，求知欲旺盛，兴趣逐步集中，能够运用抽象逻辑思维方式分辨动作技能的规范程度，能够在教师的引导下专注地学习运动知识与技能	设置球类运动、田径类运动、体操类运动、水上或冰雪类运动、中华传统体育类运动、新兴体育类运动等运动项目，以基本动作技术、组合动作技术和战术配合，提高学生运用技术、战术的能力，发展各种体能

续上表

学段	学生身心特点	教学内容的选择
高中阶段	该学段的学生身体发育基本成熟，心智逐渐成熟，社会道德感加深，审美趣味进一步提高，情感的稳定性、丰富性等增加，自我调控能力有所提高，学生思维的独立性和批判性正趋于成熟	实行模块教学，不同项目的教学更注重综合运用技术、战术的能力，适当加入相关运动项目的战术、动作创编、运动计划制订、裁判、赛事组织等教学内容，发展各种体能，并提高体能发展水平

（三）教学内容的充实

经济社会不断进步，体育科学持续发展，体育与健康课程改革深入推进，体育与健康教学内容必须顺应时代发展的需要，遵循课程改革的要求，通过继承与发展、直接引入的方式，拓展新内容，丰富其知识体系。

1. 继承

我国地域辽阔，民族众多，各个地方都有着丰富的民族民间文化资源。近年来，一些具有锻炼价值、大众喜闻乐见的民族民间传统体育项目出现在教学内容中，如武术、太极拳、舞龙舞狮、五禽戏、抖空竹、竹竿舞、抢花炮、珍珠球等，学生通过学习和参与，可以有效锻炼身体，愉悦身心，了解民俗风情，增强文化自信，激发爱国热情和民族精神。文化的继承是有选择的、可变通的，通过器材的改造、组织形式的改造、竞赛规则的改变和方法的改造，能够增强民族民间传统体育活动的文化性、安全性和教学规范性，将其引入到中小学校园，不仅可以加强民族民间传统体育文化的传承与发展，还可以增强体育与健康教学内容的多样性与灵活性。

2. 引入

随着世界范围内新兴运动项目的开展和课程资源开发的推动，许多新兴运动项目进入体育与健康教学内容，如定向运动、攀岩、软式排球、软式足球、小网球、街舞、排舞、啦啦操、飞盘等，这些新兴、时尚的项目提高了体育与健康教学内容的时代性，深受学生喜爱。体育与健康教学要充实一些新的项目是无可厚非的，但在引入新兴运动项目时，要考虑体育与健康教学的实际需要，要符合全面锻炼学生身体的实际需要，尽量把那些实用性、简易性、趣味性、娱乐性、文化性、安全性及锻炼身体价值高且符合学生身心发展规律的内容引入教学，丰富体育与健康教学内容体系。

（四）体育与健康教学内容的大单元组织

1. 体育与健康教学内容大单元组织的含义

单元是学习单位，是一个完整的学习故事，是一种微课程。立足单元的学科教学，是上接核心素养，下连知识点的目标或要求。

教学内容的大单元组织是以学生掌握某一结构化的基本运动技能、体能、专项运动技能和健康技能为目标，将运动项目的基础知识和基本技能、技战术运用、体能、展示或比赛、规则与裁判方法、观赏与评价等教学内容，以相对集中的、连续的、系统的方式呈现，既能使学生掌握所学内容，又能加深学生对所学内容的完整体验和整体理解。教学内容的大单元组织主要指某个运动项目的大单元教学，1 个运动项目的大单元教学实际上是一个结构化、完整的运动知识和技能的教学，不仅包括该项目的基本动作技术学练，还包括组合动作技术学练、对抗练习、教学比赛、体能练习等；不仅包括身体运动方面的学练，还包括基本原理、规则与裁判、欣赏与评价等运动认知类的学习。

2. 体育与健康教学内容大单元的组织方式

（1）教学内容根据完整的学时进行组合。

学生掌握结构化和完整的知识与技能，必然要经历由不会到粗略掌握、逐渐掌握、熟练运用的历程，该历程必须给予时间上的保证，因此《课程标准（2022）》明确提出了专项运动技能教学应采用 18 学时及以上的大单元教学，通过集中、连续、系统的教学，学生能够连续、集中、系统地学练 1 个运动项目，完整体验和理解 1 个运动项目，并享受其乐趣，最终基本掌握 1 项运动技能。

（2）教学内容形成持续的、系统的、完整的闭环结构。

强调知识的结构化、整合化，防止知识的孤立化、碎片化，是将知识转变为核心素养的重要途径，其意义主要在于以下几点：一是有助于学生理解知识与知识之间的联系，完整理解所学知识的意义和价值；二是有助于培养学生的思维能力；三是有助于学生解决学习和生活中的实际问题。① 大单元教学内容使得学生的习得形成完整的闭环结构，该结构的知识体系由结构化、进阶式的知识、技能、问题、情境、学习、练习、比赛、评价等组建而成。

（3）每节课的教学内容呈现结构化。

每节课的学习目标、教学内容和教学方法等要素组成一个有机联系的整体，而每节课的教学任务都是以学生学习和掌握运动技能为主要目标，教学内容应将基本运动技能与组合运动技能相结合，以组合技能学练为主，有些运动项目还需要学练战术配合②，并将其运用于“学、练、赛”的各环节。

（4）每节课要创设复杂的运动情境。

复杂的运动情境指动态变化、结果难以预测、需要灵活应对的情境，如对抗练习、教学比赛或成套动作的展示。每节课应将简单运动情境、中等复杂运动情境与复杂运动情境相结合，以复杂运动情境为主③，帮助学生完整体验所学的运动项目，并使所学的知识和技能在实践中运用并得到不断强化和巩固。

复习与体验

1. 分组讨论体育与健康课程内容、教学内容的区别和联系，分析各自的使用途径和方法。

2. 阅读《义务教育体育与健康课程标准（2022 年版）》和《普通高中体育与健康课程标准（2017 年版 2020 年修订）》，了解关于课程内容的规定。

---

① 季浏.《义务教育体育与健康课程标准（2022 年版）》突出的重点与主要变化［J］. 课程·教材·教法，2022，42（10）：54－59.

②③ 季浏. 坚持“三个导向”的义务教育体育与健康课程标准（2022 年版）解析［J］. 体育学刊，2022，29（3）：1－7.

3. 从课程思政的视角，思考体育与健康课程对于培养学生社会主义核心价值观方面的独特价值，与同学讨论不同运动项目所蕴含的思政元素。

4. 运用体育与健康教学内容选择的原则，分析各种运动项目在本地区的适用情况。

拓展阅读文献

[1] 于素梅，陈蔚. 体育与健康课程“跨学科主题学习”的多维特征、设计逻辑与实践指引 [J]. 体育学刊，2022，29 (6)：10 –16.

[2] 尹志华，孟涵，孙铭珠，等. 新课标背景下体育与健康课程落实核心素养培养的思维原则与实践路径 [J]. 首都体育学院学报，2022，34 (3)：253 –262.

[3] 邵伟德，李红叶，齐静，等. 体育学科核心素养与体育教学目标对接的方式、困境与策略 [J]. 体育学刊，2020，27 (6)：90 –96.

第四章 体育与健康课程实施

本章导学

国内外课程研究者普遍认同，要想成功地推进课程改革，就必须深入研究课程改革方案的实施过程。从价值取向上看，体育与健康课程实施可分为忠实取向、相互调适取向与创生取向等三种取向。体育与健康课程实施的策略可以分为宏观、中观和微观三个层次，在体育与健康课程实践过程中，要坚持高起点与低重心并重、形式与效果并重，充分考虑学校具体的课程情境。体育与健康课程实施的途径包括体育与健康教学、课外体育活动和隐性体育与健康课程。体育与健康课程实施的影响因素在微观层面主要分为体育与健康课程方案、体育与健康课程实施的主体和文化背景三个方面。

学习目标

1. 理解课程实施、体育与健康课程实施的定义与基本内涵。加深对体育与健康课程实施本质的理解，懂得从忠实取向、相互调适取向与创生取向等三个取向去分析。在明白体育与健康课程实施意义的基础上，强化专业学习动机。

2. 能够说出宏观、中观、微观三个不同层面体育与健康课程实施策略的联系与区别，熟悉体育与健康课程实施的具体路径；了解体育与健康课程校本化创造性实施的意义、步骤和要求，初步具备编制学校层面体育与健康课程实施方案的能力。

3. 能够理解体育与健康课程方案、体育与健康课程实施的主体和文化背景等三个方面对体育与健康课程实施的影响因素。领悟体育与健康课程实施的过程在学校教育中的育人价值和促进健康成长的作用，进一步树立“健康第一”的课程理念。

对课程实施的研究源起于20世纪60年代末对“学科结构运动”的反思。当时美国投入了大量的人力、物力和财力用于课程开发工作，着重设计对所有教师都行之有效的课程。有许多轰轰烈烈的课程改革计划不是昙花一现，就是与理想相去甚远，最终以失败告终。究其原因，大多是课程改革的倡导者往往只关注课程改革的蓝图，而忽略了课程实施。① 国内外课程研究者普遍认同，要想成功地推进课程改革，就必须深入研究课程改革方案的实施过程，以对方案进行及时的调整、修订和完善。

第一节 体育与健康课程实施概述

一、体育与健康课程实施的概念

（一）课程实施的定义

关于课程实施的定义，比较具有代表性的观点主要有两种：①课程实施是将预期课程方案付诸实践的过程。课程实施研究所关注的焦点是课程计划在实际上所发生的情况，以及影响课程实施的种种因素。这也是20世纪80年代加拿大教育家迈克·富兰（Michael Fullan）等课程理论专家的观点。也有学者认为：课程实施是把某项改革付诸实践的过程，它不同

---

① 李森，陈晓端．课程与教学论［M］．北京：北京师范大学出版社，2015：161.

于采用某项改革，它的焦点是实践中发生改革的程度和影响改革程度的那些因素。②课程实施就是教学。这是持“大课程论观”学者的观点。他们认为，课程实施的内涵是教学，只有当教师在课程方案的基础上进行教学，课程才可能得以实施，教学与课程是内在统一的。20 世纪的教育研究体现出课程与教学分离的特征，而“课程实施的内涵是教学”就是试图整合课程论与教学论，解决课程与教学分离的困境。教学是课程实施的主要途径，尽管教学在课程实施中占有核心地位，但还有学生自学、课外实践、社会考察等其他方式来达到实施课程的目的。

（二）体育与健康课程实施概念的界定

关于课程实施的本质看法，在进入 21 世纪后渐趋一致。课程论研究者普遍认为，课程实施是将课程计划付诸实践的动态过程，是达到预期课程目标的基本途径。因此，可以把课程实施的含义理解为：通过协调课程实施中的诸多因素，将课程计划纳入具体教学实践中，通过教师与学生之间的互动，不同层次地落实课程计划的过程。[①] 课程论研究者普遍认为，课程实施是将课程计划付诸实践的动态过程，是达到预期课程目标的基本途径。据此，可以将体育与健康课程实施的概念界定为：体育与健康课程实施是指把体育与健康课程标准和课程方案等付诸实践的动态过程，是培养学生体育与健康学科核心素养，养成体育生活方式的基本途径。[②] 从课程改革的流程与顺序看，课程实施这一动态过程是课程改革的三个环节——课程设计、课程实施、课程评价中的实质性环节。从课程实施内部看，又可分为课程采用、课程调适、课程应用三个环节。

1. 课程设计、课程实施与课程评价

课程设计主要是指课程计划的制订，具体包括确定课程目标，选择和组织课程内容以及涉及的相关因素；课程实施主要是实施课程计划，课程

---

① 施良方. 课程理论：课程的基础、原理与问题［M］. 北京：教育科学出版社，1996：128.

② 张细谦，姚蕾. 体育课程与教学论［M］. 北京：高等教育出版社，2021：129.

计划是课程实施的对象；课程评价是考察课程实施的有效性及其教育价值，课程计划、课程实施为课程评价提供内容。

2. 课程采用、课程调适与课程应用

课程采用指做出使用课程计划的决定。采用不等于完成，其有程度限制，有完全严格采用，也有表面上采用，即实施过程中不一定完全按照课程计划进行，可以有一定的调整与改变。课程调适指在初步实施阶段，不断通过反馈调整课程的实施。最终应用的方案才是课程实施的方案。

二、体育与健康课程实施的价值取向

对于课程实施本质的不同理解，体现了人们不同的课程价值观，在实践中具体表现为对课程实施采取不同的取向。基于美国课程学者辛德（J. Snyder）、迈克·富兰等人研究的基础上，可以将体育与健康课程实施取向分为忠实取向、相互调适取向与创生取向。

（一）忠实取向

忠实取向把体育与健康课程实施过程看成忠实地执行体育与健康课程方案的过程。根据这一取向，预期课程方案的实现程度就是衡量课程实施成功与否的基本标准，符合程度越高则课程实施越成功。忠实取向的逻辑思路是一种线性过程，课程专家在课堂外制订课程计划，教师在课堂中实施课程计划，人们根据预先规划的结果来评价课程。如果教师严格按计划教学，则能对课程变革做出公正的评价；如果没有严格地执行课程计划，那么就不能对课程变革做出公正评价，因为它没有被真正实施过。忠实取向认为，课程实施的关键是作为课程传递者的教师能否严格按照预期的课程计划实施教学。所以，在课程实施前应对体育教师进行适当的培训；在实施过程中应对教师的行为进行有效支持与监督。忠实取向研究的基本问题是预定课程计划的实现程度以及确定影响的基本因素。因此，它提倡以量的研究作为基本方法论，认为问卷调查、访谈、观察以及文献分析等是进行此类研究的有效方法。

（二）相互调适取向

相互调适取向认为，体育与健康课程实施过程是课程变革计划与班级或学校实际情境在课程目标、内容、方法与组织模式等诸方面相互调整、改变与适应的过程。它又可分为两种倾向：实用性倾向和批判性倾向。前者更接近忠实取向的研究，后者则注重互动和相互影响。相互调适取向把课程变化过程视为一个复杂的、非线性的和不可预知的过程。教师认为课程实施过程中发生的一切都是课程变革中的有机组成部分，教师在课程实施中根据实际情境的需要对课程计划进行积极的改造是课程实施成功的关键。这类研究要求更为宽广的方法论作为基础，既包括量的研究，又包括质的研究。在具体方法上，教师认为个案研究、参与式观察、访谈、自陈式问卷调查以及文献分析是了解实施过程的有效手段。

（三）创生取向

创生取向认为真正的体育与健康课程实施是体育教师与学生联合创造与生成的教育经验，课程实施本质是在具体教育情境中创生新的教育经验的过程。在创生过程中设计好的课程方案仅仅是一种课程资源，借助这种资源，师生建构和发展教育经验。而这种经验因师生的价值观、兴趣与个性特点的不同而不同，课程专家无法完全预料和规定。创生取向强调师生在课程实施中的创造性，但这一取向对教师和学生的要求比较高。它以质性研究为方法论基础，在具体方法上提倡个案研究、深度访谈与行动研究。

三、体育与健康课程实施的实质

（一）体育与健康课程实施是一个相互理解的过程

体育教师与课程设计者之间的理解是体育与健康课程能否有效实施的前提条件。一般认为，体育教师与课程设计者之间的理解主要指体育教师能在多大程度上领会课程设计者的思想、把握课程设计者的主旨，并在课程实施中加以具体落实。通常情况下，好的体育与健康课程实施就是体育教师准确无误地领会课程专家（设计者）的意图，并忠实地履行体育与健康课程标准和既定的课程方案。这是一种“单向度”的理解观，即只是强调体育教师对课程设计者的理解，而忽视课程设计者与体育教师之间的互相理解。

体育教师与课程设计者之间是一种理解关系，体育与健康课程的实施过程也是体育教师与课程设计者之间互相理解的过程。实质上，体育教师对课程的理解正是通过其与课程设计者的分享、合作、交流、沟通而获得的，当前正在进行的“自下而上”的校本课程开发模式不仅反映了这一趋势，而且与哲学解释学的理解观是一致的。在“自下而上”的课程实施中，教师与课程设计者能够直接对话、交流，能就某一问题进行深入探讨，双方都是体育与健康课程开发的主人，都能进行相互理解并分享彼此的经验和智慧。在相互理解的过程中，双方不断达成新的共识，并在新的理解的基础上，不断修改、充实，最终形成新的课程文本。

（二）体育与健康课程实施是一个互动对话的过程

体育与健康课程实施过程是体育教师与课程设计者进行互动对话的过程。新课程的设计与开发，应通过体育教师与课程设计者双方的共同参与，探讨体育与健康课程计划，并提出各自关于体育与健康课程的不同意见，最终以对话的方式不断取得双方的沟通和理解。这意味着体育教师与课程设计者不应是单独的、分工的、相互分离的课程工作者，而应是共同参与到课程研制、开发与实施过程中的合作者。加拿大学者托马斯·怀特雷（Thomas Whiteley）认为，课程研究人员与从事教学的教师之间的“功能性分离”是课程设计的缺陷。为了弥补这一缺陷，他主张进行“课程实施前的共同研究”，即教师与课程设计者之间通过对话、交流而实现理解。因此，体育教师理解体育与健康课程的过程也是体育教师与课程设计者进行对话的过程。

体育与健康课程实施过程同时也是师生互动对话的过程，师生对话是教学中课程实施的重要途径。在课堂教学中，师生通过对话，共同探讨课程内容，并建构其自身不同的理解，最终形成新的共识。师生对话是一种特殊的对话形式，有其独特的内涵。师生对话是指师生双方在互相尊重、信任和平等的基础上，通过语言进行的双向交流和沟通活动。师生对话的核心，是师生作为平等的主体之间的坦诚相见，是师生双方共同在场、互相关照、互相包容、共同成长，这不仅仅是师生之间交往的一种方式，更是弥漫、充盈于师生之间的一种教育情境和精神氛围。在这一过程中，学生的主体地位得以体现，体育与健康课程的价值通过师生之间的对话得以生成。

（三）体育与健康课程实施是一个意义建构的过程

强调提高学生的健康素质和健康水平，是21世纪我国基础教育体育与健康课程改革的基本特征。这一基本特征应该从两个方面进行理解。一方面，体育与健康课程应该从过于强调“强身健体”的生物学功能和注重运动技能的传授与学习，而忽视学生心理素质的提高和社会适应能力的培养，转向运动能力、健康行为和体育品德的体育与健康核心素养提升。另一方面，体育与健康课程既要关注学生在校期间健康促进的阶段效益，还要以终身体育思想为指导，注重学生健康促进能力的培养，关注学校体育的远期效益。促进学生健康成长，服务于学生未来健康工作和幸福生活的需要，是体育与健康课程的意义所在。切实提高学生的体质健康水平，促进学生的健康成长，帮助学生奠定终身体育的基础，是体育与健康课程的应有之义，而体育与健康课程实施正是建构体育与健康课程意义的重要过程。

学校体育是增进学生身心健康的有效途径，是提高国民健康素质和健康水平的基础。《中共中央　国务院关于深化教育改革　全面推进素质教育的决定》指出：“健康体魄是青少年为祖国和人民服务的基本前提，是中华民族旺盛生命力的体现。学校教育要树立健康第一的指导思想，切实加强体育工作。”2018年，习近平总书记在全国教育大会上明确指示：“要树立健康第一的教育理念，开齐开足体育与健康课，帮助学生在体育锻炼中享受乐趣、增强体质、健全人格、锤炼意志。”为我国未来学校体育的发展指明了方向。学校体育应按照习近平总书记的指示予以认真贯彻和落实，把增进学生的身心健康作为学校体育工作的出发点和落脚点，切实提高学生的身心健康水平，促进学生全面发展。①

四、体育与健康课程实施的意义

（一）课程实施是体育与健康课程改革的重要环节

完整的体育与健康课程改革通常包括课程设计、课程实施和课程评价三个环节。课程设计是体育与健康课程改革的起始环节，是指研究制定体育与健康课程改革的理想及实现这种理想的具体方案。体育与健康课程的设计包括体育与健康课程标准的研制、体育与健康教科书和学生用书的编写、地方体育与健康课程方案的制订等内容。

课程方案设计好以后就应该进入到课程实施环节。课程改革的实践过程包括三个不同阶段：第一阶段是做出使用课程计划的决定，称为“发起”或“动员”阶段；第二阶段是实施或最初使用阶段；第三阶段是常规化或制度化阶段。② 如果说课程设计与课程实施存在先后顺序的话，那么课程实施与课程评价几乎是同步并行的。课程评价并不仅仅是对课程实施的结果进行评价，还包括对课程设计质量和课程实施过程的评价。体育与健康课程评价的目的在于了解体育与健康课程设计和实施的情况，及时总结体育与健康课程设计和实施过程中的经验，发现存在的问题与不足，通过课程评价为改进课程设计以及促进体育与健康课程的有效实施提供建设性意见。从体育与健康课程计划与体育与健康课程实施的关系来看，两者是理想与现实、预设目标与实现过程之间的关系。如果说体育与健康课程设计为体育与健康课程改革的成功提供了可能，那么，体育与健康课程实施就是把这种可能变为现实的过程。

① 季浏．增进学生身心健康是我国学校体育发展的根本和方向：学习贯彻习近平总书记在全国教育大会上的重要讲话精神［J］．吉首大学学报，2020，41（1）：28－37．

② 王本陆．课程与教学论［M］．北京：高等教育出版社，2004：85－86．

拓展知识

体育与健康课程改革是一个长期的过程①

课程改革是一个长期的过程，不可能毕其功于一役。中华人民共和国成立以来，党和国家十分重视学校体育工作，积极推进学校体育与健康课程改革，共开展了8次较大规模的学校体育与健康课程改革。在这8次课程改革中，影响深刻的有两次：第一次是1949—1952年的学校体育与健康课程改革，当时我国全面学习苏联的做法，推翻沿用多年的“体育与健康课程标准”，全盘学习苏联的“教学大纲”；第二次是1999年启动制订的“新课标”，吸收国际上其他先进国家的经验和做法，结合我国学校体育的实际，增加健康的要求，确定为“体育与健康课程标准”。随着“新课标”的研制、试验、修订和正式颁布，准确理解和全面实施“新课标”，成为开创学校体育工作新局面的关键所在。

（二）课程实施是体育与健康课程价值生成的实践性环节

学校体育作为我国全面发展教育的重要组成部分，其重要价值是健身育人。《“健康中国2030”规划纲要》提出：“推进健康中国建设，是全面建成小康社会、基本实现社会主义现代化的重要基础，是全面提升中华民族健康素质、实现人民健康与经济社会协调发展的国家战略。”体育与健康课程具有基础性、健身性、实践性、综合性等特征，不仅对学生的健康促进具有重要价值，同时，也有利于为全民健康奠定坚实基础。

体育与健康课程价值和意义的生成关键在于课程实施。体育与健康课程的价值主要体现在培养学生运动能力、健康行为、体育品德等体育与健康核心素养。健康，体现着人类对自身前途和命运的基本关怀；体育，是体现这种基本关怀的最佳执行者。追寻健康，体育是最积极、最有益、最

① 杨文轩．准确理解“新课标”，开创学校体育工作新局面［J］．中国学校体育，2012（4）：2－3.

有趣的方式。[1] 要确保体育与健康课程健身育人和健康促进价值的生成，有效实施是关键。如果体育与健康课程改革的重点仅仅停留在课程设计阶段，仅仅沉醉于描绘体育与健康课程改革的美好蓝图，而对体育与健康课程实施的实践过程视而不见，体育与健康课程的价值便难以实现。

（三）课程实施是教师运作和学生真正体验的课程

美国课程论学者古德莱德将课程分为观念层次的课程、社会层次的课程、学校层次的课程、教学层次的课程、体验层次的课程等 5 个层次，处于不同层次的课程，其含义是不一样的。[2] 观念层次和社会层次的课程属于课程设计、采用阶段，而学校层次、教学层次和体验层次的课程则进入课程实施阶段。课程变革不仅包括制定和采用课程计划，其根本在于课程实施过程，学校的运作、教师的实践和学生的体验。

拓展知识

观念层次的课程，是尚处于观念之中的课程，主要由研究机构、学术团体和课程专家所倡导。这类课程是否产生实际影响要看它是否被采用。社会层次的课程，是由教育行政部门规定的课程计划、课程标准和教材，也就是列入学校课程表中的课程，即正式的课程。该层次的课程远离学习者，课程目标、教学科目的确定是一个社会政治化的过程，国家和地方经常通过各种政策法规和课程指南来确定教学科目、教学内容、教学时间、教科书和其他材料。学校层次的课程，被限定于日、周、学期与学年的确定的时间里，通常以学科的形式组织起来。这些学科源于主要的知识和认知领域，对每一学科而言，不同年级有不同的课题和主题。这类课程大部分源于国家和地方确立的“社会层次的课程”，学校有关人员根据学校的特色和需要对其进行选择和修改，由此形成学校层次的课程。教学层次的课程，是教师规划并在课堂上实际实施的课程。教学层次的课程体现了教

---

① 胡小明．体育人类学概论［J］．体育与科学，2000（2）：4－9，13.
② 张华．课程与教学论［M］．上海：上海教育出版社，2000：332－333.

师对课程的理解，也体现了教师在课堂上对课程的实际运作。体验层次的课程，是学生实际体验到的课程。尽管经历了同样的课程学习，但不同的学生会获得不同的学习经验或体验。

以古德莱德区分的五个课程层次来看，课程实施如果是自上而下的策略，课程实施的层次就是上述五个层次的依次展开，而课程的最终完成是由教育对象内化了的体验课程来决定，也就是以学习者的学习效果来做判断。

从课程层次理论来看，体育与健康课程同样具有含义不同的 5 个层次。随着我国社会的不断发展，研究机构、学术团体和专家学者越来越强调体育与健康课程要促进学生的健康成长，这就形成观念层次的体育与健康课程。在“立德树人”根本任务和“健康第一”指导思想的指导下，健身育人和健康促进价值全面渗透进中小学体育与健康课程标准和教材的建设之中，这便是社会层次或者称之为正式层次的体育与健康课程。各级各类学校开设的体育与健康课和课外体育活动属于学校层次的体育与健康课程，而教师在课堂教学和课外体育活动中实施和学生真正体验到的体育与健康课程，则是教学层次和体验层次的体育与健康课程。无论是观念层次的体育与健康课程，还是正式层次的体育与健康课程，只有学校真正知觉了，教师真正运作了，学生真正体验了，才能有效地促进学生的身心发展。

（四）课程实施是体育教师专业发展的过程

体育教师是反思性实践者，在体育与健康课程改革过程中不断促进自身专业发展。体育与健康课程改革的关键在于有效的课程实施，体育与健康课程实施的关键在于体育教师的实际运作。体育教师对课程理念的理解和执行是体育与健康课程实施的前提，因为他们最终决定着体育与健康课程实施的走向。体育与健康课程实施是体育教师根据具体的课程情境，对课程目标、内容和方法进行调适的过程。

在体育与健康课程实施过程中，体育教师专业发展越充分，按照课程实施的具体情境进行调适的可能性就越大，目标的达成度也会越高。促进体育教师的专业发展是体育与健康课程实施的关键所在，提高体育教师实施课程的兴趣和能力，是体育与健康课程改革成功的重要保证。既要深化体育教师专业教育的改革，又要使广大体育教师明确体育与健康课程改革的意义和目标，充分调动他们的积极性，使体育与健康课程实施的过程变成体育教师主动发展的过程。因此，要真正落实体育与健康课程改革的宏观愿景，就要着力培养高素质专业化的中小学体育教师。

第二节　体育与健康课程实施策略

一、不同层面的体育与健康课程实施策略

（一）高起点低重心的宏观策略

1. 国家是体育与健康课程实施的发起者

长期以来，我国实行的是集权式垂直课程管理体制，全国使用统一的体育与健康课程计划和课程标准，体育与健康课程实施就是忠实地执行课程计划的过程。因此，我国的课程实施总体策略是发起于国家层面自上而下的策略。尽管自上而下的策略难以顾及学校的具体情境和教师的能力与看法，但在实施一个目标明确、设计合理而清晰的体育与健康课程计划时，这种策略无疑是最有效的。从宏观层面来看，国家作为体育与健康课程实施的发起者，既体现了我国社会主义制度的优越性，也有助于课程目标的达成。

2. 学校是体育与健康课程实施的基本单位

强调国家是体育与健康课程实施的发起者，强调忠实取向是我国体育与健康课程实施的主流取向，意味着体育与健康课程实施的高起点。不过，无论采取哪一种课程实施策略，由于学校在教育中所处的特殊位置，任何一次体育与健康课程改革都必须经由学校这一环节，体育与健康课程的理想才可能转变为现实。这一点是不以课程实施策略和价值取向为转移的。如果说体育与健康课程改革的起点在国家，那么，体育与健康课程实

施的重心无疑在学校。

(二) 追求实际效果的中观策略

1. 紧紧抓住体育与健康课程的本质目标

体育与健康课程目标是体育与健康课程实施活动期望达到的预期结果，它是开展计划、实施、评价等体育与健康课程实践活动的重要依据，是衡量体育与健康课程实施效果的重要标准。随着对学校体育研究和认识的不断深化，体育与健康课程目标呈现出多元化的发展趋势。面对多元化的体育与健康课程目标，体育与健康课程的实施应该牢牢抓住“强身健体”这一本质目标。强调体育与健康课程目标要高度关注学生身体健康的发展，并不意味着要淡化运动技能的教学和漠视学生的情感体验，它们是一种相辅相成、相互促进的关系。

2. 体育与健康课教学要讲究实际效果

体育与健康课的运动负荷是实现体育与健康课程目标的重要因素，是促进学生体能发展和技能提高的必要保证。体育与健康课教学中，应力求做到“汗、会、乐”。“汗”，即强调体育与健康课程实施活动必须具有一定的运动负荷，有利于促进学生的身体健康；“会”，即强调要促进学生运动技能的掌握和体育文化素养的提升及终身体育能力的培养；“乐”，即要做到寓教于乐，使学生充分体验体育与健康课程的乐趣，进而培养学生的体育兴趣和体育锻炼习惯。课前，要在了解学生与钻研教材、教法的基础上，认真设计课的负荷量、负荷强度和练习密度。课中，要对学生承受运动负荷的情况，随时做出正确的判断，并根据教学的实际情况，及时加以调整，以保证教学的顺利进行和学生的身体安全。

3. 要重视课外体育活动的重要作用

体育与健康课教学与课外体育活动是体育与健康课程实施的两条主要途径，这两条途径相辅相成。对于体育与健康课程的有效实施来说，体育与健康课固然重要，但课外体育活动也必不可少。因此，要加强体育与健康课教学与课外体育活动的现代化构建，把“善教、乐学、常练、勤赛、会用”作为体育与健康课程实施实际效果的重要着力点。

（三）注重课程情境差异的微观策略

1. 充分考虑具体的课程情境，课程目标要切实可行

体育与健康课程在学校这一微观层面的落实以及体育与健康课程目标的制订和课程内容的选用，都必须充分考虑具体的课程情境。特别是体育与健康课程要培养的核心素养是学生通过较长时间的学习，在知识内化、行为养成、品德修为基础上逐渐形成的，是学生在体育与健康活动和情境中体验、探索、感悟和解决问题的结果。各校在编制各类教学计划时，应根据不同水平学生的实际，制订明确的体育与健康课程学习目标，整体设计基本运动技能、体能、健康教育、专项运动技能和跨学科主题学习的教学内容。在教学中，要关注体育与健康知识和技能的学习，更要关注体育与健康课程的育人成效。[①] 同时，体育与健康课程目标的制定还必须综合考虑本地、本校在经济、文化、气候、地理环境、生活方式及体育传统等方面的具体情况，做到有的放矢、切实可行且行之有效。

2. 全面分析课程资源，合理制订实施方案

课程资源，特别是课程实施的条件资源，如人力、物力、财力、时间、场地、媒介、设备、设施和环境以及人们对于课程的认识状况等因素，对于体育与健康课程实施具有非常重要的现实意义，它们在很大程度上决定着体育与健康课程实施的范围和水平。

在学校层面，必须全面分析自身课程资源的基本情况，正确评估课程资源的优势和缺陷，才能制订切实可行的实施方案。经济发达地区的学校固然有着特定的优势，但经济发展落后地区的学校也有自身的有利条件。例如，山区学校可利用学校周围独特的地理环境，让学生们置身于山林、田野，使学生们对本地区矿产资源的现状以及开发情况有直接感受；对环境的维护意识有常识课堂里难以言传的体验；对上下山时同伴之间下意识的互相帮助有着思政课堂中难以企及的实践效应。

---

① 中华人民共和国教育部．义务教育体育与健康课程标准（2022 年版）［S］．北京：北京师范大学出版社，2022.

3. 改进课堂教学方式方法，促进学生主动学练

体育与健康课程教学要实现从“以教为主”向“以学为主”的真正转变，将过分关注传授知识与技能转变为重视培养学生核心素养，促进学生形成积极的学习动机、学习态度和学习行为。

（1）设计完整的学习活动。

教师要摒弃说教课、“放羊课”、安全课、单一技术课、测试课等，设计目的明确、内容丰富、情境真实、方法多样、互动良好的完整学习活动，将“学、练、赛、评”有机结合，引导学生在充分动起来的过程中享受运动乐趣，形成丰富、深刻的运动体验，在做中学、学中思、思中得。

（2）创设多种复杂的运动情境。

根据学习目标、教学进度等引导学生在对抗练习、体育展示或比赛等真实、复杂的运动情境中获得丰富的运动体验和认知，提高技战术水平和体能水平，形成良好的体育精神、体育道德和体育品格。

（3）采用多样化的教学方式方法。

在教学中，要将教师示范讲解与学生自主学练、合作学练和探究学练有机结合，将集体学练、分组学练和个体学练相结合，引导学生积极思考、主动探索、自觉实践，培养学生分析问题和解决问题的能力及创新意识。

（4）科学设置运动负荷。

运动负荷由群体运动密度、个体运动密度和运动强度衡量。群体运动密度是指一节体育实践课所有学生总体运动时间占课堂总时间的比例；个体运动密度是指一节体育实践课单个学生的运动时间占课堂总时间的比例，运动强度是指动作用力的大小和身体的紧张程度，常用心率表示。应尽量减少教师讲解、示范队形调动等时间，让所有学生充分动起米，改变“不出汗”的体育与健康课，增进学生体质健康，促进学生掌握运动技能。每节课群体运动密度应不低于75%，个体运动密度应不低于50%；每节课应达到中高运动强度，班级所有学生平均心率原则上在140～160次/min。每节课应有10 min左右体现多样性、补偿性、趣味性和整合性的体能练习。同时，要引导学生做好充分的准备活动，循序渐进，逐步提高运动负荷，在保证运动安全的基础上增强学习效果。

（5）运用信息化教育手段和方法。

在教学中，根据小学生感性认知能力强、初中生感性认知与理性认知快速发展的特点，积极开发与利用多种现代信息技术，开展微课、慕课、翻转课堂等教学，帮助学生通过线下线上相结合的方式，打破学习的时空壁垒，拓宽体育与健康课程的学习视野。①

二、体育与健康课程实施的路径

（一）体育与健康课程在学校实施过程的基本步骤

1. 理解与内化阶段

倡导课程共建是当前体育与健康课程改革的一种趋势，体育与健康课程实施为体育教师的课程实践提供了创新的舞台。无论是体育与健康课程标准，还是体育与健康课程方案和教材，都需要体育教师去理解、认知、再造、落实。在体育与健康课程实施过程中，体育教师应由课程计划的执行者转变为课程的建构者。“建构”既不是随遇而安，也不是为所欲为，而是建立在一定理论基础之上的一种课程行为。

在课程实施的操作层面，体育教师要深刻理解课程改革的精神、课程标准的主旨及课程计划制订者的意图。体育教师对课程理念和课程目标的正确理解，是课程成功实施的前提条件。体育教师作为联系学生与课程的桥梁，是课程实施的重要主体，是课程理念能否成功落实的关键因素。体育与健康课程要贯彻落实“立德树人”根本任务和坚持“健康第一”指导思想，注重体现体育与健康课程的时代性，强调以学生发展为中心，关注每个学生的发展，旨在通过教学方式的变革，促进学生学习方式的改变。课程理念需要体育教师熟知并能运用自如，需要体育教师深度学习、理解和内化，并实现由课程理念向课程行为的转变，主动提高课程实施能力。

2. 酝酿与准备阶段

经过理解和内化的课程理念要外化为课程行为，要进入教师运作和学

① 中华人民共和国教育部. 义务教育体育与健康课程标准（2022 年版）［S］. 北京：北京师范大学出版社，2022.

生体验的阶段，还必须经过酝酿与准备这一中间环节。酝酿主要是指对具体的体育与健康课程实践工作进行思考与协商，思考主要是教师的个体行为，而协商则是集思广益的集体行为。任何一所学校在实施体育与健康课程的时候，都必须考虑如何结合本地区和本学校的具体情况，确保体育与健康课程标准和体育与健康课程方案等转化为切实可行的课程实践。这需要体育教师树立课程意识，具备课程开发的技能，实现由“传技型”体育教师向“建构型”体育教师的角色转变。通过与学校领导及同事的交流和沟通，初步构思体育与健康课程实施的设想。

体育与健康课程实施的准备工作主要包括学校课程方案和体育与健康教学工作计划的制订。在三级课程管理体制中，国家、地方和学校各司其职、各负其责。教育部对体育与健康课程进行总体规划，制订体育与健康课程的管理政策和体育与健康课程标准；省级教育行政部门依据国家课程管理政策和本地实际情况，制订本省（区、市）实施国家课程的计划，规划地方课程；学校在执行国家课程和地方课程的同时，应视当地社会、经济发展的具体情况，结合本校的传统和优势以及学生的兴趣和需要，开发、选用或编制适合本校的课程。

3．运作与体验阶段

教师的运作和学生的体验是体育与健康课程实施过程的核心环节。经由这一环节，体育与健康课程的价值才能得以生成。教师运作的课程与学生体验的课程，既相互区别，又相辅相成。从体育与健康课程实施的过程看，无论是以专家为主体设计开发的国家课程和地方课程，还是经由学校二次开发的课程，都必须经过体育教师的理解和运作才能转化为学生体验的课程。日本课程学者佐藤学教授认为，无论是作为“公共框架”的课程，还是作为学校“教育计划”的课程，在课堂情境中只能靠“教师的课程”——被每一位教师的意图、解释、构想、设计所演绎的课程来发挥其现实的功能。①

教师的运作与学生的体验是高度统一的，这种统一的实质是交往与互动。交往与互动意味着教师角色的转换：教师由教学中的主角转向“平等中的首席”，从传统的体育知识与运动技能的传授者转向学生身心健康发

---

① 佐藤学．课程与教师［M］．钟启泉．译，北京：教育科学出版社，2003．

展的促进者。当体育与健康课程由高度统一走向民主共建，由封闭走向开放，由专家走向教师，由学科走向学生的时候，体育与健康课程就不再只是“文本课程”，而是教师脚踏实地运作的课程，是学生实实在在体验到的课程。

（二）体育与健康课程实施的主要途径

学校体育与健康课程实施主要包括体育与健康课堂教学、课外体育活动、隐性体育与健康课程三条路径。这三条路径虽各有侧重，但相互之间密切联系，相辅相成。在体育与健康课程实施的实践工作中，要避免各行其是的做法，要对这三条路径进行整体化构建和融合化实施。

1．体育与健康课堂教学

课堂教学是课程实施的核心途径。体育与健康课堂教学通常以体育与健康课的形式出现，由体育教师依据课程表在相对固定的时间，对相对固定的学生开展教、学、练、赛等活动。由于课堂教学具有无可替代的重要作用，因此，要树立“健康第一”的指导思想，开齐开足体育与健康课，切实提升课堂教学的有效性。

（1）课堂教学要有效果。

教学有效果是指通过教师的教学以后，学生获得具体的进步和发展。学生有无进步和发展是衡量教学有无效果的重要依据。课堂教学有没有效果，主要是指学生在体育核心素养方面的能力水平有没有进步，诸如学生在运动技能掌握和运用上的进步程度、健康行为习惯的改善程度、体育品德修养的加强程度等，学生在原有基础上提高的幅度的总和是衡量体育与健康教学效果的最终依据。

（2）课堂教学要重效益。

教学效益反映的是教学活动的结果与教学目标、教学目标与特定的社会、个人的学习和发展需求是否相吻合。教学效益更多的是关注好的、积极的学习结果，关注学生学习的良性收益。体育与健康课堂教学要重效益是指体育与健康教学不仅要有收获，而且这种收获将有助于学生的健康成长和未来发展的需要，是指通过教学活动，既实现了教学活动的价值，达成了教学活动的目标，且教学结果吻合预期的教学目标，符合社会与个人的教学需求。[1]

(3) 课堂教学要高效率。

教学有效率是指在一定的教学投入内，产生了尽可能多的教学产出，达到“教师可以少教，但学生可以多学”的效果。由于课堂教学投入的直接表现是师生双方时间、精力的投入，课堂教学产出的直接表现是课堂教学效果，在课堂教学实践中也可将课堂教学效率表述为：教学效率 = 有效学习时间/实际教学时间 × 100%，即教学效率和有效学习时间成正比，和实际教学时间成反比。[2] 运动密度、平均心率、负荷量和强度等是评判体育与健康课堂教学效率的重要指标。

2. 课外体育活动

课外体育活动是体育与健康课程实施的重要途径，其形式丰富多彩，主要包括大课间体育活动、早操、课间操、体育节、班级体育锻炼、体育俱乐部、体育社团活动、各种各样的运动竞赛等。课外体育活动不仅包括校内有组织的体育活动，还包括校外学生自主参加的体育活动，如家庭体育活动、社区体育活动等。

小资料

为了培养学生的竞争意识和团体协作的品质，体育教师以班级为单位组织了一次拔河比赛。在此过程中，双方队员都比较紧张，有的学生手心都被磨疼了也全然不顾，依然紧握着绳子，两个队的成员都紧咬着牙关，坚持不松手……组织拔河比赛有利于培养学生顽强、团结协作的竞争精神，使他们懂得团队的重要性，同时还能发展学生的力量素质。[3]

---

① 姚利民. 有效教学论：理论与策略［M］. 长沙：湖南大学出版社，2005：25.

② 朱浩亮，冀桐. 论课堂教学的有效性［J］. 教学与管理（理论版），2006（36）：57－59.

③ 刘永平. 开展多彩课外体育活动　有效促进学生全面发展［J］. 天津教育，2022（26）：7－9.

(1) 大课间体育活动。

大课间体育活动对促进学生身心发展具有积极作用，广大学校开展了积极的尝试，积累了许多有益的经验。在活动内容上，大课间体育活动以校本活动为主，逐渐形成学校自身特色，不少学校把民间和民族传统的体育项目纳入大课间活动内容，如小组合的武术操、秧歌操、健身操、竹竿舞、滚铁环、打陀螺、玲珑球、舞龙等；有些学校则将中小学生喜闻乐见的新兴体育项目，如街舞、滑旱冰等纳入大课间活动。在运动负荷上，以适宜的温和型中小负荷为主，这既有利于提高学生的体能水平，又不影响学生文化课的学习。

大课间体育活动改变了过去那种一成不变、单调枯燥的课间操形式，在时间上，由原来的15 min延长到25～30 min；在功能上，由调节心智功能拓展为健身和育人功能；在内容上，充实学校的自编操、武术操及各种小型多样的体育活动与体育游戏；在参与形式上，由原来的“教者发令，学者强应”改变为全体师生共同参与。

大课间体育活动具有较强的综合效益，既有利于发展学生的体能素质，又有利于学生运动兴趣的激发和运动技能的提高，促进终身体育习惯的养成，还有利于良好心理品质及社会交往能力的培养。不仅如此，采取师生共同参与的形式，不仅有助于师生之间的沟通与交往，增进新型师生关系的建立，而且有助于提高教师的健康水平，从而提高教师的工作和生活质量。

(2) 体育节。

节日意味着喜庆、欢乐、祥和，体育节是以体育活动为主题，全体师生共同参与的节日。体育节意味着获胜不再是唯一的目的，意味着由竞赛到健身、育心、休闲、娱乐的转变，意味着以人为本的体育教育思想的回归，意味着校园体育文化的升华。体育节践行“重在参与”的奥林匹克精神，其目标在于促进全体学生的健康成长，在于提高学生的体育与健康核心素养，在于形成具有校本特色的校园体育文化。

体育节有助于改变传统校运会“少数人干，多数人看”的现象，每逢学校体育节，加油声、呐喊声响彻校园，场面之热闹是任何其他校园活动都难以比拟的。体育节能起到展示学校体育成果、提升班级凝聚力的积极作用，体现了素质教育倡导的全体性和主体性。体育节具有广泛的全民参与性，师生同乐，甚至可以邀请家长参与，办成亲子体育节。体育节可以办成全员运动会的形式，其比赛或活动内容既可以是中小学生喜闻乐见的竞技体育项目，也可以是休闲娱乐健身性更强的大众体育项目，还可以是趣味性和挑战性更强的新兴运动项目。体育节的时间安排，可以是连续的2~3天甚至一周，也可以是间歇的分散安排。

3．隐性体育与健康课程

隐性体育与健康课程是体育与健康课程实施的辅助途径。隐性课程的别称多种多样，主要有隐形课程、潜在课程、隐蔽课程、非显性课程、非正规课程等。隐性课程是与显性课程相对应的范畴。如果说显性课程是学校教育中有计划、有组织实施的正式课程或官方课程的话，那么，隐性课程则是学生在学习环境（包括物质环境、社会环境和文化背景）中所学习的非预期或非计划性的知识、价值观念、规范和态度。这当然是非正式、非官方的课程，具有潜在性。显性课程与隐性课程共同构成学校课程的全貌。① 隐性课程具有暗示性、多样性、无意识性、长期性和间接性等特性。

随着体育与健康课程研究的日益深入，人们开始意识到隐性体育与健康课程的作用，对隐性体育与健康课程的研究也日渐增多。相对于体育与健康教学和课外体育活动两个体育与健康课程实施的主要途径来说，隐性体育与健康课程的开发虽然属于辅助途径，但其作用不容忽视。例如，校园体育文化的建设和体育教师的言行举止，很可能对学生产生潜移默化的影响，这种影响有时甚至超过了体育与健康课、课外体育活动等显性体育与健康课程。因此，加强隐性体育与健康课程的研究和探索，有助于丰富体育与健康课程实施的途径，有助于体育与健康课程目标的全面实现。

① 张华．课程与教学论［M］．上海：上海教育出版社，2000：310.

拓展知识

开发隐性课程的意义①

1. 体育隐性课程可以全面提高学生的身心素质

体育显性课程能有效提高学生的身体素质，这是外在的、显而易见的表象特征，但是对学生内在的心理素质却时常忽略和难以评估，而体育隐性课程能有效地从身心两方面来提高学生的素质。以前有关隐性课程的研究，比较注意和强调它在德育方面的意义与作用，这是完全正确的。隐性课程对于培养学生正确的思想观念、陶冶学生的道德情操、引导学生的道德行为，确实具有不容置疑的功能与作用。隐性课程内容的丰富性和影响力的多样性，决定了它在高素质教育中具有全面的意义及作用。也就是说，它对于学生的学习习惯、进取精神、思想观念、道德情操、审美情趣、身心健康、劳动素质等各个方面均具有重大影响和促进作用。

2. 体育隐性课程可弥补体育显性课程时空上的缺陷

隐性课程对学生的影响还具有空间上的广延性和时间上的连续性。它与学生的生活相伴而行，从早到晚来自四面八方，来自教师，来自同学，来自周围所有的人、事和活动。现实生活中遇到什么问题，隐性课程就将涉及什么问题。隐性课程是在学生的现实生活中形成发展的，就存在于现实生活中，表现在现实生活的方方面面，是很现实的，因而对学生的教育也是非常实际的，容易“入眼入脑”，具有很强的“穿透力”。

3. 体育隐性课程可增强学生的学习效果

首先，从持久性与深刻性来说，体育隐性课程对学生的教育影响效果往往比体育显性课程好。例如，通过体育学科课程中的显性课程传递给学生的知识、技能等，往往是学了考、考了忘，有的学生学了十几年的体育，结果是“什么也不知”“什么也不会”，并没有留下什么深刻的印象。隐性课程的教育则不同，它对学生的影响往往触及心灵深处，能使学生留

---

① 孙琴，窦海波. 论体育教学中设计隐性课程的意义［J］. 中国学校体育，2013（S1）：29－30.

下深刻的印象与记忆，如学生在学校被培养出来的体育兴趣、爱好习惯等，有时甚至终生难忘。

其次，体育隐性课程对提高学习效果具有促进作用。这是因为体育隐性课程能有效地调节与显性课程学习效果相关联的动机、兴趣、情感等心理活动。比如，有趣的场地器材布置、幽默的语言表达、完美的教学示范、丰富的形体语言、恰到好处的学生“表演”、良好的课堂气氛等均能对学生产生一定的潜在影响，对引发学习动机、激发学习兴趣、调动学习热情等具有良好的功效，从而达到提高体育显性课程学习效果之目的。

三、体育与健康课程实施的要求

（一）体育与健康课程在不同层面的实施需遵循不同的要求

1. 坚持高起点与低重心并重的宏观策略

体育与健康课程实施应坚持高起点、低重心的宏观策略，因为这样既有利于保证国家体育与健康课程意志的真正落实，又有利于区别对待各中小学校千差万别的体育与健康课程情境，不能把体育与健康课程实施理解为按图索骥式的单向度线性过程，在强调忠实执行国家课程计划的同时，各地、各学校也应发挥各自的主观能动性，因为学校才是课程实施的基本单位。

2. 坚持重形式更要重效果的中观策略

无论体育与健康课程目标如何分化，其本质目标始终只有一个，那就是“强身健体”。体育与健康课程实施应避免重形式而轻实效的现象，教学方式的选用要充分考虑各种方式的特点和作用，服务于促进学生体能发展和运动技能提高的需要。要切实提高课程实施的实际效果，就必须保障课外体育活动的时间，发挥课外体育活动的重要作用。此外，课程实施不仅要强化效果和效益，而且要切实提升效率。

3. 坚持尊重学校体育与健康课程具体情境的微观策略

体育与健康课程在学校这一层面的具体运作，无论是课程目标的确定还是课程内容的选用及课程实施方案的制订，都要关注各地区、各学校在课程情境方面的差异。体育与健康课程在学校的具体运作主要包括理解与内化、酝酿与准备及运作与体验三个阶段。体育教师要正确理解国家体育与健康课程改革的精神和基本理念，发挥相关人员的集体智慧，精心设计本校体育与健康课程的实施计划，使体育与健康课程实施的过程成为学生体能发展与技能提高的过程。

（二）正确解读国家体育与健康课程理念，明确体育与健康课程目标

正确解读国家体育与健康课程的基本理念，明确学校体育与健康课程的目标是体育与健康课程得以有效实施的前提条件。教育部制定的体育与健康课程标准是经过较长时间的研究、实践和科学论证形成的，具有很强的权威性、科学性和可行性。不过，体育与健康课程在学校层面的实施，并不是体育教师按图索骥式地执行体育与健康课程标准的简单过程，因为在实施过程中必须有一个理解的过程，教师的课程实践行为总是建立一定理解基础之上的。课程实施方案与教学计划的制订要树立明确的目标意识，要将学习目标的达成作为主线来安排教学，而不是以教学内容的系统性来设计教学方案。

（三）全面分析和开发课程资源，合理制订体育与健康课程实施方案

体育与健康课程在学校层面实施的范围和水平，既取决于课程资源的丰富程度，也取决于课程资源的开发和运用水平。虽然我国学校体育与健康课程实施的条件得到了不断的改善，但仍然难以全面、充分地满足体育与健康课程实施的需要。一方面，由于我国各地经济文化发展很不平衡，学校体育场地器材设施配备水平不一，城市与农村的学校体育场地器材设施配备差别很大。另一方面，从充分发挥现有体育场地器材应有的作用，努力开发它的潜在功能的角度看，体育场地器材资源的开发与利用，应做到人尽其才，物尽其用，这对各种类型的中小学校来说具有重要的课程价值和意义。体育场地器材资源的开发与利用，主要有以下途径和方法：一是发挥体

育场地器材的多种功能；二是制作简易器材；三是改造场地器材，提高场地利用价值；四是合理布局学校场地器材及合理使用场地器材；等等。

（四）课堂教学与课外体育双管齐下，确保体育与健康课程落到实处

体育与健康课程的有效实施有赖于课内与课外双管齐下。不少学校在体育与健康课教学中进行了积极的尝试，深化了对体育与健康课程的认识，为体育与健康课程标准的修订积累了宝贵的经验。不过，不能狭隘地把体育与健康课程改革理解为体育与健康课的改革，因为仅仅通过每周节数不多且时长有限的体育课很难实现体育与健康课程目标，无法达到教育部倡导的“每天锻炼 1 小时，健康工作 50 年，幸福生活一辈子”的要求。可以这样认为，以体育与健康课形式出现的体育与健康课程类似学科课程，而以课外体育活动形式出现的体育与健康课程则属于活动课程。只有对学科课程性质的体育与健康课与活动课程性质的课外体育活动做好一体化建设，做到教、学、练、赛、用融会贯通，才能更好地实现体育与健康课程目标。①

第三节　体育与健康课程实施的影响因素

纵览国内外关于课程组织与实施影响因素的研究成果，可以将体育与健康课程实施的影响因素分为宏观因素（如国际教育改革思潮、民族文化传统、国家教育体制、科技发展水平等）、中观因素（如学校教育制度与教学物质条件、课程改革计划与方案等）和微观因素（如课程计划的适切性、学校内部的教学制度与规范、教师素质、学生学习基础特征等）。影响体育与健康课程实施主要包括课程实施方案、课程实施主体和文化背景三个方面因素。

① 张细谦，姚蕾. 体育课程与教学论［M］. 北京：高等教育出版社，2021：139.

一、体育与健康课程实施方案

成功的体育与健康课程实施来自切实的课程实施方案。设计课程实施方案时要考虑各方面的实际情况和实施课程时所需要的资源，同时，课程实施方案本身的特点对课程实施也有着重要的影响，所以要注意课程实施方案设计的合理性。而且课程实施方案的制订要先于课程的启动和推广。2020 年 10 月，中共中央办公厅、国务院办公厅印发的《关于全面加强和改进新时代学校体育工作的意见》、教育部颁布的《义务教育体育与健康课程标准（2022 年版）》都是指导基础教育课程改革的重要方案。以《课程标准（2022）》为例，在编制体育与健康课程实施方案和实施计划时应注意体现以下几点要求。

（一）树立明确的课程育人意识

体育与健康课程实施应从过分关注知识与技能的传授转向重视核心素养的培养，将核心素养的培养贯穿在学年、学期、单元、课时等各层次的学习目标、教学内容、教学情境、教学方法、学习评价等设计中。

（二）合理设计水平计划

根据学生的身心发展规律、运动技能形成规律和课程的育人特点设计各水平的教学单元。在 1 ~ 2 年级，重点通过体育游戏发展学生的基本运动技能，让学生在玩中学、玩中练，激发学生的运动兴趣；在 3 ~ 6 年级，主要根据学生的兴趣爱好从六类专项运动技能中各选择至少 1 个运动项目进行教学，原则上每学期指导学生学练 2 个不同的运动项目，在重点发展学生各种体能的基础上发展多项运动技能，以满足学生多样化的运动需求；在 7 ~ 8 年级，应根据学生的兴趣爱好从六类专项运动技能的四类中各选择 1 个运动项目进行教学，其中必须包括中华传统体育类运动项目，原则上一个学期指导学生学练 1 个运动项目，在继续发展学生体能的基础上重点发展专项运动技能；在 9 年级，学校可以让学生根据兴趣爱好自主选择 1 个运动项目进行为期 1 年的学习，保证学生在完成初中学业时掌握 1～2 项运动技能。

学校在选择各年级学练的运动项目时，可先让学生在六类专项运动技能中分别选择自己喜爱的运动项目，再根据学生的选择结果及学校的实际情况确定各年级学练的运动项目。学校应至少开设以下运动项目：1 个集体性球类运动项目、1 个个体性球类运动项目、1 个田径类运动项目或项目组合（从跑、跳、投掷 3 个亚类中各选择 1 个项目进行组合）、1 个体操类运动项目或项目组合（技巧与器械体操项目可由技巧运动、单杠或双杠运动、跳山羊组合而成，艺术性体操项目可由 1 套律操和 1 套健美操组合而成）、1 个水上或冰雪类运动项目或项目组合（由 2 个水上运动项目或 2 个冰雪运动项目组合而成）、1 个中华传统体育类运动项目或项目组合、1 个新兴体育类运动项目或项目组合。各水平学练的运动项目可以完全相同或部分相同，也可以不同。各运动项目学习起始年级可由学校根据学生的实际情况和相关教学条件确定，如游泳项目可从 3 年级开始开设，也可从其他年级开始开设。

（三）设计专项运动技能的大单元教学

大单元教学是指对某个运动项目或项目组合进行 18 课时及以上相对系统和完整的教学。同时，要加强课内外的有机结合，促进学生通过较长时间的连续学练，掌握所学的运动技能。要避免把一个完整的运动项目割裂开来、断断续续实施教学，或在一个时间段内教授不同项目，如第一节课教排球的垫球技术，第二节课教篮球的原地运球，第三节课教武术的马步冲拳等，导致运动技能学习的零散化、割裂化，从而导致负迁移。大单元教学既能使学生掌握所学项目的运动技能，又能加深学生对该项运动完整的体验和理解。①

① 中华人民共和国教育部. 义务教育体育与健康课程标准（2022 年版）［S］. 北京：北京师范大学出版社，2022.

二、体育与健康课程实施的主体

体育与健康课程实施的主体主要为体育教师、学生和校长，另外还包括各类各级教育行政部门、社会人士和其他专业人员。如在课程实施中，许多专家到课程改革实验区进行指导，参与体育与健康课程改革实验。体育与健康课程实施的主体主要包括体育教师、学生和校长等。

（一）体育教师

1. 体育教师的基本职责

教师是直接的课程实施者，教师参与课程实施的积极性与主动性对课程实施的成败起着重要作用。从某种程度而言，没有体育教师积极主动的参与，体育与健康课程改革就难以获得预期的效果。由于体育学科的特殊性，体育教师在具备教师一般共性的同时，还具有其他学科教师所不同的工作职责和要求，主要表现在以下几个方面。

（1）上好体育与健康课。

体育与健康课是学校体育工作的主渠道、主阵地，上好体育与健康课是完成学校体育教育教学任务的前提和必要条件，要求体育教师必须以积极负责的态度认真对待每一节课。因此，体育教师必须精通教育、教学基本原理，全面掌握专业知识与运动技能，贯彻国家课程标准和要求，有效实施体育与健康课教学组织与管理，分析和掌握学生的特点和需要；同时，坚持改革、不断创新，从实际出发，充分备课，深入钻研教材教法，科学利用教学资源，保质保量上好每一节体育与健康课。

（2）促进学生身心健康发展。

体育是素质教育的重要方面。体育教师在贯彻落实“健康第一”指导思想、增强学生体质的过程中，要培养学生高尚的思想道德品质，完善学生人格，促进学生的心理健康，提高学生的社会适应能力。所以，体育教师要真正贯彻素质教育的理念，把德、智、体、美、劳等方面结合起来，在上好体育与健康课的同时，积极推行《国家学生体质健康标准（2014年修订)》，搞好各项体育活动；在有效促进学生体质健康的同时，对学生进行体育与健康知识的教育；与健康教育工作紧密结合，为学生终身参加体育锻炼和养成健康的生活方式奠定基础，促进学生身心健康全面发展。

（3）参与社会体育活动。

随着学习化社会的到来，学校、家庭、社区三者渐趋一体化。学校与社区共享体育资源，体育教师参与社区体育活动，社区参与学校的体育教育与管理已成为趋势。体育教师的教育工作不再局限于学校、操场、课堂，还与各项社会体育工作密不可分。体育教师的角色，必定拓展为"社会型"教师，成为社会活动的积极参与者，从而更好地完成学校体育任务，推动社会体育文化的繁荣。

（4）开展体育教研与科研工作。

在新课程理念下，体育教师的角色已从知识、技能的传授者转换为学生身心发展的促进者。因此，体育教师必须从"教书匠"的角色中转变过来，成为"教学研究型"或"实践教育家式"的教师。体育教师要以研究者的角色置身于教育过程和工作情境中，审视和思考体育教育理论和实践问题，在实践工作中，体育教师要不断反思，正确运用科研和教研的方法，积极开展教学研究活动，提高自身素质，丰富和发展体育教育教学理论，提高学校体育工作的质量。

（5）不断提升专业素养。

要成为一名合格的体育教师，必须不断地学习，提高自身政治、道德修养，深刻领会国家的教育方针政策，努力钻研业务，掌握体育与教育的知识技能、体育与健康教学和运动训练的基本原理和规律、增进学生身心健康的手段和方法，提高自身的专业水平。体育教师的提高也不能仅仅局限在体育类学科的范围，尤其在现代社会中，体育教师必须成为一个广泛的学习者、实践者和研究者，加强教学反思，不断地吸取大量的新观念、新知识、新方法，更新理念，拓宽自己的知识视野，促进自身专业成长，这是胜任现代体育教育工作的基本要求。

（6）担负立德树人的崇高使命。

立德树人是教育的根本任务。体育教师的职责不只是传授给学生体育知识和运动技能，更重要的是教育学生怎样去做人。体育教师应根据教材自身的特点，加强学生的德育工作，注重开发德育资源，利用拼搏精神、奥运精神激发学生的爱国情怀，培养学生的团结协作意识、规则意识、竞争意识、健康意识等，让体育与健康课程成为立德树人的重要途径。

2. 现代体育教师角色的转变

体育教师的职责是通过他所扮演的角色特征体现出来的。社会和教育的变革，体育与健康课程的改革与教育理念更新，使体育教师的角色特征也不断地发生着转变，主要表现在以下几个方面。

（1）从教书到育人的转变。

体育教师不再是固定教材的传授者、健壮体格的训练者，而是未来社会新人的教育者和缔造者。体育与健康课程标准以提高学生的身体健康、心理健康和社会适应能力为总体目标，突出运动能力、健康行为、体育品德三大核心素养的培养，强调在体育与健康教学中“育人”的意义。因此，体育教师应改变片面注重教材本身的价值取向，将培育身心健康和人格完善的社会新人作为职业价值的体现；在教学内容、方法选用以及教学过程的实施上，要以学生身心健康和全面发展为中心，使学生学会学习，学会锻炼，培养学生终身发展的能力。

（2）从被动型向主动型的转变。

体育教师将不再仅仅是教学方案的执行者、教学过程的组织者和教学方法的使用者，还将是体育教育的研究者和决策者。体育教师在学校体育改革不断深化的过程中需要转变角色，以研究者的角度分析和判断体育与健康教学实践中的各种问题，了解每一名学生的不同特点和需要，并做出相应计划和决策，创造性地开展工作，成为体育教育的决策者、开拓者，发挥现代体育教师在学校体育改革与发展中的主动型角色功能。

（3）从学校人到社会人的转变。

现代学校体育在空间上已由学校拓展到社会，在时间上从在校学习延续到终身学习。体育教育的开放性特征要求将学校与社会结合起来，体现学校、家庭和社区体育的一体化。体育教师不仅承担着学校内体育教育的职责，做好校内的各项教学、训练等活动，而且还承担着学校与社会沟通者的角色，进行社区全民健身指导、科学健身知识的传播和推动、社区活动的组织等工作。这就要求体育教师实现社会角色的转换，从学校人转变为社会人。

（4）从控制者到引导者的转变。

课程改革理念强调“以学生发展为中心，重视学生的主体地位”。贯彻这一理念就要求体育教师从教学过程的主宰者、命令者，教学内容、方式、任务的指定者，学生成绩的决判者，转变为学生体育学习的合作者、引导者和促进者；从权威的管理者转变为与学生平等相处的交流者。在这种角色转换所带来的民主、平等、合作的师生关系中，学生的体育兴趣会得到激发，学习潜能得到发挥，体育学习能力得到提高，这样不仅能有效改善学生体质健康，更重要的是使学生在主体性的发挥中养成终身参加体育锻炼的习惯和意识。

（5）由运动技能的传授者向学生健康成长的促进者转变。

体育与健康教学关注体育学科本身还是关注人的发展，反映了两种不同的体育与健康教学观念。当代课程改革的一个显著特征是从强调学科中心地位转向关注学生的全面发展，这要求体育教师要实现从运动技能传授者向学生健康成长促进者的角色转变。体育教师成为学生健康成长的促进者意味着两个方面的改变：一是体育与健康课程实施过程重心的改变，即由过去的以运动技能的传授为中心转向为学生的健康成长服务；二是师生关系的改变，即倡导构建一种融洽、和谐的学习氛围，建立一种平等合作的师生关系。①

（二）学生

在新的课程理念的指导下，作为课程实施重要参与者和一种重要的课程资源，学生对于课程实施进程的影响也得到越来越多的关注。因为学生对于课程方案的态度会影响课程实施。学生是学习和发展的主体，每一位学生都有不同的人生规划和学习目标，对于课程改革，他们可能有着与课程专家和教师不同的理解。落实学生的主体地位，发挥其主体性，让学生从知识与技能中，快速获得面对现实、走向未来的能力与勇气，既是教学独特的运行机制，也是课程实施的重要任务。未来虽不可清晰预知，却也有迹可循。未来的样子与状态，与今天的学生学习了什么、怎样学习、学得怎么样，有密切的关系。

① 杨文轩，张细谦，邓星华．学校体育学［M］．北京：高等教育出版社，2016：299.

“学生主体”的意义与价值，在于其连接过去、继承历史却终将走向社会、走向实践、走向未来。不能在教学过程中成为主体，或者主体性发展不充分，学生就只能作为抽象的个人，而不可能进入真正的社会实践。从这个意义上讲，教育理论和实践应该特别关注学生从学生主体成长为社会实践主体的教育教学经历，创造条件让学生在学校学习阶段去模拟经历未来的社会实践。从学生主体成长为社会实践主体，是一个缓慢的过程，学生主体及主体性发展主要分为三个阶段。

第一个阶段是教育教学活动着力最重的阶段，重点在于让学生以主体的姿态参与教学，成为教学的主体。从理论上说，教学中的学生必然是主体，否则教学就不能发生。但事实上，课堂里的学生，未必都是教学主体，成为主体是有条件的。在日常生活中，学生吃饭、玩耍、行走坐卧，都是主体，是自然而然的主体，只要生理机能正常，就能成为主体。但在教学活动中，学生成为主体还有附加条件，即能够观察、思考或表达其个人难以独立操作的、主要以文字符号和肢体动作为载体的知识与技能。

教师要将学生现有水平难以操作的知识与技能，转化为学生可以操作的对象，以引发学生的主体活动。当学生在教师的帮助下能够“独立”操作他原本不能操作的知识与技能时，知识与技能就成为学生活动对象、客体，学生便成为活动的主体。学生以主体的方式和态度在学习，又在学习的过程中成为主体。在这一阶段，主客体间边界清晰、各自独立。学生主体性发挥的重要标志，就是能够克服困难，积极主动地与客体互动，从而把握客体、提升自我。

在主体性发展的第二个阶段，主体与客体的边界不再清晰，学生主体性与知识的客观性相互交融。当学生能够主动地、全身心地、忘我地投入到教学活动中，就说明到达了主体性的第二阶段。学生能够站在客体的立场思考主客体间的关系，能够自觉依从客体的特性展开活动。对客体越是了解深入，就越能意识到，在客体面前，主体并非想怎样就怎样，主体的活动及其方式在相当程度上是受客体制约的。真正能够把握客体的主体，正是能够按照客体的规律来行事的主体。对客体的完全把握，就表现为以符合客体的方式去和它打交道，作为教学主体的学生，只有以符合知识特性的方式去认识、去学习，才能把握知识的本性，体会知识所蕴含的具体内容。

在第三个阶段，学生能够从特定的主客体关系中迁移、扩展、投身到广阔的社会实践中，从事创造性的社会实践。在真实的社会实践情境中去发现问题、解决问题，没有规定的路径，也无确定的解题思路，更无预先确定的答案，结果怎样，结论如何，充满不确定性，变数众多；唯一能确定的是学生自己的主动行为，学生的决策、行为及行为方式是影响实践结果的最重要的变量。为了获得理想的结果，学生必须审慎地思考、决策，要预见无数种可能性，并通过努力去寻求那个自己认为最好的可能性。

在复杂中理出清晰的思路；在混沌多样中寻求本质、关键；在解决问题的驱动性实践中，综合运用所学知识并发现新问题；对问题进行价值评判，培养创新意识、实践能力，拥有担当感、责任感，这正是负责任的未来社会成员所应该具备的。这些活动让学生能够连接学校与社会、历史与未来，在综合运用知识的过程中加深对知识的理解并理解世界、理解他人、理解人与世界的关系，从知识的学习中、从对历史的理解中生发出走向未来的品质、意愿和能力。①

（三）校长

校长是学校体育与健康课程实施的领导者，他们对于课程改革的影响正成为许多课程学者研究的热点。校长的影响涉及课程实施的方方面面：一是根据新的课程方案，协调国家课程、地方课程和校本课程，规划学校具体的课程实施方案。二是选择或自主开发课程内容（教材）。三是课程实施规章制度的制定，如教师的任课情况、课时安排与课程的实施步骤等。四是提供思想与物质方面的支持。校长是激发教师群体动力的关键，他们能够给予教师实施新课程思想上的支持；校长重视课程实施有助于解决课程实施涉及的设备、材料、空间和时间问题，给予课程实施物质上的支持。五是处理好有争议的课程问题。六是组织学校文化的建设。课程的成功实施离不开学校合作性文化的建设，离不开校长与教师之间的交流与合作。

① 郭华．“学生主体”的教学论意义：纪念主体教育实验30周年［J］．教育研究，2022，43（11）：56－65．

三、文化背景

体育与健康课程实施的文化背景一般包括课程改革的社会环境、时代特征、人们对课程改革的价值判断和学校社区的文化资源等。成功的课程组织与实施应对社会环境有敏锐的把握，充分了解社会的结构、传统和权力关系，为课程改革争取有利的政治和经济支持。这部分因素包括国家和地方政策的变化、财政拨款、技术支援与舆论支持等。

课程方案的顺利实施需要得到教育系统之外的各方力量的支持。比如，寻求政府的政策保障和倾斜以及在学校建设、经费改革、用人制度等方面的支持；通过新闻媒介宣传课程改革以获得社会各方的理解和合作。当前，我国基础教育课程改革已经进入深水区，迫切需要进一步创建深化改革的社会文化背景，在政策、经费、全民教育观念、教师人事制度与学校评价制度等方面做进一步的完善与建设，以有效保障与促进课程改革继续前行。①

复习与体验

1. 通过课堂教学或其他学习方式，熟悉体育与健康课程实施对于体育与健康课程改革、课程价值生成、学生健康成长、教师专业发展的重要意义，结合对体育与健康课程本质的理解，谈谈应该如何强化自身专业知识和专业能力。

2. 请在明确说出宏观、中观、微观三个不同层面体育与健康课程实施策略的内涵和具体路径的基础上，熟悉体育与健康课程校本化创造性实施的意义、步骤和要求，尝试结合某一所学校的实际编制学校层面的体育与健康课程实施方案。

3. 探讨并举例说明影响体育与健康课程实施的课程方案、课程实施的主体和文化背景三个方面因素的具体事例。

---

① 李森，陈晓端. 课程与教学论［M］. 北京：北京师范大学出版社，2015：165.

拓展阅读文献

[1] 李森，陈晓端. 课程与教学论 [M]. 北京：北京师范大学出版社，2015.

[2] 张细谦，姚蕾. 体育课程与教学论 [M]. 北京：高等教育出版社，2021.

第五章 体育与健康教学实施

本章导学

体育与健康教学实施有赖于教学方法、手段的合理运用与有效组织。教学方法是教学实施的重要组成部分，在促进学生德智体美劳全面发展的课程实施体系中，具有不可替代的重要地位。只有认真了解、系统学习，才能更准确地把握体育与健康教学方法的概念及其特点，为体育与健康教学能力培养与实践奠定坚实的基础。采用合理的体育教学组织形式，有利于提高体育与健康教学效率，并使各种有效的教学方法和手段得以在相应的组织形式中运用，也有利于促进教学活动的多样化，从而实现教学的个性化。当代课程教学的一个重要理念是“既要重视教好，更要强调学好”，因此，从深度学习、主动提升的视角看，明晰学习体育与健康教学实施的意义、目标、内容和方法至关重要。

学习目标

1. 了解体育与健康教学实施的学习重点，是学习体育与健康教学实施的重中之重；明确体育与健康教学实施的教学主导与学生主体，能够表述体育与健康课程教学的新理念。

2. 准确理解体育与健康教学方法的定义和内涵，能够说出体育与健康教学方法的特点，懂得体育与健康教学方法在体育与健康课程中的重要价值，强化学习动机。

3. 正确认识学习体育与健康教学方法、组织形式及手段的目标与分类，能够列举各种教学方式的特点，学会根据专业发展需要和课程特点去优化组合恰当的教学方式。

4. 明确思想政治教育是体育与健康课程“以体育人”的重要影响因素之一，学会在教学实施过程中融入思政教育，有助于创新体育与健康教学过程的组织形式和教学方法，提升体育与健康教学实施的育人实效。

教学方法、组织与手段是体育与健康教学实施策略的三个重要方面，直接影响体育与健康课程的教学实效。科学地选择和使用教学方法、组织和手段，是实现体育与健康教学目标的关键。了解并认识体育与健康教学方法的特点、分类，学会合理选用教学方法，能够恰当运用教学组织形式是保证体育与健康教学高效有序地进行的重要前提，精选合适的教学手段是提升体育与健康教学效果的重要保障，熟悉体育与健康教学手段的概念、分类、实施的基本原则和主要方法具有重要的现实意义。

第一节　体育与健康教学方法

一、体育与健康教学方法的概念和特点

（一）体育与健康教学方法的概念

体育与健康教学方法是指在体育与健康教学过程中，体育教师为了使学生积极主动地学习和掌握体育与健康的基本知识、技能和方法，发展学生核心素养，增进身心健康，习得运动技能，培养良好的思想品德而指导学生进行一系列活动方式、途径和手段的总和。① 体育与健康教学方法包

① 潘绍伟，于可红．学校体育学［M］．3 版．北京：高等教育出版社，2015.

括教师教的方法和学生学的方法，既是“教”与“学”的统一，又是师生动作和行为的总和。

（二）体育与健康教学方法的特点

1. 能够全程动员多感觉器官协同工作支撑教学实践

体育与健康教学过程中，师生双方不仅需要通过视觉、听觉感受器接收信息，还要运用动觉、位觉、触觉等来感知自己身体的动作，尤其是通过本体感觉来感知自己身体运动时用力的大小、方向和动作的幅度。体育与健康教学过程主要是运动性认知，通过身体练习，使学生掌握体育知识、运动技能，培养能力，形成正确的态度、情感和价值观。因此，体育与健康课比室内文化课更需要动员和运用多种感觉器官参与工作。

2. 使运动和休息合理交替的可控性高

体育与健康教学过程中，学生要接受生理和心理的双重刺激，承受一定的运动负荷，新陈代谢加快，能量消耗增加，如果刺激时间过长，刺激负荷过大，则可能引起学生身体和心理的双重疲劳；如果疲劳积累过深，也可能导致学习效率下降。因此，在减轻和消除疲劳的过程中，体育教师运用转换练习，改变练习难度、组合、条件和环境，改变休息方式、时间等方法能够在确保学习效果的同时，维护学生身体健康。

3. 感知、思维和练习活动联系的紧密性好

在体育与健康教学中，学生需要运用视觉、听觉等感觉器官，接收教师发出的各种信息，这些信息传到大脑皮层，经过大脑的分析和综合，再以指令的形式传出，指挥身体进行相应运动。这其实是感知、思维和练习这三个环节的紧密结合。① 这种紧密结合反映了体育与健康教学过程具有认知和实践、心理活动和身体活动紧密结合的特点，它既是身体活动，也是认知和实践、心理活动和身体活动的紧密结合。

① 张志勇．体育教学论［M］．北京：高等教育出版社，2019：156－160.

二、体育与健康教学方法的分类

（一）以教师的“教”为主的教法

1. 示范法

示范法是教师（或指定学生）以具体的动作为范例，使学生了解所要学习动作的结构、过程和要领的一种教学方法。

（1）示范法的分类。

首先，按照示范的速度进行分类，可分为常速示范和慢速示范。常速示范一般在某种教材教学的开始阶段，为使学生建立完整的动作表象时使用。慢速示范通常用于为了更好地表现动作的结构和时空特征时。

其次，按照教师示范的方向进行分类，可分为正面示范、侧面示范、背面示范和镜面示范。正面示范是指教师做身体练习时面对着学生进行的示范，通常是为了表现人体的左右移动；侧面示范是指教师做身体练习时侧对着学生进行的示范，通常是为了表现人体的前后移动；背面示范是指教师做身体练习时背对着学生进行的示范，通常是为了表现较为复杂的身体练习技术；镜面示范是指教师在与学生做同一个身体练习、在同一个节拍的条件下，以自身所处的左或右肢体与学生正好相反，同时正面向着学生进行的示范，通常用于技术结构简单又需要学生模仿的身体练习。

此外，教师的示范还可分为完整示范和重点示范、正确示范和错误示范、高位示范和低位示范等。

（2）运用示范法的注意事项。

第一，示范要正确。良好的示范应该准确、熟练、放松、优美。它对学生建立正确的动作表象，提高学生的练习兴趣和主动积极性具有重要的作用。在课前，体育教师应当认真地准备示范动作，以确保教学中示范的质量。

第二，示范要有明确的目的。教师示范要有明确的目的，每次示范前，应根据教学任务的目的和要求以及学生的具体情况考虑示范的内容和方法，以利于提高直观教学的效果。

第三，示范位置要适当。示范的位置与身体练习的特点、学生队形、天气情况等有关。通常情况下，示范位置的选择应有利于全体学生无干扰、易观察，同时教师又易于管理课堂。

第四，示范要紧密结合讲解。示范与讲解结合的形式有三种：一是先讲解后示范，多用于新教材的教学；二是先示范后讲解，一般在复习旧教材时使用；三是边讲解边示范，多用于技术简单或学生较熟悉的练习。

2．讲解法

讲解法是指教师运用语言向学生说明教学目标、动作名称、动作要领、动作方法和要求，以指导学生学习和掌握体育基本知识、技术和技能的一种方法。在体育教学中运用讲解法时，应当注意以下几点：。

第一，讲解的目的要明确，具有教育性。教师应根据教学任务、内容、学生的接受能力及存在的问题进行讲解。讲解要有计划性和针对性，使学生较好地理解动作的要领、重点和难点。

第二，讲解的语言要生动、形象、简明、准确。教师讲解时口齿要清晰，用词要准确，讲解要简明扼要，善于运用形象的比喻和口诀。

第三，讲解要富于启发性。教师讲解时应善于提出问题，启发学生的积极思维；提出的问题要深浅适度，既有兴趣性，又有启发性，以利于培养学生积极参与的精神。

第四，讲解应注意时机和效果。根据教学的实际情况，把握好讲解的时机有利于提高教学的效果。例如，在课的开始部分，应首先讲清本次课的任务和教学内容，做到语言简明、声音洪亮。对于新教材，一般都在练习前进行讲解。在讲解动作重点、难点的时候可配合手势和语调变化，以提高讲解效果。当学生正在做练习的时候，特别是做静力性和危险性较大的动作时，一般不讲解，必要时可简短提示。

第五，讲解应与示范相结合。讲解与示范结合，能使学生在获得语言刺激的同时，感受到直观的动作形象，以促使其较快地形成运动表象。

3．分解教学法

分解教学法是指将完整的动作分成几部分，逐步进行体育与健康教学的方法。优点是把动作技术的难度相对降低，便于学生掌握和突出教学重点和难点。缺点是不利于学生对完整动作的领会，有可能妨碍完整地掌握动作。

（1）分解教学法的分类。

①可按动作技术的结构顺序分：如体操的“低杠挂膝上”是由助跑、

挂膝和挂膝上三个主要部分组成，可按动作技术结构顺序先练习助跑以加强动力，再练习挂膝以加强动力连贯性，最后将助跑和挂膝上的动作串联最终学会这个动作。

②可按动作技术的结构反序分：如跨栏是由助跑、起跨、过栏摆腿和落地四个主要部分组成，可按动作技术结构反序先练习落地和摆腿（无栏或栏侧练习），再练习过栏动作，最后加上栏间助跑，串联练习最终学会这个动作。

③按学习难度分：如学习蛙泳可按难度分为陆上模仿动作、水中局部动作练习和水中完整练习主要的三段，可按学习难度先练习陆上模仿，将“划、弯、伸”和“收、翻、蹬”动作练习正确并熟练；再下水做扶池边练习腿部动作和有同伴扶助的手臂练习，待较熟练后再做带浮漂的完整练习，直至最终解下浮漂，完全学会蛙泳。

④按身体各部分的动作分：如武术所涉及的身体各部分动作主要有下肢动作、上肢动作、上体姿势和头部动作，有些难度较大的动作，如果整体学习有困难可按身体各部分的动作来分解学习。

（2）分解教学的基本顺序。

分解教学的基本顺序包括分进式、连进式和递进式三种。

（3）分解教学注意事项。

分解教学应注意以下几点：①划分动作时，应注意其相互间的联系，划分开的段落应易于连接完成并不破坏动作的结构；②使学生明确所划分的段落或部分，在完整动作中的地位和相互联系；③分解法要与完整法结合运用。只要能运用完整教学法绝不用分解教学法，因为那样延长了教学时间。

4. 完整教学法

完整教学法是从动作开始到结束，不分部分和段落，完整、连续地进行教学和练习的方法。这一教学方法多用于简单的技术动作教学中。其优点是教学中能保持动作结构的完整性，易于形成动作技术的整体概念和动作间的联系；其缺点是不易突出动作的关键点。

完整教学应注意以下几方面。

第一，抓住教学重点进行突破。如一些运动虽无法分解，但其中的要素如动力、动作时机和动作要领还是可以进行分析，以帮助学生有重点地进行练习。

第二，简单的动作采用完整法，复杂的动作用分解法。掌握要领后直接运用。体育教师通过对技术动作的分解讲解后，示范整个技术动作，让学生做模仿练习。

第三，降低动作练习难度。其目的在于便于学生完整练习，建立正确动作定型后逐渐增加难度，再进行标准难度的完整训练。

第四，开发辅助练习和诱导性练习相结合的方式。

5. 演示法

演示法是教师在体育与健康教学中通过展示各种实物或直观教具，让学生通过观察获得感性认识的教学方法。在中小学体育与健康教学中，较为多见的演示手段包括可活动的人体模型、战术板、图片和图画等小道具，另外还有幻灯片、电影、计算机等。

（二）以学生的“学”为主的“学法”

1. 练习法

练习法是指学生在教师的启发、指导下，根据体育与健康教学任务和要求，有目的地反复进行身体练习的方法。练习法包括重复练习法、变换练习法和循环练习法三种形式。

（1）重复练习法。

重复练习法是指在不改变身体练习的技术结构和运动负荷的条件下，进行反复练习的方法。它是学习技术、发展体能的最基本的方法。根据练习中是否有间歇，重复练习法又可分为连续重复练习法（或称为持续练习法）和间歇重复练习法。

一般而言，一些周期性的运动项目和发展耐力的身体练习，如游泳和中长跑，通常采用连续重复练习法。对于一些非周期性的运动项目，可以赋予它周期性的特点，也可采用连续重复练习法，如篮球的连续传接球练习等。

运用间歇重复练习法要根据教学的任务和学生的特点确定间歇的时间，如发展速度和速度耐力的重复跑，在练习中不仅应对其运动负荷的外部数据和技术提出要求，还应根据学生的身体条件，对练习与练习之间的休息形式和间歇的时间提出具体要求。在体育与健康教学中，对于中小学生（特别是小学生）来说，间歇重复练习法的间歇时间应以学生的身体恢复为标准，这一点与专业运动训练中的间歇训练法有很大区别。

（2）变换练习法。

变换练习法是在变化的条件下反复进行练习的一种方法。变换练习法中所讲的条件是指身体练习的要素、身体练习的组合、器械的高度与重量，以及练习的环节等。通过变换练习，可提高学生中枢神经系统的灵活性，刺激人体更快地适应，从而有效地提高人的体能，提高学生的体育学习兴趣。

根据练习中是否有间歇，变换练习法又可分为连续变换练习法和间歇变换练习法。连续变换练习法普遍适用于周期性的运动项目，如变速跑。对提高同一种身体素质的练习，教师还可以通过改变练习的器械和环境来提高学生的学习效果，例如：把平时在练习场地内的耐力跑改变成越野跑，把举哑铃变为双杠屈臂撑等等。

（3）循环练习法。

循环练习法是根据练习的任务和需要，教师预先选定若干练习手段作为练习站（点），学生按规定的顺序和练习的要求，依次逐站（点）进行练习的方法。循环练习法是重复练习法和变换练习法的结合形式，其特点是有多个练习手段、练习过程循环、运动负荷较大、练习的程序和要求可根据练习的任务和学生的特点以及教学条件进行设计。

运用循环练习法时需注意以下六个问题。

第一，选择身体练习，确定练习的运动负荷、练习站（点）的数量和循环顺序都应服从练习的任务。一般而言，以改进和提高技术为目的时，练习站（点）的数量可适当减少；以发展体能为目的时，练习站（点）可适当增加。

第二，选择的练习方法和教材应是学生比较熟悉的，如复习教材或学生练习过的辅助练习。

第三，选择的练习应能够全面发展学生的身体，注重上下肢的搭配、发展各种身体素质教材的搭配和对学生道德意志品质的培养。

第四，各练习站（点）身体练习的难度应适当搭配。

第五，安排好运动负荷。循环练习的总负荷应适当，即各练习站

（点）的负荷以及练习站（点）与练习站（点）之间的休息时间也应合理安排。一般可以从学生最大负荷能力的1/3开始，再逐渐增加，但不要超过学生最大负荷能力的2/3。站（点）的练习量较大时，强度应小一些；反之，强度较大时，练习的量就应小一些。各站（点）之间可安排适当的休息，各站（点）的运动负荷应大小间隔搭配。练习循环的次数也可视教学的任务、学生的条件及其需求而定。

第六，严密组织。运用循环练习法时，有众多的学生同时做不同的练习，如果设计、组织不好，就容易发生教学事故。

2. 游戏和竞赛法

游戏法是指为了完成教学任务而运用的各种各样的游戏性质的练习的方式。其特点是不仅有一定的生活情节和思想性、娱乐性，还具有竞赛因素和趣味性、观赏性，能引人入胜。游戏法形式生动活泼，内容丰富多彩，操作简便易行，是广大青少年学生最感兴趣且乐于参与的活动之一。游戏法有一定的规则要求，能激励学生充分发挥个人和集体的智慧，有利于学生体能、智能和品行的发展，是完成体育教学任务的重要而有效的辅助手段。

竞赛法是按照比赛的规则，充分发挥学生的体育技能和体能，通过相互竞争以决定胜负的练习方法。其特点是规则清楚，竞赛激烈，能充分动员学生的体力、智力，发挥学生的技能和潜能以及心理适应能力，可培养学生的良好个性和优良的道德意志品质。

运用游戏和竞赛法时必须注意以下四点。

第一，要有明确的目的。在运用游戏和竞赛法时，应根据教学目标和学生特点选用并周密细致地组织活动。

第二，调控好运动负荷。在运用游戏和竞赛法时，学生大多比较兴奋，运动负荷较易超量，因此，教师应根据规则及其要求、教学内容、时间、场地大小等条件，调控好运动负荷。

第三，注重对学生的思想和智力的培养。教师在学生活动前，应讲清楚具体的要求；在活动中，应认真观察学生的表现，及时指导学生的练习，发展他们的智力和运用技术、战术的能力，并能适时地进行思想品德教育。

第四，活动结束时需要进行必要的讲评。

3. 自主学习法

自主学习法是指为了实现体育与健康教学目标，在体育教师的指导下，学生根据自身条件和需要制定学习目标、选择内容、完成体育学习目标的体育学习模式。

（1）自主学习的意义。

第一，有利于确立学生的主体地位，激发学生学习体育的热情。苏霍姆林斯基曾说："在人的心灵深处，都有一种根深蒂固的需要，这就是希望感到自己是一个发现者、研究者、探索者。在儿童的精神世界中，这种需要特别强烈。"

第二，有利于培养学生的体育学习能力，为终身体育奠定基础，使学生从"学会体育"（学会一些运动技能）转变到"会学体育"（掌握全面的学习体育的方法）。

第三，有利于提高体育学习效果。学生在体育与健康课程中的学习效果主要是由学生如何接受、如何学习、如何练习决定的。学生只有在体育学习中"能学""想学""会学"，才能真正取得实效。

（2）自主学习的特点。

一是能动性。学生自律学习，主动学习。学习活动的开展，是以掌握知识技能、探索未知、提高自身动机为基础的。二是独立性。独立开展体育学习活动，根据自己的体能、技能情况，制定目标、选择内容、寻找方法、评价结果。三是创造性。学生在体育学习中，能运用独特的思维、手段，富有独创性地探索解决问题，寻找解决知识技能、发展身体的独特方法。

（3）自主学习的教学步骤。

第一，自定目标。依据学习目标，恰如其分地分析评估自己的能力，发挥潜能，自己确定"跳一跳，够得着"的体育学习目标。

第二，自主选择学习活动与学习方法。学生运用学到的知识和已有的经验，合理地安排和选择达到目标所需的具体学习活动。

第三，自主评价。学生能依据体育学习目标，对自己的学习状况进行观察、分析、反思，看到进步与发展，找出不足与问题。

第四，自我调控。对照学习目标，分析学习情况，及时调整学习目标，改进学习策略和方法，即及时恰当地"纠偏"，以促进体育学习目标的达成。

4．合作学习法

合作学习法是以学习目标为导向，以异质小组为基本组织形式，以教学中各种动态因素的互动合作为动力资源，以团体成绩为奖励依据的一种教学活动和策略体系。

（1）合作学习法的基本要素。

一个完整的合作学习体系包括积极互助、面对面的促进作用、个人责任、社交技能、小组自评等要素。

第一，积极互助。要求学生们不仅要为自己的学习负责，还要为其他同伴的学习负责；各组协调努力，共同完成学习任务。

第二，面对面的促进作用。要求学生进行面对面的交流，组内学生相互鼓励和支持，彼此为取得良好成绩、完成任务、得出结论而努力。

第三，明确个人责任。要求每个学生都承担一定的学习任务，掌握所分配的任务，分工明确，责任到人。

第四，提升社交技能。教师必须教会学生一些社交技能，以进行高质量的合作。

第五，小组自评。小组定期评价共同活动的情况，检查小组运用情况和功能发挥程度，以保持小组活动的有效性。

（2）运用合作学习法的注意事项。

第一，合理分组，明确责权。一般来说，分组时宜遵循“组间同质、组内异质”的原则。教师要对全班学生的分组进行认真的研究设计，确定每个成员的分工。一般可以采取轮换制，如教练、表演者、帮助者等由每个成员轮流做。为了确保小组工作的有序，最好确定一个组长（组长的角色也应轮换），负责给小组成员布置具体任务，明确发言顺序，记录每个小组成员的意见，将小组内的主要分歧拿出来共同讨论和研究，最后形成一致的结论，指定报告者将小组的集体意见在课堂上汇报。

第二，合理分配合作学习的时间。在体育课上，学生需要一定的时间锻炼和磨合合作的技能，以便顺利完成学习任务。在实施合作学习的开始阶段，体育教师可能要为学生做准备，要有熟悉和组织的过程，因此，会占用较多时间。但是，这些时间花得有价值，因为能鼓励学生的认知和情感发展。随着教学的继续，随着学生对合作学习的逐渐熟悉，花在组织上的时间会慢慢减少。

第三，发挥教师的主导作用。合作学习的效果在很大程度上取决于教师能否有效调控，教师要积极发挥其主导作用，如课前做好学生的分组并明确学生的角色和责任；课中监控合作的有效性，及时、客观、详细地记录学生的行为表现，介入小组活动并提供必要的任务辅导、错误纠正、安全问题的预防等，或提高学生人际交往和小组分工的技巧；课程结束时评价各小组的成绩，并帮助学生讨论他们彼此合作的情况。

第四，运用科学恰当的评价方式。对合作学习的评价，最重要的原则就是要以小组为评价单位，组内成员利益分享，同时，组内成员间可进行互评和自评，在此基础上再进行小组自评。评价的内容既包括体育学习目标的达成情况，又兼顾合作技能的评价。小组间的评价，可以让学生进行组间互评，也可以以教师为主对各组进行评价，评价意见应详细、具体。

5. 探究学习法

探究法是体育教师在教学中精心创造条件，向学生直接提出问题或者激发学生提出问题，并以问题为主线，有意识、有目的地引导学生在体育与健康课程学科领域中或者体育活动中获得体育与健康知识、发展和提高运动技能、培养情感与态度、拓展体育素养的一种教学方法。

（1）探究学习的基本特征。

第一，内容的广泛性。体育与健康教学中，探究学习的内容应来源于学生的学习生活和社会生活，立足于研究、解决学生关注的一些社会问题或其他问题，涉及范围广泛。它可能是单纯体育与健康学科的，也可能是多学科综合的；可能偏重于实践问题，也可能偏重于理论研究。即使是在同一主题下，也可以各不相同，具有很大的灵活性，可为学习者、指导者发挥个性特长和才能提供广阔空间，有利于形成开放的学习过程。

第二，过程的探究性。探究学习的内容是在教师指导下，学生自主确定的研究课题。学习的方式不是被动地记忆、理解教师传授的知识，而是敏锐地发现问题，主动地提出问题，积极地寻求解决问题的方法，探求结论的自主学习的过程。因此，探究性学习的课题，不宜由教师指定某个材料让学生理解、记忆，而应引导、归纳、呈现一些需要学习、探究的问题。这个问题可以由教师提出，也可以引导学生自己发现和提出。应鼓励学生自主探究解决问题的方法并自己得出结论。

（2）运用探究法的基本要求。

第一，合理设置问题，进入问题情境。本阶段要求师生共同创设一定的问题情境，如向学生提供相关的知识背景，或者以学生生活中的实际问题为切入点，目的在于做好背景知识的铺垫，调动学生原有的知识和经验。然后经过讨论，提出核心问题，诱发学生探究的动机。

第二，实践体验。在确定需要研究解决的问题以后，学生要进入具体解决问题的过程，通过实践、体验，形成一定的观念、态度，掌握一定的方法。这一阶段，学生既可以独立研究，也可小组学习。

第三，表达和交流。在这一阶段，学生要将取得的收获进行归纳整理、总结提炼，形成书面材料和口头报告材料。成果的呈现方式要多样化，除了按一定要求撰写调查报告外，还可采取辩论会、研讨会、展板、墙报、编刊物等方式，同时，还应要求学生以口头报告的方式向全班发表，或通过指导教师主持的答辩。学生通过交流、研讨与同学分享成果，这是探究性学习不可缺少的环节。在交流研讨中，学生要学会欣赏和发现他人的优点，学会理解和宽容，学会客观地分析和辩证地思考，也要敢于和善于表达自己的观点。①

第四，高度重视和充分发挥小组的集体智慧。体育教师应高度重视和充分发挥小组的集体智慧，共同努力，完成学习任务。

（三）以师生共同参与、互动完成为主的教学方法

1．情境教学法

在传统的体育与健康教学实践中，一些教师往往只注重知识和技能的传授与训练，而忽视对学生态度、兴趣和欣赏能力的培养，而这些方面在人的成长中又具有非常重要的作用。现代教学理论和实践强调在教学中运用以陶冶情操和欣赏活动为主的教学方法，运用情境教学法就有这方面的意义。

---

① 李颖川，周登嵩．全国体育传统项目学校体育师资培训专用培训教材［M］．北京：地质出版社，2009.

情境教学法的运用在不同学段有不同的要求。在小学中低年级，利用中低年级学生热衷模仿、想象力丰富、形象思维占主导的年龄特点，进行生动活泼和富有教育意义的教学方法，这种方法主要遵循儿童认识和情感变化的规律，在教学过程中设定一个“情境”，甚至由一个“情境”来贯穿整个单元和课的教学过程，如“小刺猬翻跟头”“唐僧取经”“小八路送情报”等，让学生在学习和练习中用情节串联起各种运动，多配合讲解（讲故事）、情境诱导、保护与帮助的方法来进行。在高中阶段，要重视问题导向，注重活动和比赛情境的创设，促进学生学习和掌握结构化的运动知识和技能，在面临真实的活动或比赛情境时能够运用结构化的知识和技能解决实际问题，以提高学生学以致用的能力。

2. 纠正错误动作与帮助法

纠正错误动作与帮助法是体育教师为了纠正学生的动作错误所采用的教学方法。在体育与健康教学中，学生的技能提高是伴随着动作错误的不断出现与不断纠正而进行的。纠正动作错误和帮助，不仅是学生掌握运动技能的需要，也是避免运动损伤的需要。

（1）分析学生产生动作错误的原因。

常见动作错误的原因有五个方面：一是学习不认真、敷衍了事；二是概念模糊；三是受原有技能的干扰；四是运动能力较差；五是在疲劳情况下进行学、练。

（2）纠正错误动作与帮助的具体方法。

一是运用语言和直观方法，使学生建立正确的动作概念，用生动而准确的描述性语言和手势等帮助学生明确动作的顺序、要领，运用各种诱导性、转移性练习，防止原有技能干扰；二是根据错误动作的性质，可采用限制练习法、诱导练习法和自我暗示法等进行纠正。

（3）纠正错误动作与帮助时的注意点。

一是在指出错误动作时，要充分肯定学生的进步，以利于学生接受和增强改错的信心，切忌讽刺挖苦学生；二是纠正主要的动作错误，有时主要的动作错误被纠正了，相关的动作错误也就随之消除；三是合理使用各种方法纠正动作错误。

3. 领会教学法

领会教学法是体育与健康教学方法指导思想的一项重大改革，它从强调动作技术转向培养学生的认知能力和兴趣。领会教学法主要运用于球类项目教学中，其教学过程主要包括项目介绍、比赛概述、战术意识培养、瞬间决断能力的训练、技巧演示、动作完成六个部分。

领会教学法是以“项目介绍”和“比赛概述”作为球类运动的开始，让学生了解该项目的特点和比赛规则，从而使学生从一开始就对该运动项目有一个全面的了解，之后对学生进行“战术意识培养”。教师在战术介绍以后，结合实战向学生演示一些临场复杂的情况和应付的方法，对学生进行瞬间决断能力的训练，培养学生全面观察情况，把握和判断时机以及应变能力，使学生最终可以根据所学的技术和战术，判断出“做什么”和选择最佳的行动方案——“如何去做”。领会教学法将传统的“从局部开始分解教学”改变为“从整体开始教学再到局部，再回到整体教学”。

领会教学法具有如下特点：①从项目整体特征入手，然后再回到具体技能学习，最后再回到整体的认识和训练中；②强调从战术意识入手，把战术意识贯穿在各个教学环节中，以整体意识和战术为主导的特征很强；③突出主要的运动技术，忽略一些枝节性的运动技术；④注重比赛形式，并在比赛和实战中培养学生对项目的理解，教学往往从尝试性比赛开始，以总结性比赛结束。

4．学科融合法

重视跨学科融合，加强学科间相互关联。因为学科交叉融合是世界科学技术发展和教育改革的大趋势。体育与健康课程本身就具有综合性特征，涉及多学科的知识和技能，而且要培养学生解决体育与健康实践中复杂问题的能力，仅靠本学科的知识和技能是远远不够的。

《课程标准（2022）》基于核心素养，依据课程目标，设置有助于实现体育与德育、智育、美育、劳动教育和国防教育相结合的跨学科主题学习内容，如钢铁战士、劳动最光荣、身心共成长、破解运动的“密码”、人与自然和谐美等，增强体育与健康课程的综合育人价值，促进学生核心素养的形成与发展。

《课程标准（2022）》明确指出“跨学科融合一直是学生提高运动能力、学习健康知识和传承中华优秀传统体育的重要方式和途径。体育与健康课程应融合多门课程，充分发挥育人功能，促进学生全面发展”。[①]“跨学科主题学习”成为培养学生运动能力、健康行为和体育品德等核心素养的重要路径。“跨学科主题学习”基于跨学科的知识学习方式，拓宽学生学科视野，提升人文底蕴，发展知识和技能的迁移和应用能力；基于探究的问题解决模式，促进学生对深层知识的理解，发展学生自主学习和实践创新能力；基于真实化、生活化的问题情境教学，关注“学习者中心教育”，发挥课程对学生的协同育人功能，真正实现对学生正确价值观、必备品格和关键能力的培育。[②]

作为各门课程的重要板块，跨学科主题学习活动既有重视学生综合素质培养的考虑，也有带动课程综合化实施的意味。跨学科主题学习的意义在于它是培养学生综合素质的重要载体；跨学科主题学习强调知识整合、问题解决和价值关切；跨学科主题学习可以带动课程综合化实施。[③] 学生在学校学习体育与健康课程内容的时间是有限的，体育教育者需要在有限的时间里通过各种体育活动让学生获得让其受益一生的东西，包括养成良好的体育锻炼习惯、健康的生活方式、积极的情感品质以及健全的人格。

5. 信息技术法

科学技术是第一生产力。当前，先进科学技术在教育领域的应用非常普遍，科技推动教育发展的实效有目共睹，因此，要继续发挥科技的优势，继续利用科技手段来提高与完善教育技术，使体育与健康教学彰显出时代性、先进性、创新性。

体育与健康教学中运用较多的是多媒体技术，教师要多引进学生喜闻乐见的多媒体手段，提高学生的学习兴趣，激发学生的学习积极性，从而营造良好的课堂教学氛围，提升课堂教学效率。例如利用微课、慕课、翻转课堂等教学手段，帮助学生通过线上线下相结合的方式，打破学习的时空壁垒，拓宽体育与健康的学习视野。

---

① 中华人民共和国教育部．义务教育体育与健康课程标准（2022年版）［S］．北京：北京师范大学出版社，2022.

② 于素梅，陈蔚．体育与健康课程“跨学科主题学习”的多维特征、设计逻辑与实践指引［J］．体育学刊，2022，29（6）：10－16.

③ 吴刚平．跨学科主题学习的意义与设计思路［J］．课程·教材·教法，2022，42（9）：53－55.

三、体育与健康教学方法的选用

（一）有利于提升体育教师的专业素养，提高体育教师的教学实践能力

《课程标准（2022）》指出：体育与健康课程教学是教师广泛运用各种资源，选择有效教学内容，采用多样化教学方法，指导学生在面对问题、解决问题的真实情境中形成核心素养的实践活动。教师应依据核心素养的内涵、课程总目标与水平目标、课程内容、学业质量，创造性地设计教学和实施课程。体育教师作为课堂的直接实施者，其专业素养是影响中小学生的体育态度、体育习惯，并最终改善体育教育效果的重要因素。新课程标准中强调的“教学研究”和“教师培训”对体育教师队伍的建设具有重要的意义。因此，体育教师要学会开展指向核心素养的教学实践，主要包括结构化知识与技能教学、复杂情境的设置、运动负荷的设置、信息化教学等。①

核心素养时代的体育与健康课程及教学面临诸多新的要求和挑战，而作为课程教学实施主体的教师，面对《课程标准（2022）》实施提出的新要求，也必须增强自身的专业素养，正面应对这些挑战。广大体育教师应具备主动学习的意识，并寻求途径主动实践新的课程标准，树立“教学即研究”的课程意识，主动钻研核心素养时代的体育与健康课程教学实践问题，积极参与到课程改革中来，积极对体育与健康课程标准进行研读，充分接纳新课程标准对体育教师能力的诉求。同时，体育教师要积极转变原有理念与新课程标准要求不一致的地方，努力实现在思想上充分接受新要求，在行为上完全转变与新课程标准要求脱节之处，在行动上提升自身的教学实践能力。

---

① 尹志华，付凌一，孙铭珠，等．体育教师发展核心素养的结构探索：基于扎根理论的质性研究［J］．体育学刊，2022，29（4）：104－111．

（二）注意体育与健康教学方法的优化与组合

体育与健康教学的环节众多，其中每一个环节都具有相对独立性，教学方法亦是如此，它是连接教师和学生的重要载体。教学方法要素与其他教学要素相协调，其应用体现出教学过程与教学结果的关联，对于教学效果的实现具有重要的影响。①

要想更好地实现体育与健康课程的教学目标，就要对教学方法进行优化与组合，采用多种教学方法可以取长补短，使教学内容更丰富多样。体育与健康教学方法的优化与组合，能充分发挥出各种教学方法的作用，实现单一教学方法所不具备的功效。教学方法的优化与组合在某种程度上可以说是一种创新，这一创新的教学方法能有效激发学生学习的积极性，提高学习的质量和效果。体育与健康教学是一个动态过程，尽管教师在备课时根据学习目标、内容和学情设计教学方法，但在实际教学中，往往有各种变化。体育教师在运用教学方法时，要根据教学的实际情况，灵活地掌握教学进程，有效实现教学目标。

在体育与健康教学方法的优化与组合过程中，还要注意传统教学手段的加工与改造，如融合现代互联网科技来改进教学方法、创新教学手段，使体育与健康课变得充满科技感和趣味性，帮助学生建立正确的动作表象，提高技术动作的形象性，激发学生学习的兴趣，培养学生学习的积极能动性，提高主动学习的意识。因此，在中小学体育与健康教学中，体育教师一定要合理选择教学方法并掌握各种教学方法的应用技巧。

（三）注意教师的“教”与学生的“学”的辩证统一规律

为了全面提高教学质量，必须正确地认识教与学的关系，既要充分地发挥教师的主导作用，又要十分注重学生的主体作用。教学究其本质而

---

① 张力．体育课程教学优化及其与信息技术融合的探索［M］．北京：中国书籍出版社，2019：122－123.

言，是由教师采取有效措施，引导学生从不知到知，由知到用的转化过程。不过，教师的主导作用是外部条件，即外因；学生才是学习的主体，是取得教学成功的内部根源，是内因。外因必须通过内因起作用，教学过程中没有学生主动感知、思维、实践，即对所学的知识、技术、技能反复练习，认识和发展是无法实现的。这说明，教师的主导作用与学生的主体作用是相互联系、相互制约的。只有教师的努力和学生的努力积极配合，协调一致，才能取得好的效果。①

教学规律是在理论研究或教学实践中去寻找教育系统中各个要素之间的本质关系，最终是为了达到教学目标。② 而在传统体育教学过程中片面地强调了以教师为中心，教学方法也是只注重教师如何教的问题，而对于学生在教学过程中的作用选择性地忽略了。在选择体育与健康教学方法时，应充分体现在教师的引导下，学生独立获取知识、习得技能、形成品德的特点；应注重提高学生“学会学习”的能力，即学生在掌握体育知识技能的同时，更要掌握有效的运动技巧，并依靠这些技巧进行锻炼；注意教师的“教”与学生的“学”的辩证统一规律，以达到预期的教学目标。

（四）注意体育与健康教学方法相关理论的运用

体育与健康教学理论对教学实践具有重要的指导作用，也包括对体育教师教学方法的选择和运用指导。体育与健康教学方法既要注重实践方面的问题，又要注重理论方面的探索，以便于提高体育与健康教学方法选用的科学性。③

在体育与健康教学过程中，教学方法方面的理论基础包括以下几种：①辩证唯物主义与唯物辩证法的基本观点；②系统论原理，深化理解体育与健康教学系统；③教育学、心理学等和体育与健康教学有关的学科理论知识；④普通教学论和体育与健康教学论，这是体育与健康教学方法选用

---

① 卢竞荣．体育教学论［M］．北京：人民体育出版社，2016．

② 侯怀银，刘泽．“教育规律”解析［J］．大学教育科学，2018（4）：4-9，122．

③ 舒佳．核心素养视域下的学校体育教学研究［M］．天津：天津社会科学院出版社，2021．

的直接理论基础；⑤对当代各学科的先进理论成果进行借鉴和吸收，创造性地应用相应的理论和方法。

随着当前体育与健康教学的不断改革与发展，现代体育与健康教学新理念、新观点要求体育教师在教学过程中，用新观念、新理论指导教学工作，充分发挥各种教学方法的效用，并不断对体育与健康教学的方法进行创新。

（五）注意学生差异性与发展性的个性特征

教学要适应学生的个性特征，要因材施教。在教学过程中，教师要把每个学生都看成具有独特的发展个性和发育程度的不同个体，并以此为依据，允许学生按自身的能力来获得运动技能。在将促进学生健康成长作为体育与健康教学方法的出发点和落脚点的同时，教师应重视培养学生的非智力因素，力求通过教学方法的运用，引起学生的学习兴趣，激发学生的学习动机，丰富学生的情感，增强学生的自信心，使学生养成健康的生活方式，促进学生全面、和谐地发展。①

优秀的体育教师能够做到根据学生个体差异因材施教，运用多样化的教学组织方式，建立多元化的教学环境。多数同学受性别、个性、原有运动基础、教师专长与教学水平等因素制约，尚未形成专项运动的稳定兴趣，对不同运动项目表现出不同的兴趣和态度。因此，结合学生体育学习的特点，掌握好不同学生的生理、心理特点，按照相应教学任务，科学选择与安排教学内容，满足学生多样化的学习体验尤为必要。②

体育教师要在教学方法上进行改革和创新，使教学内容更加丰富、更加充实；在教学内容设计上，应根据学生的具体情况和兴趣特征，进行针对性的设计，使其与学生的学习需要相适应，保持良好的教学气氛，使学生在愉快的环境中获得运动知识，熟悉运动动作，从而增强学生的体质，达到教学目的。

---

① 张细谦，姚蕾．体育课程与教学论［M］．北京：高等教育出版社，2021.

② 贺越先，孔庆涛，王建，等．基于核心素养的“初中体育多样化”教学体系构建［J］．体育学刊，2022，29（2）：93－99.

（六）注意“教、学、练、赛、评”五位一体结构融合教学

教学要素通常包括教学目标、教学内容、教学主体、教学环境、教学方法、教学组织形式等多个方面。融合教学重点关注的是如何解决这些原本应该是联系紧密，但在实际教学中又呈现出零碎松散状态的教学要素的问题，即各教学要素的相互依存、协调和聚焦。融合教学以达成学生核心素养，促进学生深度学习为目标，把在实际教学中呈现零碎松散状态的教学要素进行有规律、有方法的优化统整，使各教学要素相互依存、协调、聚焦，具有整体性、互动性、时空性和丰富性。

根据《课程标准（2022）》的要求，中小学体育教师要做到以下三点：一是建立整体教学观，优化和改进目标、内容、方法和评价的个体与整体的设计与实施。二是全面把握“教会、勤练、常赛”的内涵和要求，充分发挥“评价”的指挥棒作用，注重“学—练—赛”一体化教学，关注授导行为（教师）与学练行为（学生）的协调表现，以激发学生学练的内驱动力和兴趣为导向，建立“教会、学会、勤练、常赛、评价”五位一体的教学施策思维。三是聚焦“思维能力与行为能力”协调发展，帮助学生做到“学中练、学中赛，练中学、练中赛，赛中学、赛中练”；注重体能、基本运动技能对专项运动技能的支撑作用，以及主教材与前置技术技能和发展技术技能的衔接，每节课的内容应包括发展体能、技战术能力和心理能力的内容；注重“自主、合作、探究”学习方式的结构化运用，从学生“学”的角度而言，学、练、赛要一体化。学生运用其所学实际参与体育运动和健康实践，即“以练促学、以赛促练、以赛促健、学用结合、学以致用”。

四、体育与健康教学方式的新要求与新转变

（一）体育与健康教学方式的新要求

1. 关注核心素养的培养

核心素养是学生未来发展的基础。学生如果在学校中形成了正确的价

值观、良好的品格和综合能力，未来将会发展得更好、生活得更幸福。要真正不断地学习和获得新知识，就需要有良好的思维能力、学习能力和坚持不懈的毅力。体育与健康课程主要培养学生正确的价值观、必备品格和关键能力，通过培养学生的运动能力、健康行为和体育品德三个方面的核心素养实现这一目的。聚焦培养学生的核心素养有助于落实立德树人的根本任务和健康第一的指导思想。

体育与健康课程要培养的运动能力、健康行为和体育品德三个方面的核心素养，影响着学生未来的体育锻炼和健康生活方式。学生在学校中提高了运动能力，随着年龄的增长，他就有能力选择适合自己的运动项目进行锻炼，也会制订体育锻炼计划和有效评价锻炼效果。学生在学校形成了健康认知，掌握了健康技能，养成了良好的健康生活习惯，就会影响他未来的生活方式。学生在学校中形成了体育精神、体育品格和体育道德，对其未来形成克服困难、坚韧不拔、文明礼貌、相互帮助、遵守规则等品质都会产生重要的影响。

2. 倡导多样化的教学方式

在教学中，要将教师示范讲解与学生自主学练、合作学练和探究学练有机结合起来，将集体学练、分组学练和个体学练结合起来，引导学生去积极思考、主动探索、自觉实践，培养学生发现、分析和解决问题的能力及创新意识。

3. 设计采用完整的学习活动

完整的学习活动是指目的明确、内容丰富、情境真实、方法多样、互动良好的活动。教师要摒弃说教课、“放羊课”、安全课、单一技术课、测试课等，设计目的明确、内容丰富、情境真实、方法多样、互动良好的完整学习活动；将“学、练、赛”有机结合起来，引导学生在充分动起来的过程中享受运动的乐趣，形成丰富、深刻的运动体验，在做中学、学中思、思中得。① 完整的学习活动对专项运动技能的学习非常重要，像篮球中的进攻或防守、武术中一套完整动作的展示都是完整学习活动。

① 季浏. 我国《义务教育体育与健康课程标准（2022 年版）》解读［J］. 体育科学，2022，42（5）：3－17，67.

4. 创设多种复杂的运动情境

复杂的运动情境是指动态变化、结果难以预测的情境。在体育与健康教学中根据学习目标、教学进度等引导学生在对抗练习、体育展示或比赛等真实、复杂的运动情境中获得丰富的运动体验和认知。复杂运动情境有助于培养学生运用综合知识和技能分析问题和解决问题的能力，有助于培养学生的体育精神、体育品格和体育道德。

5. 科学设置运动负荷

《课程标准（2022）》明确提出了体育与健康课科学适宜的运动负荷要求和标准：每节课群体运动密度应不低于75%，个体运动密度应不低于50%；每节课应达到中高运动强度，班级所有学生心率原则上在140～160次/min；每节课应有10 min左右体现多样性、补偿性、趣味性和整合性的体能练习；同时，要引导学生做好充分的准备活动，循序渐进，逐步提高运动负荷，在保证安全运动的基础上增强学习效果；改变“不出汗”的体育与健康课，增进学生体质健康，促进学生掌握运动技能。

6. 运用信息化手段和方法

随着信息时代的到来，体育与健康教学也应该紧跟时代步伐，不断创新体育与健康教学方法，运用信息化教育技术和手段，提高课堂教学效果，培养学生的信息化意识和能力，从而实现体育与健康教学的目标。《课程标准（2022）》提出，应根据内容需要，开发相应数字演示资源，嵌入教材中。

教师在教学中，应根据小学生感性认知能力强、初中生感性认知与理性认知快速发展的特点，积极开发与利用多种现代信息技术，开展微课、慕课、翻转课堂等，帮助学生通过线上线下相结合的方式，打破学习的时空壁垒，拓宽体育与健康的学习视野。例如，可以运用慕课的方法介绍体育文化方面的知识，使学生在生动形象的教学中获得相关知识和思考。又如，在体育与健康实践课中，通过播放相关的视频录像进行动作技术或战术的示范，引导学生更准确、直观地学习技战术。再如，在健康教育的知识和技能教学中，可以引导学生通过网络或社交媒体等方式查阅相关资料，丰富健康知识，提高健康素养。① 同时，教师可以充分利用信息技术跟踪学生的学习过程，采集数据并基于数据分析结果，及时反馈和评估学生的学习情况，如利用运动监测设备记录学生的课堂行为表现和运动负荷，准确分析和评价学生的运动能力。

（二）体育与健康教学方式的新转变

1. 从“知识导向”向“素养导向”转变

新课程标准指出，体育与健康教学方法结构要从“以知识技能为本”转向“以学生发展为本”，把单纯传授知识和技能的过程变成培养人的过程。

2. 从“单一技术导向”向“结构化知识和技能导向”转变

结构化知识和技能教学有助于引导学生完整理解、掌握所学知识和技能的意义和价值；培养学生的思维能力，因为对一个问题的思考和分析需要从多角度和整体进行；帮助学生解决学习和生活中的实际问题，因为解决实际问题需要运用结构化知识和技能才能实现。②

3. 从“简单情境”向“复杂运动情境”转变

目前，我国体育与健康课堂上的教学情境大多仍是单一的、简单的，学生已经变得习惯和麻木，难以再调动和提高学生学习的积极性和热情。复杂的情境是真实的情境，更有助于学生对知识和技能的运用，更能培养学生分析问题、解决问题的能力，以及创新意识和想象力。创设复杂运动情境，可以提高学生学习积极性，培养核心素养。

4. 从“体育教育”向“体育与健康教育及多学科融合”转变

跨学科主题学习是指体育与健康课程应融合多门课程，发挥育人功能，促进学生全面发展，体育与健康课程的跨学科主题学习部分主要是立足于核心素养，结合体育与健康课程的特点与教育功能而设置的有助于实

---

① 季浏. 新时代我国中小学体育与健康课程的整体构建与发展趋势［J］. 武汉体育学院学报，2022，56（10）：5－12，20.

② 毛振明. 解说“体育课程一体化”［J］. 体育学研究，2022，36（1）：123.

现体育与德育、智育、美育、劳动教育和国防教育相结合的多学科交叉融合的教学内容，具体见表 5－1。

表 5－1　《课程标准（2022）》提供的 5 个跨学科学习活动的示例

主题	水平一	水平二	水平三	水平四
钢铁战士	小小特种兵	英雄小少年	智勇双全小战士	忠诚的祖国卫士
劳动最光荣	自己的事情自己做	争做小劳模	巧手小工匠	光荣劳动者
身心共成长	会说话的身体	藏在身体里的秘密	成长的少年	关注健康、爱护身体
破解运动的“密码”	妙用体育器材	脑洞大开的运动	运动的学问	给运动插上智慧的翅膀
人与自然和谐美	美丽的大自然	大自然的神奇之旅	做自己身体的雕刻家	人与自然和谐共生

5. 从“体育课堂教学”向“课内课外相结合”“线上线下相结合”转变

落实“教会、勤练、常赛”“学生每天校内锻炼 1 小时、校外锻炼 1 小时”的要求，加强课内教学与课外体育活动、线上课程与线下课程的有机结合，以及学校、家庭和社区体育的多元联动。教师应在提高课内教学质量的基础上，积极组织、指导学生参与校内多种形式的课外体育活动和竞赛活动；布置学生独立或合作完成、与家长共同完成的体育家庭作业等，促进学生经常锻炼、刻苦学习，逐渐培养学生的体育锻炼习惯，缓解学生学习压力，丰富课余文化生活，促进学生更好地形成核心素养。

第二节　体育与健康教学组织

一、体育与健康教学组织的概念

体育与健康教学组织是指体育教学活动中师生相互作用的结构形式，是师生的共同活动在人员、程序、时空关系上的组合形式。采用合理的体育与健康教学组织形式，有利于提高教学效率，并使各种有效的教学方法和手段得以在相应的组织形式中运用，也有利于促进教学活动的多样化，从而实现教学的个性化。

二、体育与健康教学组织的基本形式

体育与健康教学组织形式，就是为了完成特定的体育与健康教学目标，体育教师和学生根据一定的教学指导思想、教学目标和教学内容以及教学主客观条件组织教学活动的结构。采用合理的教学组织形式，能够提高教学工作的效率并使各种有效的教学方法和手段得以在相应的组织形式中运用。体育与健康教学组织形式处于动态的发展变化之中，其改变总是同教学方法的改革乃至整个教学体系的改革紧密联系。体育与健康课程根据学生运动技能形成规律和身心发展规律，整体设计课程内容，体现保证基础、重视多样、关注融合、强调运用等理念。创设丰富多彩、生动有趣的教学情境，倡导将教师的动作示范、重点讲解与学生的自主学习、合作学习、探究学习有机结合，将集体学练、小组学练与个人学练有机结合，注重将健康教育教学理论讲授、交流互动与实践应用相结合，激发学生的学习热情，帮助学生理解和掌握知识与技能，提高解决体育与健康实际问题的综合能力。

（一）集体学练

集体学练的常见形式是班级授课制，下面以班级授课制为例加以阐述。

1．班级授课制的概念

班级授课制是由一定数量、年龄、文化程度和体育基础的学生组成教学班，教师根据规定的教学内容、教学进度、教学时间表，对学生进行集体教学的一种组织形式。班级授课制具有“五个固定”的特点：①学生固定。按照学生年龄、文化程度和体育基础分成固定人数的班级，通常由30～50名学生组成。②教师固定。一般由同一名体育教师对同一班级进行教学，教师对该班体育课全面负责。③内容固定。教师根据课程标准和教材向学生传授统一的体育教学内容，统一教学进度。④时间固定。有统一的教学日历和作息时间表，保证了课与课之间的合理衔接。⑤场所固定。有相对固定的运动场地或场所。

在实践和教学中，班级授课主要有以下三种形式。

（1）行政班。

行政班是指以原有的教学行政班级为单位进行体育与健康教学活动。这是目前国内体育与健康课班级教学的主要组织形式。

（2）男女分班。

随着年级的升高和学生年龄的增加，可以按照年级对男生女生进行分班。这是因为随着年龄的增大，男生和女生在身心发展方面的差异越来越显著，为了方便教师教学和学生更好地接受技能，通常的做法是将两个平行班放在一起排课，由两位教师对男生和女生分别进行授课。

（3）兴趣爱好分班。

按兴趣爱好分班是充分尊重学生的兴趣和爱好，尊重学生这一学习的主体，让学生可以选择自己喜欢的运动项目，以此来重新编班的教学组织形式。按兴趣爱好分班通常以选项分班的形式开展教学活动。

2．班级授课制的优越性

第一，可以大规模地向全体学生进行体育教学，一名教师能同时教许多学生，扩大了单个教师的教学规模，有助于提高教学效率，使教育资源最大化利用，而且使全体学生同步前进。

第二，以“课”为教学活动单元，能保证教学活动循序渐进，并使学生获得系统的体育与健康知识，保证了教学的系统性。

第三，固定的班级人数和统一的时间单位，有利于学校加强教学管理。

第四，在班集体中学习，学生彼此之间由于共同目的和共同活动集结在一起，可以互相观摩、合作、启发、竞赛、评价；学生可与教师及同学进行多向交流，互相影响，从而增加信息来源，提升教育效果。

第五，有利于学生多方面的发展。班级授课制不仅能比较全面地保证学生获得系统的体育与健康知识、技能和方法，提高身体素质和运动能力，也能保证对学生产生多方位的非智力因素的积极影响。

第六，分班组织形式可以帮助教师根据男生女生不同的生理和心理特点，有针对性、精确地制定目标，选择与安排内容，采用教学方法与组织形式进行教学，以提高课堂教学的质量。

第七，依据学生兴趣和爱好分班可以更多地调动学生学习的主动性，促进学生自觉自律地从事体育锻炼，使学生能在课堂上获得更多的实质性发展。

3．班级授课制的局限性

第一，体育教学活动多由教师掌握节奏，学生学习的主动性、积极性和独立性会受到一定制约。

第二，学生主要接受现成的体育知识，其探索、发现和创造能力得到的锻炼十分有限。

第三，由于时间、内容和进程都逐渐固定化、形式化，比较难以容纳和适应更多的教学内容和方法。

第四，由于以“课”为活动单元，而“课”又有时间限制，往往将某些完整的教学内容和教学活动人为地分割以适应“课”的要求，割裂了教学内容的系统性。

第五，由于强调整齐划一，难以照顾学生的个体差异，不利于落实因材施教教学原则。

第六，在同一进度时，区别对待性别、体质健康、运动技能差异方面落实起来相对具有挑战。

第七，分班教学不利于同学们之间互帮互学、换位思考、理解与尊重他人、与他人友好共处。

正是因为班级授课制有以上局限性，所以需要我们更加努力地寻求更适宜的教学组织形式。

（二）小组学练

小组学练的常见形式是分组教学，下面以分组教学为例加以阐述。

1. 分组教学的概念

分组教学是教师把学生根据体育运动能力或成绩分为不同的组别进行学习的组织形式。不管课堂上学生的人数或多或少，分组教学都是一种非常必要且有效的教学组织形式。分组教学可以很好地遵循和体现因材施教、区别对待的教学原则，也比较容易激发学生积极学习的主动性。体育与健康教学中，一般可以采用以下分组形式。

（1）性别分组。

性别分组是按男女分组分别进行教学，特别是高年级男女生，其身体和心理等方面存在较大的差异，有一些运动项目不宜采用混合分组形式。

（2）帮教型分组。

根据教学的需要，在体育与健康教学中可以组织部分学生对其他学生进行帮助，形成帮教型分组。例如，有一定专项技能的学生可以在自己所擅长的练习中帮助其他能力相对欠缺的同学，有时还可以指定学生进行“一帮一”的辅导。

（3）同质分组。

同质分组是指分组后同一个小组内的学生在体能和运动技能上大致相同。这种分组方法在教学中常自觉和不自觉地得到运用。例如，在短跑练习中，学生总是要找与自己速度差不多的同学一起跑。耐力跑练习时，一圈刚过，队伍就已经分成了几段，这时形成的“集团”就是典型的同质分组。同质分组的优点在于能增强活动的竞争性，符合学生争强好胜的性格，提高学生参与活动的兴趣。但是，同质分组也有其不足之处，如易在学生中形成等级观念和造成“弱势”人群的自卑感等。因此，教师在首次进行同质分组前需要给学生讲解清楚。

（4）兴趣分组。

教师根据实际情况确定一节课中几种练习内容，让学生从中选择自己感兴趣的项目进行练习。这种分组适用于男女合班教学，且教学内容、教学目标有着明显的性别差异，有利于培养学生的特长和体育锻炼习惯，发展个性，尤其适用于有一定基础的高年级学生及毕业班。

（5）友伴型分组。

体育与健康课分组教学中，体育教师安排关系较为密切的同学在一起练习，这就是友伴型分组。在教学中采用友伴型分组，可提高学生的学习热情，使每一名学生都可能体验到体育活动的乐趣。与关系密切的同伴在一起练习，学生的心理会放松，并能得到友情的支持。例如，一名不会打篮球的学生处在一个友伴群体中，其同伴会用友好的态度热情地鼓励他一起打球，并给予指导和帮助。

（6）异质分组。

异质分组是人为地将不同体能和运动技能水平的学生分成一组，或根据某种特别需要将不同体能和运动技能水平的学生安排在不同的组内，从而缩小各小组之间的差距，以利于开展游戏和竞赛活动。例如，在进行接力跑游戏前，通常把跑得较快和跑得较慢的学生合理地分配在各个小组里，以确保游戏的公平性，此时形成的小组就是典型的异质分组。

（7）健康分组。

教师根据学生各自的健康状况进行分组的组织形式，如体胖组、体弱组、近视组等。这种分组形式更有利于因材施教，取得更好的教学效果。

（8）随机分组。

这种分组可以通过电脑对姓名的随机排列、猜“手心手背”、玩“包剪锤”、抛硬币、报数尾数，甚至采用扑克牌的数字排列或者红黑方梅等分组方法，带有很大的随机性，挑战与机遇并存，很适合游戏和竞赛等活动。

以上各种分组形式并不是孤立的，有时一节课上会综合运用多种分组形式。在实际教学中还有其他许多分组形式，诸如，按身高、年龄、性格、纪律性等分组方法，体育教师可结合实际情况灵活选择，合理把握。

2. 分组教学的优越性

第一，随机分组具有相对的公平性，常在课堂教学比赛时运用。这种方法既简单又迅速，且能够促进大家之间快速融合。

第二，同质分组能够增强同伴之间竞争性，符合学生的心理特点。可以提高学生参与体育活动的积极性。

第三，异质分组可以让不同能力与水平的同学互相鼓励，学会帮助与被帮助，提升班级的凝聚力。

第四，在友伴型分组中，由于学生相互之间默契度高，思想一致，可以提高学生的热情，发挥每个人的擅长，形成更强的合力。

第五，合作性学习能激发学生练习的兴趣和积极性，可以更好地培养学生的大局意识、协作精神和服务精神。

第六，帮教型分组形式所达到的教学效果要比教师一个人对众多学生进行指导的效果好很多，同时帮教型分组的形式也是主体学习另一方面的体现。

3. 分组教学的局限性

第一，随机分组由于没有考虑到学生的爱好以及能力上的差异，不能很好地体现因材施教教学的原则。

第二，同质分组比较容易在学生中形成强弱等级观念和“弱势”人群的层次感。

第三，异质分组会使学生之间在基础体能与技能等方面存在较大的差异，教学效果会打一定折扣。

（三）个人学练

1. 概念

个人学练是历史上最早出现的教学组织形式，是把不同年龄、基础的学生组织到一起，教师分别对每一学生进行单独教学的组织形式。

2. 优越性

这种教学组织形式照顾了学生之间的不同差异，着重关注了学生发展的自主性，使学生的潜在能力得到充分挖掘和发展，秉承了因材施教的原则，有利于培养学生的自学、独立思考能力等。

3. 局限性

个人学练效率较低，难以适应大面积教育普及的需求，同时，学生学习全部自主，致使学习内容的体系不能得到保证，不利于自律性不强的学生的更好发展。除此之外，个别教学把大量精力放在了知识技能的学习上，忽视了健康行为和体育品德的培养与发展，不利于学生的全面发展。①

（四）大单元教学

大单元教学是指对某个运动项目或项目组合进行18课时及以上相对系统和完整的教学。要加强课内外的有机结合，促进学生通过较长时间的连续学习，掌握所学的运动技能，避免把一个完整的运动项目割裂开来实施教学。

进行大单元教学，有利于引导学生连续、系统、集中学习一个运动项目。小学3~6年级的大单元教学由18课时组成，初中1~2年级的大单元教学由36课时组成，初中3年级允许学生根据兴趣爱好自主选择一个运动项目进行72课时的大单元学习。通过这样的大单元教学，能够为学生掌握1~2项运动技能奠定良好的基础。

1. 单一动作（闭合性运动技能项目）

单一动作以掌握完成动作技术的原理，并能在多种情景或情境下运用为目标，递进式地安排发展动作能力的学习内容，融合健康教育的内容；以“动作单元”的形式开展教学，每个单元6次课，例如，原地侧向推铅球（如图5-1所示）。

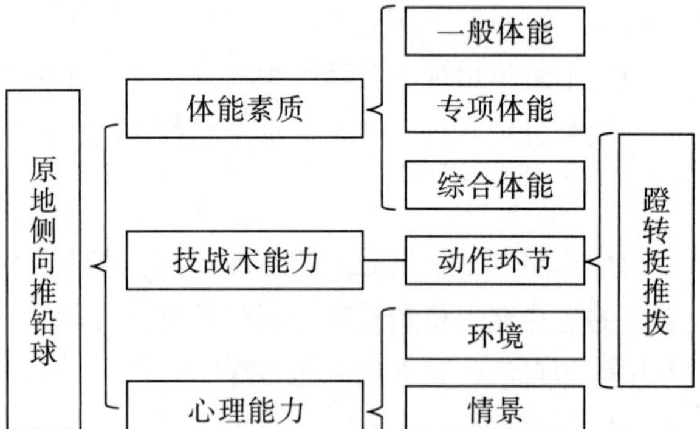

图5-1　原地侧向推铅球

① 张力. 体育课程教学优化及其与信息技术融合的探索［M］. 北京：中国书籍出版社，2021.

2. 多元动作（开放性运动技能项目）

多元动作以让学生通过一个单元的学习就能参与到该项目的活动或比赛为目标，安排发展该项目运动能力的学习内容，融合健康教育的内容；以模块化单元教学的形式开展教学，每个教学单元 12 次课。学校体育特色项目的课程教学采用大小单元相结合的形式开展，基础单元（大单元）12 次课、比赛单元（小单元）6 次课，分别集中在一段时间内以“学—练—赛”一体化为导向，以结构化的方式完成，例如，基础单元运动能力学习内容之足球特色学校足球教学（如图 5－2 所示）。

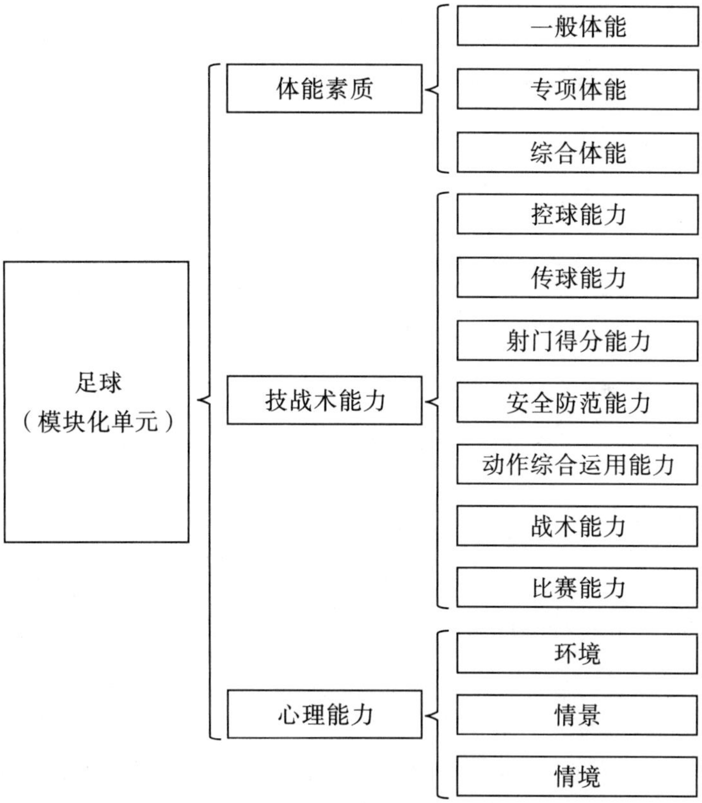

图 5－2　基础单元运动能力学习内容之足球特色学校足球教学

三、体育与健康课的教学过程

课的教学结构，是指课的开始部分、准备部分、基本部分和结束部分四个阶段及各部分之间相互联系、相互作用的顺序和时间分配。体育与健康课教学结构的实施，就是把科学的结构和抽象化的教学内容用一定的逻辑方式有效地联系起来，使理论与实践相统一。在教学过程中，通常采用四段式教学的环节架构，根据主教材以及与主教材关联的教学内容，形成递进的教学主线，运用“学练循环”教学策略保障“学—练—赛”一体化教学、运用“无卡顿”教学策略保障课的流畅性。小学每节课 40 min，中学每节课 45 min，下面以小学体育课为例加以阐述。

（一）体育与健康课的开始部分

体育与健康课的开始部分约占课程总时间的 5% 左右，用时约 2 min。其主要任务是师生问好交流，明确教与学的任务、内容与要求。具体内容见表 5－2。

表 5－2　体育与健康课开始部分具体内容

开始部分	教学常规	整队
		检查学生人数
		了解学生情况
		安排见习生
	布置学习任务	明确学习目标、学练任务
		教材分析，明确重难点
		安全提示

首先，体育教师研读课时计划（即教案），穿好运动服和运动鞋，带好课堂记录本、秒表（或电子腕表）和哨子；检查场地，准备器材（应包含运动损伤应急处理所用的夹板、绷带、止血药物等，以及通信设备），提前到达上课场地。

其次，整队，体育委员向教师报告学生出席人数，教师宣布本节课的教学任务、内容与要求。

再次，检查学生着装，了解学生身体健康状况，安排好见习生。

（二）体育与健康课的准备部分

体育与健康课的准备部分约占课程总时间的15%～20%，用时6～8 min。其主要任务是做好身体的热身工作，使学生身体机能达到主教材学习的要求，同时，激发学生对本节课学习内容的兴趣。在热身时，要依据青少年生长发育规律，按照“从上（下）到下（上）、从左到右、从关节到肌肉、从单一到复杂、从慢到快”的原则进行。具体内容见表5－3。

表5－3　体育与健康课准备部分具体内容

<table>
<tr><td rowspan="4">准备部分</td><td colspan="2">队列队形操练</td></tr>
<tr><td rowspan="3">准备活动</td><td>慢跑</td></tr>
<tr><td>活动关节、牵拉肌肉</td></tr>
<tr><td>基本运动技能（一般体能）</td></tr>
</table>

该部分组织与实施的要求，需要做好以下几方面工作。

1．一般性准备活动

一般性准备活动包括各种走、跑练习，各项运动的基本动作、动态拉伸，各种活动性游戏等，激发学生参与运动的兴趣，达到热身的目的。

2．专门性准备活动

专门性准备活动包括有针对性的模仿练习、辅助练习、诱导练习以及与学习内容相关的身体素质的练习等。

3．实施准备活动的要求

一是活动内容应依据本节课教学任务、教材性质、学生特点和教学条件选择；二是注意活动形式的全面性、针对性、多样性和科学性，防止枯燥无味和避免伤害事故的发生。

(三) 体育与健康课的基本部分

体育与健康课的基本部分约占课程总时间的65% ~75%，用时26 ~30 min。其主要任务是学习新知识，复习旧知识，进一步细化主知识点的教与学环节使学生掌握相应的知识、技能与方法，提高身体素质，培养良好的道德品质。《课程标准（2022）》明确规定了依据学生的学习需求和兴趣爱好，面向全体学生，落实“教会、勤练、常赛”要求，注重“学—练—赛”一体化教学。具体内容见表5 -4。

表5 -4　体育与健康课基本部分具体内容

<table>
<tr><td rowspan="6">基本部分</td><td>体验式学练</td><td colspan="2">尝试、复习、挑战</td></tr>
<tr><td rowspan="5">布置学习任务</td><td>教会：聚焦教师的授导行为</td><td rowspan="5">“教、学、练、赛、评”五位一体</td></tr>
<tr><td>学会：聚焦学生的学练行为</td></tr>
<tr><td>勤练：保障学练时间，关注体能发展和技能掌握</td></tr>
<tr><td>常赛：保障赛的机会，关注技能的形成与应用</td></tr>
<tr><td>评价：适时、具体、界定、引领</td></tr>
</table>

该部分组织与实施的要求，需要做好以下方面工作。

1. 合理安排教材学习的层级顺序

一般应先进行新知识讲授，再把旧知识复习与新知识相结合；一般速度和灵敏性的教学放在课的前半部分，力量和耐力教学的练习放在课的后半部分。

2. 合理安排课的练习密度和活动强度

一般通过各种快慢练习的交替进行，保证课的运动负荷有节奏地上升。借助讲解、示范、纠错、相互观察与帮助、交换作业、调动队伍等组织措施，使练习与休息合理交替。

3. 合理安排课的练习形式

一般把个人的练习形式与分组练习形式相结合，单一练习形式和综合练习形式相结合，游戏学习形式与竞赛学习形式相结合，个人成果展示与分组成果展示相结合，分组轮换与不分组轮换相结合，等等。

4. 合理安排课的比赛形式

体育比赛是推动学校体育与健康教育广泛开展、促进学生运动水平提高的重要形式，能够增强学生的身体素质，促进学生掌握和运用体育技能，激发学生的体育运动兴趣。体育与健康课的魅力之一就在于它的竞赛性，给课程教学注入新的活力，给学生提供展示自我的机会和平台。

体育教师要善于运用灵活多样的教学方式，根据教学实际合理安排体育比赛，使学生从被动接受向主动学习转变，培养学生坚忍不拔、勇于拼搏的体育新风尚，提高体育与健康课堂教学的趣味性和实战性，提升学校的整体体育竞赛水平，以适应未来体育发展的需要。

（四）体育与健康课的结束部分

体育与健康课的结束部分约占课程总时间的15% ~20%，用时6 ~8 min。其主要任务包括：使学生放松，逐渐恢复到相对安静的状态；教师进行课堂小结，表扬先进生，鼓励后进生；收拾体育器材，布置课外作业，宣布下课，见表5 -5。

表5 -5　体育与健康课程结束部分具体内容

结束部分	队列操练 + 放松运动（与教学过程相适应）
	学生自评、学生互评、教师评价
	布置课外作业和下节课学习内容
	下课，回收器材

该部分组织与实施的要求，需要做好以下方面工作：①围绕课的练习选择放松活动内容，有效地促进学生恢复；②借助游戏性活动内容，如吹气球、做鬼脸、怪动作引笑等，有效地促进学生恢复，改变单一放松的枯燥性；③借助舞蹈性活动内容，如动作较慢的韵律性舞蹈动作，有效地促进学生恢复，改变单一放松的枯燥性。

结束部分关于课外作业的布置及其要求可以参考案例5 -1 进行了解。

案例 5－1

东莞市普通中小学体育与健康课堂教学
基本要求和常规（2023 年版）之关于课外作业

体育与健康课外作业是课堂教学的延伸，是学生巩固、完善、提升在课内学到的知识、技能的重要渠道。具有充实课外锻炼的内容、丰富“学、练、赛”的方式方法和为下次课做好铺垫的作用。

1．学习目标

——符合课堂教学的目标要求。

——突出学生个人的学习能力和运动能力的达成。

2．作业内容

——所布置的内容与课堂教学内容相衔接，有利于达成或超越预设的学习目标。

——与课堂教学、《国家学生体质健康标准》、国家义务教育质量监测、体育与健康测试、学业水平考试、体育艺术“2＋1”技能标准和生活相衔接、相结合。

——以基本的体能、技能为主要内容。

3．获取资源的渠道

——线上：观看微课、体育赛事，查阅资料等。

——线下：同学、教师、家人、好友。

4．完成渠道

——在校内，以大课间体育活动、课外体育活动、课余体育训练和竞赛为主渠道，同时在课间 10 分钟远眺放松的时间中适当安排灵敏性、柔韧性练习内容。

——在校外，以自主或参与居家、社区、社会团体（俱乐部）等锻炼或活动为渠道。

5．完成时间

——每天的作业时间不少于 1 小时，户外活动时间达到 2 小时。

（五）体育与健康课的教学反思

严格来说，教学反思不属于一节体育实践课中的环节，而是课后教师对该节课的回顾和总结；应该属于教学设计中的一个组成部分，对于教师改进下节课的教学、提高教学质量具有重要作用。教学反思主要集中于两个方面：一是具体反思课堂学习目标的达成情况，教学内容安排的合理性、教学方法运用的有效性等；二是整体反思学生的学习状态和表现、该节课的主要优点和不足，并提出改进的设想。具体参考案例 5－2。

案例 5－2

东莞市普通中小学体育与健康课堂教学基本要求和常规（2023 年版）之关于教学反思

1．学习目标

——预设目标的达成度。

——出现意外时预设目标的调整，意外生成的目标是否加以利用。

——实现了哪些目标。

2．教学内容

——是否有利于目标的实现。

——内容的结构是否合理。

——内容的难易度是否符合学生的情况。

——内容是否出现“悬空”现象。

3．场地器材

——是否存在固态的安全隐患。

——利用率如何。

——布置是否发挥学生的能动性，用了多少时间。

4．教学组织

——是否做到面向全体、关注个体差异。

——队伍的调动是否与教学内容相适应。

——是否有利于学生“学—练—赛”。

——是否为学生进行拓展学习提供空间。

5．教学行为

——授导行为是否具有亲和力。

——无效的冗余行为是否剔除。

——授导行为与学练行为是否协调。

6. 教学环节

——各教学环节衔接是否畅通。

——各教学环节的数量和学练的次数是否适宜。

——主教材专门性的教学环节是否细化。

——教学环节的衔接、转换是否流畅。

7. 教学模式

——指向性是否明确。

——模式的架构是否与主教材相吻合。

——是否与学生的行为表现相适应。

——学生是否熟悉。

8. 教学方法

——是否符合教学规律。

——是否符合学生的年龄特征。

——情景/情境是否多样化。

——是否有利于学习效果的提升。

9. 运动负荷

——是否具有激励作用。

——指标的达成度与预设之间是否存在某些差异。

——指标的采集是否科学。

（六）体育与健康课的思政融入

中共中央办公厅、国务院办公厅2020年印发的《关于全面加强和改进新时代学校体育工作的意见》强调，学校体育是实现立德树人根本任务、提升学生综合素质的基础性工程，是加快推进教育现代化、建设教育强国和体育强国的重要工作，可以通过弘扬社会主义核心价值观，培养学生爱国主义、集体主义、社会主义精神和奋发向上、顽强拼搏的意志品质，实现以体育智、以体育心的独特功能。

在体育与健康课教学过程中，应当充分融合运动要领、保健知识、文化知识和思政教育的内容，增强课堂活泼氛围，推动思政教育工作顺利开展，实现立德树人的教学目标。主要做法有以下几种：一是通过“课程育人”的引导，使体育与健康教学本质归正；二是通过“体制育人”对加强体育课外训练进行引导；三是通过“规则育人”来对体育竞赛活动的规范加以引导；四是通过“实践育人”来对体育特色文化的凝练加以引导。[①]

第三节　体育与健康教学手段

一、体育与健康教学手段的概述

（一）体育与健康教学手段的概念

体育与健康教学手段是指为了完成体育与健康课程目标和任务，教师在教学过程中，根据教学内容的需要，运用一定的设备和教学资源，将人、物、信息等因素，按照一定的结构和形式组织起来，以便于教师传授知识，学生发展能力、培养素质和塑造个性。

体育与健康教学手段可以分为以下两个方面。

1. 教学组织与管理

教学组织与管理包括体育与健康课程资源的开发、利用和组织；学校体育与健康课程管理；教师对学生的管理；等等。

2. 教学实施

教学实施包括体育与健康课堂教学、课外体育活动和课外体育锻炼等。

体育与健康教学手段是师生在教学中相互传递信息的工具、媒体或设备，随着时代的变迁和科学技术的发展，教学手段经历了口头语言、文字和书籍、印刷教材、电子视听设备和多媒体网络技术等五个使用阶段。传统教学手段主要指教科书、粉笔、黑板、挂图等，现代化教学手段是与传统教学手段相对而言的，指各种电化教育器材和教材，即把幻灯机、投影仪、计算机等引入体育课堂，使教师在体育与健康教学过程中，能够运用多媒体计算机辅助教学系统，实现了与传统体育课堂的结合，即“课堂教

① 王海燕．现代体育教学功能实现与创新应用［M］．北京：中国书籍出版社，2021.

师指导、课外教师辅导”，作为直观教具应用于体育与健康教学中，从而把教师从繁重的体力劳动中解脱出来，并能够从时间、空间上对学生进行适时的指导和监控，进而能有更多的时间对学生进行个别辅导。

（二）体育与健康教学手段和教学方法的区别

体育与健康教学方法是在体育与健康教学过程中，教师和学生为实现教学目标和完成教学任务而有计划地采用的、可以产生教与学相互作用的、具有技术性的教学活动和行为方式。教学方法是每节体育与健康课中体育教师必须采用的，更多的是以一种“无形”的方式体现出来。体育与健康教学手段是体育与健康教学中师生传递信息和加强学习的辅助性工具，一般表现为“有形”的实物形态。在没有教学手段的情况下，教学任务也能完成，但是有了教学手段，教学任务会完成得更为理想，学生的学习效果会更好。二者的区别从图 5－3、图 5－4 的比较中可以发现。

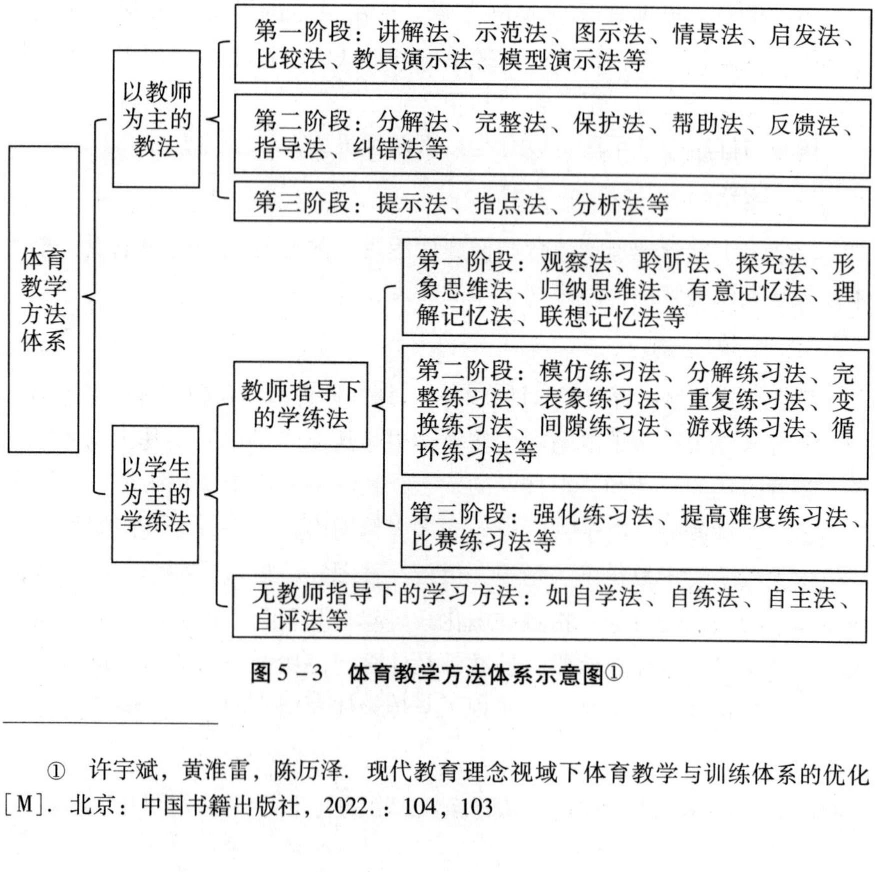

图 5－3　体育教学方法体系示意图①

① 许宇斌，黄淮雷，陈历泽．现代教育理念视域下体育教学与训练体系的优化［M］．北京：中国书籍出版社，2022．：104，103

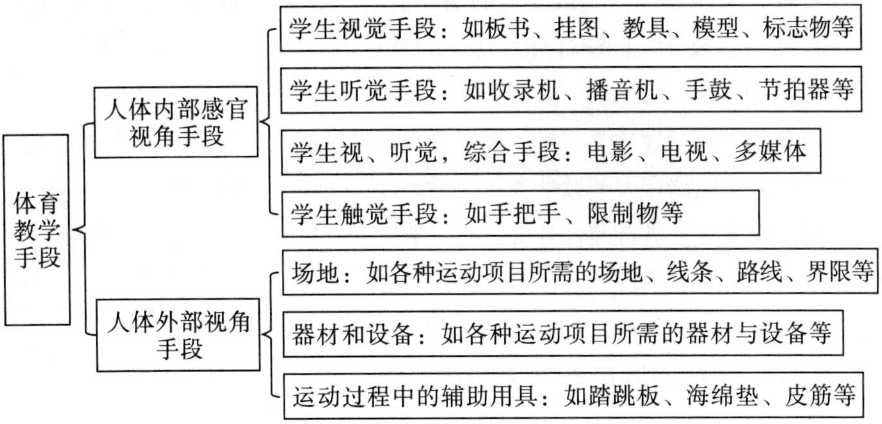

图 5－4　体育教学手段体系示意图①

（三）体育与健康教学手段的分类

现代教学手段是利用多媒体教学辅助工具、技术来储存和传递教学信息的，如幻灯片、投影仪等。大致可以分为以下四类。

（1）电声类。

电声类包括录音机、扩音机、音响以及相应的教学软件。该类教学手段能够录取语言和声音，根据需要重放；能够将声音放大，扩大教学面；传递信息迅速，不受时空限制。

（2）电光类。

电光类包括幻灯机、投影仪等以及相应的教学软件。该类教学手段能使学生在静止状态下观察扩大的图像；能将某些实物、标本放大显示，放映时间可长可短，不受限制，教学软件的制作较为简单；投影片还可以当成黑板使用。

（3）影视类。

影视类包括电视机、录像机、体育教学类 APP 以及相应的教学软件；该类教学手段能够带给学生视觉和听觉两方面的信息，能以活动的图像，逼真、系统地呈现事物及其变化发展的过程，能调节事物和现象所包含的

① 许宇斌，黄淮雷，陈历泽．现代教育理念视域下体育教学与训练体系的优化［M］．北京：中国书籍出版社，2022．：104，103

时间要素，将缓慢的变化或高速的动作清楚地表现出来，能将实物扩大或缩小，具有速效性、同步性和广泛性的特点。

（4）计算机类。

计算机类包括程序学习机、多媒体教学系统以及相应的教学软件。该类教学手段能长期储存大量教学资料，供师生在任何时候提取检索；能把学生的反应记录下来，进行综合分析；能为学生创造良好的自学条件，使其按照自己的水平和能力进行学习；能进行远程交互学习，实现资源共享。

（四）体育与健康教学手段的特性

1. 重现性

重现性是指教学手段不受时间、空间的限制，能将记录、存储的内容随时重新使用的性质。不同教学手段的重现能力是不同的，如实时的广播与电视瞬间即逝，难以重现；录音、录像与电影手段能将记录存储的信息反复重放使用；幻灯、投影与计算机课件也能根据教师与学习者的需求反复重现。

2. 表现性

表现性指各类教学手段表现客观事物的时间、空间、声音、颜色以及运动特征的性质。由于信息不是事物本身而是事物的表征，而不同的教学手段用不同的符号去表征或描述事物，因而对事物的运动状态与规律具有不同的表现力。

3. 传播性

传播性指教学手段把各种符号形态的信息传递到一定空间范围内再现的性质，有无限接触和有限接触之分。例如：计算机网络和有线电视系统能将信息传送至较为广阔的范围，而幻灯、投影、录音、录像等只能在有限的教学场所播放等。

4. 参与性

参与性指在应用教学手段时，学习者有参与活动的机会，包括行为参与和感情参与。如电影、电视、广播等教学手段，具有较强的表现力与感染力，容易引起学生情感上的反应，从而激发学生感情上的参与；而多媒体计算机的交互作用，能使学习者在上网学习过程中根据本人的学习需要去控制学习进程，因此，是一种行为与感情上参与程度高的教学手段。

5．可控性

可控性指使用者对教学手段操纵控制的难易程度。幻灯、投影、录音、录像及计算机手段等比较容易操纵，并适合于个别化学习；而广播、电视等，只能按播出的时间去视听，学习者的自主性不强，且不易操纵。

表5－6　常用教学手段的特性

性质		教学手段					
		录音	幻灯	电影	广播电视	电视录像	计算机
重现性	即时重现	√				√	√
	事后重现		√	√		√	√
表现力	空间特征		√	√	√	√	√
	时间特征	√		√	√	√	√
	运动特征			√	√	√	√
	声音特征	√		√	√	√	√
	颜色特征		√	√	√	√	√
传播力	无限接触				√		√
	有限接触	√	√	√		√	√
参与性	感情参与	√		√	√	√	√
	行为参与		√				√
可控性	易控	√	√			√	√
	难控			√	√		

二、现代体育与健康教学手段的选择和运用

（一）现代体育与健康教学手段的选择

合理地使用现代信息技术可以调动学生体育学习的热情，培养学生终身体育的意识，有效地提高学校体育与健康教学的效果，有利于教学

目标的达成。想要将体育与健康课程与现代信息技术进行整合，就要在开展体育与健康教学时争取在各个环节中都尝试融入现代信息技术，展现科技优势，从而构建成一套系统的、完善的体育与健康教学信息资源平台。

（二）现代体育与健康教学手段的应用

在信息技术的加持下，现代体育与健康教学可以借此制作形式多样、内容丰富、用途灵活的教学课件。通过在教学中向学生展示课件，可以更加直观地了解传统教学中的重点难点内容；特别是一些运动项目中快速的、复杂的动作，可以通过慢放分解的方式清晰展现，使学生更容易地掌握技能，也便于教师引导和鼓励学生通过交流与讨论来开展探究性体育学习。例如，在教授单手肩上投篮动作时，可以通过正误技术动作视频慢放进行对比，让学生直观了解到自己的动作中是否有错误，并模仿正确的动作。同时，再配合上教师的针对性讲解，学生的技术自然可以提升更快、更高效。

三、体育教师信息化教学能力培养策略

随着大数据技术、AI 技术等新一代信息技术的飞速发展，未来学校教育教学已然处于科学技术创新和发展的变革时代。《教育信息化 2.0 行动计划》和《中国教育现代化 2035》的推出，明确了教育信息化是教育系统性变革的内源动力和教育现代化的核心驱动力。体育教师作为体育与健康教学的主体之一，起着重要的主导作用。

（一）国家政策保障和学校组织支持

从国家政策保障的层面来说，体育教师信息化教学能力的培养和发展，要重视体育教师教育技术能力中教师信息化教学能力相关的明确要求，根据实际情况来对教师相关能力标准的规范进行适当调整。同时，不能忽视教师相关能力的培训、考核与认证等方面的工作内容。体育与健康

教育教学活动的开展，通常是在学校中进行的，离不开学校组织的支持。比如，校长的支持、资源的准备、培训的参与、教学的交流等。①

（二）树立信息意识，培养信息修养

就教师个人而言，应该提高信息化教学意识、增强学习主动性、注重实践反思。例如，通过组织教师参加 AI 教育培训、开展 AI 教育研讨会等方式，让教师了解 AI 教育的重要性和必要性，增强 AI 教育意识。现代信息化社会的发展，不仅要求教师具备扎实的专业知识和信息化知识，还要求教师必须要具备出色的信息化教学能力，这是信息化教学的基本要求。在此基础上，要求体育教师必须要具备完善的信息化学科知识、信息化教学法知识和信息化学科教学法知识。在信息化教学实践中，体育教师要加强自身信息意识的培养，不断提高自己的信息化教学智慧。

（三）强化教师的信息化教学培训

培训学习是提高与发展高校教师信息化教学能力的重要途径，这就要求充分认识信息时代背景下教师信息化教学能力提升的重要意义，重视并加强对教师的信息技术、信息化教学能力的培训。首先，要丰富教学内容，拓展教学形式。学校要为教师的学习与培训构建一个互动交流平台，利用网络的开放性和互通性丰富学习、培训资源，优化教师这方面的知识结构。其次，学校要加强教师信息化教育培训制度建设，要利用制约机制、激励机制促使广大教师提高对信息化教学的认识，并积极组织信息化教学能力提升的学习和培训。②

---

① 黄燕春，杨国珍. 信息化时代背景下体育教学的创新与发展研究［M］. 北京：中国书籍出版社，2022.

② 王苗. 互联网背景下高校体育教师能力提升策略研究：评《教师信息化教学能力发展研究》［J］. 中国科技论文，2020，15（3）：388.

（四）加强信息化教学改革，提升教师信息化教学能力

第一，提高 AI 应用能力。通过开展 AI 基础操作培训、教师自学、实践操作等方式，提高教师的 AI 应用能力，熟练掌握常见的 AI 教育软件和工具。

第二，培养教学设计能力。通过组织教师参加教学设计培训、开展教学设计研讨会等方式，培养教师的教学设计能力，让教师能够根据学生的实际情况和教学目标，设计出符合教学要求的 AI 教学方案。

第三，提高教学实施能力。通过组织教师参加教学实施培训、开展教学实施研讨会等方式，提高教师的教学实施能力，让教师能够根据 AI 教学方案，组织学生进行体育教学活动，并能够及时发现和解决教学中出现的问题。

第四，培养教学评价能力。通过组织教师参加教学评价培训、开展教学评价研讨会等方式，培养教师的教学评价能力，让教师能够对学生的学习情况进行全面、客观、准确的评价，并能够根据评价结果进行教学调整。

（五）以赛促新，促进信息化教学创新能力提升

竞赛是推动教师信息化教学改革创新的重要手段，也是检验教师信息化教学水平的有效途径。通过竞赛激发教师内生发展智慧，唤醒教师对信息化教学的新追求，达到“以赛代训、以赛促学”的目的。例如，总体设计上应体现明确的教学目标、恰当的教学策略、完整规范的教学方案等；教学过程充分运用信息技术与数字资源，突出学生主体地位，体现“做中学、做中教”；教学效果方面必须达到运用信息技术解决教学重难点，切实提高学生学习兴趣和学习能力的目标。通过开展比赛，既充实了学校数字资源库内容，推进资源普遍开放共享，使教师得以借鉴学习各类优质教育教学资源，取他人之长补己之短，又促进教师在比赛中反思，在反思中创新，充分调动教师积极性，达到“以赛促新”的目的。

复习与体验

1. 认真梳理对体育与健康教学方法、教学组织及手段的概念的理解，熟悉体育与健康教学方法的运用和组织形式，结合现代化的教学手段，并且能够融入到具体教学当中，更好地激发学习兴趣。

2. 能够很好理解体育与健康教学方法的重点、教学对象和新理念，并能结合自身专业研习与见习，强化灵活运用体育与健康教学方法的实践；虚心向教师请教教学经验，积极与同学们交流教学反思与心得。

3. 在正确认识体育与健康教学方法的意义和目标后，还要响应在新课程标准背景下，适应落实“教会、勤练、常赛”和“学—练—赛”一体化教学的要求，提高自身的理论水平和教学实践能力。

4. 说课与模拟教学是通过模拟体育与健康教学情境，让学生通过操作技能等方面的学习训练达到教学目标的教学方式，是现代有效的教学技能技巧练习。

拓展阅读文献

［1］张志勇. 体育教学论［M］. 北京：高等教育出版社，2019.

［2］毛振明. 体育教学论［M］. 3 版. 北京：高等教育出版社，2017.

［3］潘绍伟，于可红. 学校体育学［M］. 北京：高等教育出版社，2015.

［4］舒佳. 核心素养视域下的学校体育教学研究［M］. 天津：天津社会科学院出版社，2021.

［5］马旖旎. 融合教学的理念与实践探索：以小学科学为例［D］. 西安：陕西师范大学，2021.

［6］季浏. 基于核心素养的专项运动技能大单元教学设计与实施［J］. 中国学校体育，2022，41（7）：9－11.

［7］李军，刘世磊. “教会、勤练、常赛”的生成背景、基本内涵与实践审思［J］. 体育学刊，2022，29（6）：134－139.

［8］谭希. 发展核心素养　实现以体育人：访义务教育体育与健康课程标准修订组组长季浏［J］. 人民教育，2022（Z2）：50－53.

第六章 说课与模拟教学

本章导学

体育与健康的说课与模拟教学是源自基层的、具有中国特色的、原创性的研究成果。说课在实践中的存在是很久的事情，在有“教学”这样一种规范形式以后，说课的原始雏形就已存在。说课与模拟教学在新课改背景下是校本教研的重要形式。从教师成长角度来看，说课与模拟教学是教师提高专业素质、实现专业成长的有效途径。说课与模拟教学对教师的触动，引起教师思考所达到的深度是非常独特的。它有利于引起和促进教师对教学进行比较系统和深层次的反思，有利于激发课堂教学的创新，在推进教学改革、提高教师素质、促进学校整体发展方面发挥了重要作用。

学习目标

1. 准确理解体育与健康课的说课与模拟教学的概念，明白体育与健康课说课、模拟教学、实践课三者在提升体育教师专业化中的重要价值。

2. 学习并进一步理解体育与健康课的模拟教学、实践课、说课三者的区别，能结合自身情况和需要，加强体育与健康说课、模拟教学对体育教师专业发展重要意义的认识，强化专业情怀。

3. 明确体育与健康课的说课和模拟教学的作用，能够结合最新的体育与健康课程理念，按照“体育与健康课程与教学论”课程学习的要求，练习并熟练掌握一到两个教学内容的说课和模拟教学。

体育与健康课堂教学技能是体育教育专业学生或体育教师参加工作必备的基本能力，有计划、有目的地进行体育教师角色模拟教学、说课培训，是体育教育专业学生获取、形成体育与健康课堂教学技能的重要途径，有利于缩短日后走上教师岗位的磨合期，快速掌握课堂教学技能，适应学校的教育教学工作，得到学校和同行教师的认可。因此，无论是在职体育教师，还是立志成为体育教师的体育学类专业大学生，都需要加强体育与健康模拟教学和说课的实操训练。

第一节 体育与健康说课

一、体育与健康说课概述

（一）说课的来源和体育与健康说课的定义

1．说课的来源

有文字记载说课的概念始于 1987 年 6 月底，河南省新乡市红旗区教研室要从本区选几位教师参加市教坛新秀的评选[①]。可当时临近期末，课已经讲完，于是有人提议选几节课让有关的教师说说他们的教学设计，用说“课”代替讲课，采取了重点听听他们的教学设计的办法，听后大家一致认为是个好办法，省时高效，简便易行，的确能考评出教师的业务素质、知识水平和教学能力。由此联想到导演的“说戏”，于是就为这一新的教研活动起了个当代教育词典也找不到的新名字“说课”，于是“说课”这一概念从此便诞生了。

2．体育与健康说课的定义

关于说课的定义和理解可谓是众说纷纭。关于说课的定义，最早是由

① 彭涛．说课理论与中学实践研究［D］．武汉：华中师范大学，2006.

《中国教育报》① 调查报告提出的，当时对其的定义是：说课是在教师备课的基础上，让授课教师面对评委教师或其他听众，系统地谈自己的教学设想及其理论依据，然后由听者对其进行评说，以实现相互交流、共同提高的一种教学研究活动。1996 年戴汝潜在其专著《说课论》中提出："说课是指教师述说授课的教学目标、教学设计、教学效果及其理论依据的教学研究活动。"随后霍振化提出："说课就是授课教师在充分备课的基础上，面对同行教师或专家，讲述自己的教学设计及其理论依据等，然后由听者评说，大家共同讨论，确定改进意见，再由授课教师修改、完善其教学设计，旨在提高课堂教学效益和教师业务素质的一种教学研究活动和师资培训的组织形式。"②

本书在梳理相关定义的基础上提出如下参考性定义：体育与健康说课是体育教师或体育专业的在读学生主要用口头语言对自身教学设计思路和教学实施过程等情况进行分析和说明的教学行为。说课通常包括以下五个特点：①说课要以口头语言为主要的表达形式，即"说"；②说课要有时间限制，一般在 15 ~ 20 min 内；③说课要以教育教学理论为依据，针对教学内容及学生实际；④说课要面对同行（教师或专家）进行，强调听者与说者的双向互动；⑤说课是一种教育理论与教学实践紧密结合的课堂教学技能训练的操作性研究活动。

说课作为教师职业活动中的基本构成，是课堂教学行为的延伸与扩展，是教师总结教学经验、发现教学问题、提升教学智慧的重要手段和桥梁。说课在促进教师钻研教材，学习教育教学理论，全面提高业务素质和中小学教育教学质量方面，发挥着独特的作用。

（二）体育与健康说课的类型

根据体育与健康说课的目的和性质，可将体育与健康说课的类型分为示范性说课、评比性说课、研讨性说课、评价性说课、指导性说课和遴选性说课。

---

① 中国教育报河南记者站．大面积提高教师素质的新形式：河南省新乡市红旗区开展"说课"活动调查［N］．中国教育报，1991－12－24.

② 霍振化．说课活动与教师素质［J］．数学教师，1997（6）：23－26.

1. 示范性说课

示范性说课指集体研究推选教学综合能力较强的教师进行说课以便对说课能力相对较差的教师起到示范和传、帮、带的作用的说课形式。如学校教务处制订学科组长或骨干教师说课计划。

2. 评比性说课

评比性说课指说课教师按照规定的时间和内容写出讲稿，然后进行说课展示，同时对某一区域内的教师通过邀请水平较高的教师或专家做评委对说课者逐一评议、评比并从中选出优秀者。如目前为提高体育教师的教学基本功、树立典型、培养骨干教师而进行的教学能手比赛。

3. 研讨性说课

研讨性说课指在集体教研活动中采用质疑答辩式、讨论式等方式开展说课。如学校体育教研组每周开展一次固定教学内容的集体说课教研活动。研讨性说课时大家各抒己见，有利于将个人的智慧转变为集体的智慧，有利于大面积提高教师专业素养和教学能力。

4. 评价性说课

评价性说课指根据固定的评价体系对说课者的教学能力进行客观评估。如学校有针对性地制定评价方案对体育教师逐一进行说课评估指导。

5. 指导性说课

指导性说课是指教学管理人员要求青年教师以说课的形式汇报教学情况，邀请水平较高的教师做指导性说课。

6. 遴选性说课

遴选性说课是在教师招考中常用的说课类型，用以了解竞聘者对教育教学理念的理解及教学实施的安排是否合理。遴选性说课在体育教师招考成绩中通常占有一定比例。

（三）体育与健康说课的作用

体育与健康说课既是一种能够集中简约地表达在职体育教师或未来体育教师的教学认识、教学思路和教学设计的一种教研形式，又是融备课、上课、评课于一体的提高体育教师教学水平和教学质量的教学研究形式。其作用主要表现为以下几点：

1. 有利于提高体育教师把握课程标准要求和驾驭教材的能力

说课能帮助体育教师熟悉课程标准，确定教学内容，厘清本节课的知识结构及技能要求，弄清教学内容在教材中的地位、编写意图，以便更好地制定教学目标，发挥课堂教学的组织性、有序性、合理性。

2. 有利于提高体育教师的教育、科研能力

在说课中大家会碰到很多关于教育、教学、科研的问题。比如，应该选择怎样的教法，给学生怎样的教学指导，采取怎样的教学组织手段，在教学中应如何关注学生的心理、生理、生化变化，等等。这就促使体育教师去钻研教育教学理论，积极去查阅资料，主动运用教学理论指导实践教学，切实提高教育教学质量。同时，在说课中，通过专家或同行的评价、评述、评论可以达到共同交流、共同提高的目的。

3. 有利于提高体育教师的直观教学能力

说课是提高教师直观教学能力的有效途径。直观教学是指利用教具作为感官传递物，通过一定的方式、方法向学生展示，从而提高学习的效率或效果的一种教学方式。在体育与健康实践教学中教师必须熟练运用示范直观法，以准确优美的示范动作激发学生学练的兴趣，尽快建立动作的概念和表象。在说课中，教师必须把教学内容中动作示范过程阐述清楚，包括教师示范面，动作的重点、难点，以及学生观察位置、学练的组织队形等。

4. 有利于提高体育教师运用现代教育技术手段的能力

现代教育技术是保证和提高说课质量的重要条件，很多体育教师能熟练地操作多媒体计算机、幻灯机、投影仪等设备并自制说课课件，利用多媒体教室说课，将说课和现代媒体教学有机结合起来，这样既锻炼了说课水平又有助于提高体育教师运用现代教育技术的操作能力。

5. 有利于提高体育教师的教学应变能力

在说课中对教学效果的预测和教学内容的把握，有利于提高体育教师的应变能力，同时说课也是对教学环节的丰富，突出了说课介于备课和上

课之间的桥梁作用，使教师对上好一堂体育与健康课有了更加充分的心理准备。

6. 有利于提高体育教师的语言表达能力

语言表达能力是体育教师的一项重要的基本功。它包括情意表达、文字表达和非语言行为表达。有的体育教师说课稿准备很充分，但是说课效果不理想，原因就在于语言表达能力低。在短时间内说出一节课的教学安排对说课教师确实是一种考验。要想做到在说课中表达清晰、节奏鲜明、富有逻辑性，语言形象、生动、重点突出，表情自然、感染力强，教师在说课前必须积极、主动地练习，力求取得好的说课效果。

二、体育与健康说课的内容

（一）说课的对象和教学内容

体育与健康说课要根据教学对象和学习目标来确定教学内容和方法，根据内容确定教学的重点、难点，对课程教材进行分析，对授课对象进行学情分析，然后考虑如何组织这一节课，从开始到结束要求连贯一致，同时，要考虑对学生的学法指导；根据设计方案确定场地的布局和器材的数量，最后进行预测和反思，同时考虑布置适当的课外练习或家庭作业。

（二）学习目标和学情、教材分析

学习目标分析应建立在体育与健康学科的核心素养的基础上，体现运动能力、健康行为和体育品德的三大目标；学情分析是根据授课年级学生的生理特点、心理特点、学习兴趣、运动能力、运动水平、基本技能掌握情况、心理素质以及个体的差异性做简单解释，这些必须以生理学、心理学、教育学为理论基础展开分析；体育与健康说课中的教材分析是指对教材中教学内容的分析，主要包括课程标准的要求、教材内容的重难点分析及前后的联系等。

（三）教法、学法、重难点分析

教学方法指教师根据教学内容、学生基本情况和教学目标，采取的解决教学重点、突破教学难点的途径。学生的学法主要指教师在介绍学习方法的基础上，把重点放在如何实施学法指导上。新课标要求在学习中开展以教师为主导、以学生为主体的合作、自主、探究的学习模式，让学生在“主动参与、乐于研究、交流合作”中掌握运动技能，养成终身锻炼的习惯，提高健康水平。教师根据教材所包含的体育知识、运动技能及其在实际生活中的应用等，从中分析出教材的重点、难点，并讲解清楚如何抓住重点、突破难点。

（四）教学过程安排和意图

教学过程是说课中的中心内容，教师需要说清自己的教学思路、课堂组织结构、课中练习的设计、队列队形的安排、每阶段的时间控制以及室外场地器材安排等。既要说清楚“教什么”“怎么教”，还要说清楚“为什么要这样教”，不仅要说明如何进行精讲多练、怎样进行示范、采用什么样的练习方法，而且要说明教给学生哪些学习方法、培养学生什么能力、怎样面向全体学生、怎样做到区别对待等。

（五）教学效果预测与反思

在说课的最后是对体育与健康学科核心素养的目标和教学过程及内容的组织、设计是否合理的预测。它包括学生的运动参与、运动技能、身体素质、心理品质、情感体验等方面的感受，也包括运动密度和运动强度等量化指标，要有定性或定量的规定。

三、体育与健康说课的方法与技巧

（一）说目标，要紧扣学科核心素养

新课程标准中明确提出，体育与健康课程以发展学生核心素养和增进学生身心健康为主要目的，基于此，学习目标要紧扣体育与健康学科核心素养，即发展学生的运动能力、健康行为和体育品德，全面培养学生的核心素养。说课不但要解决教什么、怎么教、怎么学的问题，还要阐明为什么这样做、有什么理论依据等。同时，对确定的新课程内容进行分析，同时结合教学目标，确定教学的重点。

（二）说教材，要有课程意识和大单元教学的意识

课程标准和教材是教师进行课堂教学设计的重要素材，教材分析为制定教学目标提供依据。教材分析不仅要分析本节课在大单元中的地位与作用，以及课程标准对此内容的要求，还要有课程意识。在课程实施中，要落实“设计专项运动技能的大单元教学”的要求，要对某个运动项目或项目组合进行 18 课时及以上相对系统和完整的教学，因此，在说课中也要树立大单元教学意识，体现某一运动项目的完整性，要包含基础知识和基本技能、技战术运用、一般体能和专项体能、展示或比赛、规则与裁判方法、观赏与评价等六个方面的内容。

要体现内容的结构化，尤其在运动技能教学中，应根据运动项目的特征和技能形成过程的专项性、系统性、阶段性、连贯性、难易性来合理安排教学内容和顺序，根据人体机能活动变化规律和神经—肌肉系统的兴奋—最佳—疲劳—恢复过程，来安排课堂教学或训练内容先后顺序，以达到促进和提高学习效果的目的。

案例6-1

跨步单手击地传接球教学设计之教材分析①

篮球跨步单手击地传接球属于篮球教材中的基本技术内容，一般出现在篮球比赛中，防守人距离较近，这时持球人可通过跨步单手击地传球的动作技术，将球传给队友达到继续进攻的目的，跨步单手击地传接球的击地落地应该在两人之间距离传球者三分之二的位置，这样更有利于接球者接球。本课将跨步单手击地传接球加双手胸前投篮进行组合教学，将通过“学、练、赛”循环教学和差异化指导的方式让学生递进式地掌握。根据人体机能适应规律和动作形成规律，要掌握该项技术需经过“专项体能—动作模型—动作技术—动作机能”四个阶段的学练。将其正确地学习和掌握能有效发展学生的上下肢协调配合能力和柔韧、弹跳、灵敏、协调等体能素质及良好的空间知觉水平。

（三）说学情，要真实具体，坚持以学生为主体

在分析学情时，要始终坚持以学生为主体，准确把握学生的兴趣、学习动机、学习需要、现有水平，才能设计有效的教学程序，做到因材施教，关注到每一位学生，从而优化教学过程，促进学生的全面发展。在课堂教学中，教学过程的安排和教学重难点的确定通常由教学内容的难易程度和学生学习能力两个因素共同构成，因此，真实具体的学生情况以及学生学习掌握知识技能的能力是安排教学环节和内容的关键。

（四）说教法学法，要凸显重难点，讲清讲透

在说课过程中，无论是说教法还是说学法，其讲清讲透的基础都在于找准本次课的重点和难点。在抓准教学重难点的基础上，再结合有效

① 案例选自：篮球单元（模块）教学计划（水平二，三年级）；学校：东莞市松山湖中心小学；任课教师：齐彬、丁小龙、廖斌。

的教法与学法，阐述对教材重点的恰当分析以及对教材难点的巧妙解决。

常言道，“教学有法、教无定法、贵在得法”。根据不同的教学内容和学情，教师要选择适合于本节教学内容和本班学生的教学方法。设计时，教师需要思考在什么时间、采用什么教学方法与学生的学习方法相协调，采用哪个方法为主、哪些方法为辅更合适。在使用教学方法时，教师活动要科学合理，有理论依据，体现学生的主体地位，并能合理有效地配合多媒体教学辅助手段。

（五）说教学过程，要有理有据，结构安排合理

1. 创设情境导入新课

采取怎样的方式导入新课要视具体情况而定，没有统一固定的模式。常见的有开门见山式、温故知新式、设置悬念式。无论采取哪种方式，都需要教师根据学情合理安排。

2. 激发运动兴趣进入学习状态

教师每节课都要激发学生的运动兴趣，这就需要在钻研教材和备课上下功夫，根据教学内容设计、创新活动方式是让学生进入学习状态的关键。

3. 合理利用教学手段、方法组织体育教学

在提倡合作、自主、探究式教学的前提下体育教师可以根据学生的兴趣爱好开展室内、室外、分散、集中的教学活动。在课堂组织上可以采用分组轮换或分组不轮换的方式，以提高教学的时效性。

4. 场地选择和器材的准备

针对室外体育与健康实践课，根据教学内容合理选择场地和器材的配备是说教学过程的重要组成部分，教师的首要工作是搞好课堂教学，一切教育教研活动都要服务于课堂教学，这就要求教师积极参与，全身心投入到教育教研活动中去，这也是搞好说课的先决条件。

案例6-2

足球：运射组合之安全防范措施[①]

基于教材本身、场地器材和学生的基本情况，本课的安全隐患主要体现在以下两个方面：一是固态的安全隐患，在课前应做好场地的安全排查并设置警示标志。二是在教学过程中出现的动态安全隐患。具体如下：①准备活动要充分拉伸，防止肌肉拉伤和关节扭伤。②强化纪律要求，提醒学生积极参与、专心学习。③对于学生练习时，存在个人能力与同质分组不相匹配，存在冒险的尝试练习行为，教师要予以关注并及时调整。④在学生练习过程中，可能会出现肌肉拉伤或关节扭伤等运动损伤，要提醒学生受伤后不要随意挪动位置，其他同学不要随意处理，应及时向教师报告，教师在课前还应准备一些夹板、绷带和冰块。⑤动态巡查，关注学生完成练习时的小组氛围和情绪变化。

（六）说教学效果，要有预判有评价有反思

对于教学效果的测定和评价必须从三个方面考虑：一是教学内容的练习强度和密度是否科学合理；二是学生对动作技能的掌握情况如何；三是课后倾听学生感受，做到心中有数，有的放矢。此外，在说课中有必要预测教学中容易出现的问题，提前做好预设，并简要说出解决问题的方法以确保教学的圆满成功。此外，也要做好反思和思考，对教学的行为、运用的教学策略进行反思性教学，有效保障课程目标的实现。

---

① 案例选自：足球单元（模块）教学计划（水平二，四年级）；学校：东莞市寮步镇西溪小学、寮步镇香市第一小学、石排镇石岗小学；任课教师：陈炳辉、凌贤、王志聪。

第二节 体育与健康课模拟教学

一、体育与健康课模拟教学概述

(一) 体育与健康课模拟教学的概念

体育与健康课模拟教学是教师模拟上课的情境，把课堂教学中的过程在没有学生的情况下用自己的语言表述并展现出来。在没有学生参与课堂的情况下，教师把某节完整的体育与健康课或课堂教学的主要环节用讲解、示范等方法与手段展示出来。教师根据教学内容，通过教师唱“独角戏”的形式展现课堂教学实践性的一面。通过教师的讲解语言、肢体语言、动作示范、组织走位等将体育与健康课在没有学生的情况下，用虚拟的形式呈现教师上课的全过程。例如，“足球运传球技术的运用”的模拟教学，教师在没有学生的情况下，要把教与学的“学、练、赛”过程，通过教师讲解、示范、指导、纠错，学生循序渐进、由易到难的练习过程，以及教学比赛或展示和教师的即时评价来体现教师教和学生学的情况。

体育与健康课模拟教学本质是一种将教师备课、教学研究与上课实践有机结合在一起的教研活动，突出教学活动中最主要的教与学矛盾体，使教学研究对象从客观的教学现象中直接抽象出来，具有省时、高效的特点。简而言之，模拟教学整合了说课与上课，考查教师的理论功底、教学实践能力及综合素质，所以对教师提出了更高的要求。[①]

① 于素梅. 会看的看门道（三）：看课与分析讲解示范［J］. 中国学校体育，2011（6）：60－62.

（二）体育与健康课模拟教学的形式

1．完整模拟教学

教师在没有学生的情况下，模仿实际教学，把一堂完整的体育与健康课在规定时间内（一般10 min左右）展现出来，有利于提高教师备课的质量，提前检测课堂教学过程，提高教研活动的实效。一般有两种形式，一种是“自编自演自导的独角戏式”，这种形式没有“学生”，只有教师，要求教师表演不同的角色，呈现上课效果，经常用于招聘、培训和体育教师基本功比赛等评比性活动中。另一种是“其他教师参与的互动式”，这种形式往往用在教研活动中，这时听课教师变成了“学生”，讲课教师的提问，由听课教师回答，有时为了达到教研探讨的目的，这些“学生”会故意“刁难”教师，提出一些让教师没有考虑到的问题，从而“考验”上课教师的应变能力，在模拟上课的过程中常常会有思维的火花闪现，同事之间针对一个问题会展开热烈的讨论，而这些问题都是平时上课经常遇到的，所以就更有针对性，效果更好。

2．片段模拟教学

片段模拟教学主要是指主教材片段模拟教学。主教材片段模拟教学比较适用于教研活动时间有限、某项教材的专题性研究，特别是在采用同课异构的形式进行研究时使用会提高时效性和针对性。

（三）体育与健康课模拟教学的特点

模拟上课是模拟表演师生的双边活动，具有虚拟性与表演性，是在理想教学状态下体育教师教学过程实录，模拟上课注重的是课堂教学过程，在一定意义上说，模拟上课就是有生上课。模拟教学实质就是虚拟课，是在没有学生参与的情况下，教师演示、描述教学过程的一种课堂表现形式。

1．无生或少数学生

模拟教学的教师面对的往往只有同行、专家或评委，一般没有学生，但在体育教师基本功比赛等评比性活动中，有时会安排几名参赛教师或学生予以配合。

2. 省时高效

因为没有学生或学生人数较少，所以在教学中原本有学生参与的环节，一般都是点到为止甚至省略，时间压缩在 10 ~ 15 min，教师只要将教学内容、教学方法按照事先设计的教学程序流畅地说出来即可。

（四）模拟教学与实践课、说课的区别与联系

模拟教学常用于教师基本功比赛、新教师招聘等活动中，并逐渐成为考查教师课堂教学水平的主导形式。模拟上课的实质就是虚拟上课，是指在没有学生或少数学生参与的情况下，教师演示、描述教学的过程，以此来考评教师的教学能力的一种形式。体育与健康课模拟教学与实践课、说课等关联密切，又有很大的不同。

说课不仅要说出“怎样教”，还要说清“为什么这样教”，要让听者不仅知其然，还要知其所以然。模拟教学的教师则既是课堂教学的导演与指挥者，同时又是教学的对象表演者。教师通过口头语言及身体动作来呈现教学过程中的场地使用、器材布置、学生活动等内容。模拟教学是实践课的缩影，但又有所不同，例如：模拟上课时间较短，模拟教学对队伍的调动与组织少，对教师处理突发事件的能力考查较少，师生互动互评少。

模拟教学与实践课的最大区别在于其是在虚拟学生参与下的教学活动，但其仍存在教师与虚拟学生双向的互动交流活动。模拟教学和真实上课在侧重点上也有所区别：模拟教学侧重于过程性、预设性，强化教的过程，体现教师的个性化和主体性，关注的是教学预设方案的呈现及教师驾驭课堂的能力，而真实上课则侧重于过程性、实践性，强化教学双边过程，体现教师主导和学生主体性。

模拟教学与说课的区别在于，说课侧重于处理好教师与教材的关系，即教师“教什么、怎样教、为什么要这样教”，注重理论层面的说理；而模拟教学则侧重于过程性、实践性，解决“教什么”和“怎样教”，同时强化教的过程，体现教师的个性化和主体性。在程序上，说课往往沿着“教材分析—学情分析—教学目标—教学重难点—教学流程”这一形式而

展开，内容上包含教学内容、教学目标、教学重难点、学情分析、教法、学法、教学程序；而模拟教学只需将教学流程具体化，其内容包括教学内容的讲解、示范，以及教法学法指导、保护帮助、纠错、评价等，教学目标、教学重难点等内容体现在教学设计之中。在信息传递方面，说课是单向信息传递，而模拟教学要考虑虚拟学生的学习活动，是双向的信息传递（见表6－1）。

表6－1　模拟教学、实践课、说课三者的区别

类别	定义	组成	面向对象	特点
模拟教学	模拟真实情境进行课堂教学	导入、讲解、板书、教学评价、总结	同行、领导或教学研究人员	1. 在没有学生或少数学生参与的情况下，教师演示、描述教学的过程； 2. 教师既是课堂教学的导演与指挥者，又是教学的对象——表演者； 3. 教师要有全场的把控能力
实践课	有计划、有组织地面向全体学生进行的课堂教学	导入、讲解、板书、教学评价、总结	学生	1. 学生是主体，老师是客体，是为学生服务的； 2. 考查教师处理突发事件的能力； 3. 师生互动互评少
说课	主要用口头语言对自身教学设计、教学实施等情况进行分析和说明的教学行为	说教材、说教法、说学法、说教学程序	同行、领导或教学研究人员	1. 说课不仅要说出“怎样教”，还要说清“为什么这样教”，要让听者不仅知其然，还要知其所以然； 2. 教师以解说为主，不需要互动

表 6-2　模拟上课、说课、上课三者的区别①

类别	学生活动	信息传递方向	本质	内容	程序	侧重点
模拟上课	虚拟学生	双向	教学设计在课堂上的虚拟体现	教学内容的讲解、示范、教法学法指导、保护帮助、纠错、评价	教学流程具体化（虚拟）	侧重于过程性、实践性，强化教的过程，体现教师的个性化和主体性
说课	无	单向	体现教师上课的理念和构思，理论性较强	教学内容、教学目标、教学重难点、学情分析、教法、学法、教学程序	教材分析—学情分析—教学目标—教学重难点—教学流程	处理好教师—教材的关系，即教师教什么、怎样教、为什么这样教
上课	真实学生	双向	教学设计在课堂上的真实体现	教学内容的讲解、示范、教法学法指导、保护帮助、纠错、评价	教学流程具体化（真实）	侧重于过程性、实践性，强化教与学双边过程，体现教师主导和学生主体性

二、体育与健康课模拟教学的过程

体育与健康模拟教学通常划分为开始部分、准备部分、基本部分和结束部分。这四个部分的内容是一个既相互区别又紧密联系的完整过程，上一环节是下一环节的准备，下一环节又是上一环节的自然延续，各个环节既有各自独立的任务，又相互联系。而模拟教学就是将一堂完整的体育与

① 杨伯明. 模拟上课：体育教研活动新形式探析［J］. 体育教学，2013，33（10）：50-51.

健康课压缩在 10～15 min，将课的全部内容通过扮演教师和学生等多个角色展现出来，可以说是真实课堂的一个缩影，因此，也应具备以上四个部分内容。

（一）开始部分

模拟教学的开始部分主要指教学常规，也是传统体育实践课的必备内容，包括体育委员整队、报数、师生问好、教师简要介绍本次课的教学任务、安排见习生及安全教育等。从培养核心素养的要求来看，这一部分除了上述内容外，应简明扼要地讲清楚本次课的学习目标、教学内容及学习要求，使学生对本次课有一个大概的了解。在安全教育方面，应该提示学生本次课教学内容和练习过程等可能会出现的安全问题，并在学练中予以注意。

（二）准备部分

模拟教学的准备部分主要指热身活动，为基本部分的运动技能和体能学练做好身心方面的准备，包括一般性热身和专项热身。其目的主要是激发学生的学练兴趣和学习热情，主要内容是热身跑或游戏和关节活动，准备活动应注意由慢到快、循序渐进，尽量结合所学运动项目做针对性强的准备活动，例如，球类课尽量结合球进行热身活动。

（三）基本部分

模拟教学的基本部分是一节课的主体部分，主要指“学、练、赛”和体能环节，包括具体教学内容选编、完整的学习活动设计、多种复杂运动情境创设、多样化教学方式方法采用以及教学时间和运动负荷安排等。选编具体教学内容时应注重结构化运动知识和技能，杜绝单一技术教学，具体包括基本动作技术、组合动作技术、战术及对抗练习、比赛或展示、规则和裁判的学习和实践及体能练习等，杜绝低层次重复和蜻蜓点水式的教学。

“学、练、赛”环节应重视简单运动情境、中等复杂运动情境和复杂运动情境相结合，并以复杂运动情境为主。以一节排球课教学为例，简单运动情境包括自己对墙垫球、两人或三人对垫、两人传球、发球等练习情境；中等复杂运动情境包括垫球—传球—扣球组合动作技术、接发球—垫球—扣球等组合动作技术练习情境；复杂运动情境包括三对三对抗练习、六对六教学比赛等情境。实施多样化教学方式方法，将教师的指导与学生自主、合作和探究学练相结合，将集体操练与分组合作学练、个人探究学练相结合。每节专项运动技能课都要安排 10 min 左右的体能练习，体能练习包括一般体能和专项体能练习，体现多样性、补偿性、趣味性和整合性。基本部分的教学时间原则上在 30 min 左右，也就是说，基本部分除去 10 min 左右的体能练习，剩余的 20 min 左右都是学练运动技能。

课堂是一个有机的整体，忽视任何环节都不是一节成功的课堂，所以在模拟教学中也应按照实践课的环节进行设计。在导入环节，可通过复习、拓展等引入主教材，激发学生的练习兴趣和调动学习积极性。接着通过教师示范技术动作、讲解动作要领，学生模仿练习、体验练习、拓展练习，教师巡回指导等明确教的是什么、用什么手段来教、教到什么程度、重点如何展开、难点如何突破。同时，教师要根据教学内容和教学重难点预测学生在学练过程中可能出现的错误动作，并能分析错误产生的原因，而后让学生改进，这样会使模拟课堂变得更加真实。此外，在掌握动作的基础上，设计不同种类的比赛，如对抗赛、擂台赛、分组赛，技能赛、组合赛、综合赛等，让学生将技战术运用于比赛中，在比赛或展示环节，应注重及时的激励和点评；比赛后安排 10 min 左右的体能练习，应结合课堂教学内容安排针对性体能练习或者补偿性练习，进一步提升学生的体能水平，保证本次课的强度，达到相应的锻炼效果。

（四）结束部分

模拟教学的结束部分主要由身心放松活动和师生小结组成。特别要强调的是，身心放松活动除了一般性的放松活动外，也要针对本节课中容易肌肉酸痛的部分进行针对性放松。师生小结除了教师简要小结本节课的目标达成情况之外，还可选择个别学生谈本节课的感受，从中了解学生的学习情况，以便下节课改进教学。在该部分，还应包括整理队伍、检查人数、总结与表扬、布置作业、收拾器材。尽管没有学生或只有少数几个学生，但是教师依然要具备对象意识，在模拟教学时，整个教学过程不能“一讲到底”，应当有一定的“师生互动”和必要的“反馈评价”，体现学生主体意识。在课后评价时应客观、全面，努力做到思路清晰，目标明确，内容合理，重难点突出，教法有针对性。

三、体育与健康课模拟教学的要求

（一）课前准备精心设计，准备充分

体育与健康课模拟教学是模仿实际教学，把完整课堂教学浓缩在10～15 min展现，因此，在设计模拟课前，授课教师需要精心备课。在设计模拟课前，一要注意本节课的结构是否符合教学规律，教学目标是否符合课程标准理念，教学过程是否有目标达成的手段和方法；二要对课的四个部分的课堂常规、准备活动及专门性、辅助性练习等学练赛活动做到心中有数，做好课程内容时间的合理分配；三要在上课前注意语言的运用、技术动作的示范面、重难点的确定、教学策略的选择、教法与学法能否贴合学生实际等，做好预设；四要做好授课教师的仪表、姿态、语言、动作等细节的准备，做到心中有学生。

（二）教学过程清晰明了，环环相扣

教学时必须遵循“开始部分—准备部分—基本部分—结束部分”的规律，做到由易到难，环环相扣，通过教学过程的设计能够做到激发学生的学练兴趣，突破教学的重难点，完成教学预设的目标。然后根据教学对象制定出本节课的教学目的、任务、要求、重难点、组织形式、练习手段、可能出现的错误和纠正方法等，通过合理而周密地组织教学，逐步突破本课的重点、难点，保证教学过程的流畅顺利，掌握本课的基本动作和基本技能。模拟教学课的群体运动密度不低于75%，个体运动密度不低于50%，学生的运动强度即整节课的平均心率应达到140～160次/min。

（三）语言表达简洁精练，巧用术语

体育与健康模拟上课是在没有学生的状态下进行的，教师要以语言表达为主，良好的讲解不仅展示体育教师的思维和语言表达能力，更体现了教师对教学重难点的理解分析能力，可以说，模拟上课时教师的讲解是最为关键的。因此，教师需要对模拟上课的语言进行精心设计与组织，用语言表述出精心设计的教学过程。在模拟上课时，教师的语言要做到精练、简洁，清晰且富有激情，把握节奏，注意抑扬顿挫，评价语言要及时、有效，多运用鼓励性语言。此外，体育与健康作为一个专业性很强的学科，在进行模拟上课时，教师要有意识地把所进行的教学内容或动作用体育术语表达出来，做到准确运用术语。

（四）动作示范标准到位，指导适度

良好的讲解和示范是上好一节体育与健康课的关键因素，示范更是展示体育教师教学基本功最重要的形式。因此，在进行模拟上课时，要安排好示范展示，不仅要做到示范动作正确无误，更要注意示范的方向性，确保示范一次成功。

（五）师生互动灵活多样，评价合理

在进行模拟上课时，教师在模拟上课中与学生的互动以及评价和总结是非常重要的。虽然模拟教学中大多属于无生教学，但是师生互动的内容不可少，要通过创设情境，也可自导自演，完成师生互动。此外，也要求教师做到评价及时，富有启发性和真实性，能够创设情境，模拟实际教学，评价出学生在真实学习中出现的种种问题和情况，及时给予教学评价。在总结时，执教教师可按照说课的形式，对教学内容和教学效果分别进行总结，自己教学设计的理念和处理重难点的方法也可穿插在总结里，评价和总结做到言简意赅，层次分明。

第三节　说课与模拟教学的设计案例

一、说课的案例

案例 6-3

足球“二过一”接射门组合练习（水平四）

（一）设计思路

本课坚持“健康第一”的教育理念，以发展学生核心素养为目标，以增进学生身心健康为目的，落实教会、勤练、常赛要求，注重“学—练—赛”一体化教学，注重课内与课外相结合，激发学生参与运动的兴趣，体验运动的魅力，引导学生树立终身体育意识，通过大单元教学设计，提高足球单元学习的系统性和完整性。

本课从准备活动开始即夯实学生基本技术基础，为战术学练和比赛做好准备。在基本部分，通过小场地练习减少排队等候时间，提高练习密度；通过分组比赛，提倡学生在真实的比赛情境下合理运用所学技术组合，同时渗透体育品德教育；通过不同难度的体能练习，满足不同身体条件学生的发展需求。在结束部分，关注学生自我评价和相互评价的能力，并通过布置家庭作业落实“课外锻炼一小时”的要求。整堂课设计遵循循序渐进、循序渐退的原则，合理把握运动量和运动强度，逐步提高学生技战术的运用能力。

（二）教材分析

足球运动是世界第一大运动，深受各国人民喜爱。足球大单元教学内容是水平四（八年级）专项运动技能中非常重要的内容之一，尤其受男生欢迎。本大单元内容包括足球运动的基础知识和基本原理、竞赛规则和裁判方法、不同脚部位的运球、有防守条件下的传接球、多元的技术组合、简单的战术配合等，并能够在比赛中合理地运用相关技术组合及战术配合。通过本单元学练，学生体能得到全面发展，安全意识、锻炼习惯、体育品德能够得到培养。

本课是足球单元36课时中的第21节课，本课内容既基于前面的技术基础，又为后面的学练内容打基础，在整个大单元中有着承上启下的作用。除对学生的运动能力起着重要作用外，又直接影响学生运动兴趣的培养和体育品德的形成。

（三）学情分析

本单元授课对象为八年级学生，共40人，正处于心理认知、技术运用、战术配合形成的关键阶段。在身体素质方面，他们已经具备一定的体能基础，但是男女差异较大、水平参差不齐；在心理发展方面，男生普遍对足球运动感兴趣，渴望展示与比赛，女生存在害羞、畏难的心理；在技术战术的发展方面，已经学习过足球相关技术，有一定的技术基础，但是仍处于泛化阶段，技术不稳定，战术配合意识较为欠缺。

《课程标准（2022）》大单元教学对水平四学生在技战术运用上提出了更高要求，因此，教师要引导学生将运控球、传射、配合三者有机结合，提高所学内容在比赛中的实战运用能力。同时，关注学生性别差异，通过分层的小组练习激发学生兴趣，引导学生主动参与足球运动，在练习和比赛中促进学生体育品德的养成。

（四）学习目标

1. 运动能力

理解足球二过一战术配合的意义与价值，初步掌握足球二过一战术配合的跑动路线与传球时机，能够在教学比赛中合理运用，全面发展体能。

2. 健康行为

逐渐养成参与足球运动的意识与习惯，能够将学习到的知识和技能运用到日常锻炼中，能够较好地适应比赛环境，有安全意识，在比赛中能够合理调控自己的情绪，不埋怨队友、不做粗野动作。

3. 体育品德

培养顽强拼搏、积极进取的意志品质和团结互助的集体主义精神，能够遵守比赛规则、尊重对手，胜不骄、败不馁，有正确的胜负观。

（五）教学重难点

教学重点：持球者的迅速前插和传球的准确性。

教学难点：同伴之间的默契配合。

（六）教学过程

1. 热身导入（7 min）

（1）课堂常规（2 min）。

①整理队伍、清点人数。

②师生问好、宣布本课学习内容与目标。

③安排见习生，安全提示。

（2）热身活动（5 min）。

①一般性热身：行进间运球。

②多种形式的动态拉伸。

③专项性热身：多种足球球性练习。

2. 结构化学练及比赛（20 min）

（1）学（2 min）。

①内容：示范足球二过一战术配合的动作技术，并讲解技术要领。

②组织形式：时间 2 min，成体操队形。③设计意图：通过讲解示范，学生形成正确的动作表象，对技术动作形成初步认识。

（2）练（8 min）。

练习一

①内容：无防守练习。

②组织形式：将场地分为 6 块小场地，2 人一组进行无防守条件下的二过一战术配合练习，练习时间 2 min。

③易犯错误：传接球不准确。

④纠正办法：强调传球的提前量及两人之间的默契配合，并通过反复练习提高传接球准确性。

练习二

①内容：有防守练习。

②组织形式：4 人一组，在小场地内进行 2 攻 2 防练习，前期可进行低强度防守，逐渐增加防守强度，练习时间 3 min。

③易犯错误：插入不及时。

④纠正办法：强调及时插入、摆脱对手，并逐渐增加防守强度反复练习。

练习三

①内容：二过一战术配合接射门组合练习。

②组织形式：4 人一组，在小场地内进行 2 攻 2 防练习，进攻方在完成一次二过一战术配合后进行射门，轮换攻防。

③易犯错误：在复杂对抗环境中运用技术组合的水平不稳定。

④纠正办法：强调二过一战术配合的重点、难点，防守强度由弱到强，让学生循序渐进，提高技战术组合的运用能力。

（3）4 vs 4 足球比赛（10 min）。

规则：将学生分为 5 组，8 人一组进行 4 vs 4 足球比赛，进攻队员必须组织至少一次二过一战术配合后才能进行射门，5 min 后进行胜负轮换比赛。

3．体能练习（10 min）

根据学生特点和本节课发展学生素质的要求，设置以下体能练习：

①交替撑球俯卧撑（女生可以选择跪姿俯卧撑）。

②坐位 8 字绕球。

③折返跑。

④持球蹲起跳（女生可以选择持球蹲起）。

每个练习 30 s，间隔 5 s 换下一个练习，循环 4 组。

4．结束部分（3 min）

①放松拉伸：根据循序渐退的原则，引导学生在音乐的伴奏下进行拉伸放松。

②总结评价：总结本课的教学内容，指导学生填写“体操达人”评价表，对自己本节课的学练进行客观评价。

③布置作业：观看一场世界杯足球比赛，认真观察运动员二过一战术配合的运用，跟家人或朋友踢一场小型足球比赛，在比赛中大胆运用二过一战术配合。

④回收器材：渗透劳动教育。

（七）教学效果预测与反思

（1）本节课预计群体运动密度为 75% ~ 80%，个体运动密度为 55% ~60%，平均心率为 150 ~ 155 次/min。

（2）场地器材：足球场 1 块，足球 41 个，标志桶若干。

（3）安全防范措施。

①课前检查场地、器材，了解学生健康状况。

②衣裤口袋中不放硬物，如眼镜、钥匙、发夹等。

③练习和比赛中注意抬头观察，保持安全距离，速度不要过快，避免碰撞。

（八）教学效果预测与反思

本节课遵循《课程标准（2022）》的课程理念，从课的设计到评价各个环节，始终以学生发展为中心，关注学生主体地位；以结构化知识与技能为主题，由易到难、由简至繁，设计完整的学习活动和不同的复杂的运动情境，提高学生技战术的实战运用能力。同时，本课落实立德树人根本任务，积极挖掘足球项目的“思政”元素，引导学生形成良好的体育品德。

（本案例由深圳市福永中学刘娓老师提供）

案例评析

说课稿贯彻落实了《课程标准（2022）》的精神和要求，符合新课程标准所倡导的坚持“健康第一”、落实“教会、勤练、常赛”的课程设计理念，保证学生学习和掌握结构化的基本运动技能和专项运动技能，注重“学—练—赛”一体化教学，采用结构化的教学方式，组织运动技能学练，没有单一技术教学，提高了学生对足球课的兴趣，效果良好，能帮助学生提高运动能力。

其值得借鉴和尚需改进完善之处主要有以下几点。

（一）值得借鉴之处

1．整体结构完整

说课稿对设计思路、教材分析、学情分析、学习目标、重点、难点和教学过程、教学效果预测与反思进行了详细的阐述。

2. 教学过程注重结构化技能的教学与“学—练—赛”一体化教学

说课稿中教学重视学生对基本动作技术和组合动作技术的学练，引导学生体验技术之间的有机联系。教学设计由易到难，循序渐进，遵循了学生身心发展规律；练习由无防守到有防守，到技战术的配合再到复杂环境的对抗比赛，遵循了运动技能形成规律。通过结构化技能的教学，激发了学生学练足球运动的兴趣和积极性，促进了学生加强动作技术之间的连贯和衔接，提高了学生对动作技术的理解和掌握程度；落实了新课程标准“教会、勤练、常赛”的课程理念，注重“学—练—赛”一体化教学，为学生提供了在实战中运用技术的机会，既能延续学生对足球比赛的兴趣和积极性，又能让学生在实际比赛过程中强化技术，提升实战能力，实现“教会、勤练、常赛”的教学要求。

3. 教学过程安排与教学意图清晰

说课稿中的教学中心内容，教学思路、课堂组织结构、课中练习的设计、队列队形的安排、每阶段的时间控制都非常清晰。

（二）尚需改进或完善的地方

1. 教材分析不全面

在教材分析中作者大单元教学意识较强，对足球项目进行了 36 课次的教学设计，包含基础知识、基本技能、技战术运用、一般体能和专项体能、展示或比赛、规则与裁判方法、观赏与评价等方面的内容，但直观性没有得到体现；还有就是对本次课在足球单元中的作用、运用情境、动作形成规律学练阶段和掌握本教学动作对学生的发展作用等方面分析欠缺。

2. 重难点的表述不准确、口语化

原稿中对重难点的表述不准确、口语化，建议改成：教学重点为控球队员传球的时机与准确性；教学难点为跑位队员合理的跑动时机与路线。

3. 场地器材的准备与安全防范措施顺序不准确

本课的场地器材的准备与安全防范措施放在教学效果预测与反思中，合理选择场地和器材的配备是教学过程的重要组成部分，是搞好课堂教学且服务于课堂教学的先决条件，建议放在教学过程前面。

4. 教学效果预测与反思不全

教学效果的预测与反思不要说客套话、大话，要从教学内容的练习强度和密度是否科学合理、学生对动作技能的掌握情况如何来判断，课后倾听学生感受，做到心中有数，有的放矢。

5. 部分内容不够严谨

在说课稿中第七点和第八点都是教学效果预测与反思。

案例 6－4

篮球传切配合战术（水平五）

模拟上课的内容是水平五高二年级篮球传切配合战术，篮球模块二第3次课，下面开始模拟上课。

（一）开始部分

1. 整理队伍，检查人数

（哨响）按分队马甲颜色，成八路纵队集合，前后一臂距离，向前对正。同学们好（鞠躬）！

2. 安排见习生、安全提示，宣布课的内容

同学们精神饱满，看到老师已经布置好的场地都跃跃欲试了，请别着急，在上课之前老师有小提示，大家除了身上不能有尖锐物品之外，在练习过程中还要避免冲撞以及避免打球时的危险动作，如有身体不适的同学到旁边观摩学习。

今天我们一起来学习篮球比赛中运用得较多的一个基本战术：传切战术。

（二）准备部分

1. 一般性热身

下面开始热身活动。同学们往这边看，老师在场地里随机分散地摆放

了标志盘，同学们在场地里面慢跑运球，当找到一个标志盘的时候，可以做一些变向的动作，比如，提前运球变向、胯下运球变向，现在开始你们的活动，红队1号的变向非常流畅，给你点赞。

2. 专项动态拉伸

（哨响）接下来跟着老师一起做一些动态拉伸：第一个是持球上举拉伸，第二个是开立手指左右拨球，第三个是手腕的拉伸。

3. 专项性热身

我们的专项性热身是两点运球、传球，两人一组面对面进行，一人运球到两标志中间时进行传球，传球后退回原标志点，另一人接球后运球回传，请继续你们的活动。白队1号队员不错，传得很准，非常好。

（三）基本部分

1. 学——探究性学习、教师讲解示范

（哨响）热完身，现在就跟着老师一起探索本节课的内容，场地上老师给每个小组都准备了一个挂图，挂图上面有本节课与上节课的内容，大家带着两个问题进行自主探究学习，第一是这个战术在什么情况下进行运用，第二是在做传球的时候要注意什么。现在小组长带领大家用2 min的时间，开始自主探究学习。这边看完挂图的同学可以两人一组尝试着练习一下挂图中的内容。

（哨响）有没有同学告诉老师，第一个问题的答案是什么？红队2号说得很好，这个组合技术主要就是运用在进攻时，在前场的三分线附近使用得较多，进攻队员在三分线附近持球组织进攻，传球给策应的队友，等队友接球后摆脱防守，向篮底下切入，并伸手示意要球，接球后上篮得分或者传球（边板书边讲）。第二个问题有没有同学来回答？蓝队3号说得很准确，传球后要观察防守队员以便摆脱，等队友接到球之后才能进行切入要球。那么接下来的练习就与第二个问题有关。

2. 练——循序渐进

第一个练习是固定障碍路线，两人一组，用固定障碍练习战术进攻路线及配合时机，一人传球，一人接球，传球的人待队友接球后，摆脱障碍物，进行切入并接球，传球的人注意传球的位置，口诀是“不接不跑，球领人走”，3 min的时间，每个人完成20次以上。

（哨响）经过这个练习，同学们都基本掌握传与切的时机和技术，接下来要提高练习难度，现在进行练习二，增加防守近实战。四人一组，进行实战模拟练习，两人进攻两人防守，轮换进行练习，4 min 的时间，每人完成 15 次以上，小组长带领组员进行练习，还不清楚的看挂图。黄队的 4 号注意摆脱切入的时机，继续加油，绿队 4 号接球运球切入非常快，非常不错。

3. 赛——学以致用

（哨响）经过练习，同学们基本掌握了传切战术，现在大家就把它运用到实践中去，下面本赛季的第三场“五对五”的比赛，在正常比赛规则基础上增加一点，如果出现本节课的战术形成的得分，可得双倍分，同学们要大胆地去尝试。10 min 的比赛，到 5 min 时，交换队伍比赛。现在开始你们的比赛。红队 5 号传球、摆脱接球、上篮得分，恭喜得 4 分。（哨响）5 min 到，这边两个场地胜对胜负对负，这边两个场地也一样，比赛继续。这边蓝队 5 号也传球、接球，可惜没有上篮机会，突破分球也是个不错的选择，继续加油。（哨响）比赛结束。

恭喜红队和蓝队获得最后的胜利，掌声送给他们，这节课两边场地都已经分出一二三四名，下节课进行交叉淘汰赛。

4. 体能发展

想要赢得比赛，光有技术还不够，体能也是必不可少的，下面跟着老师一起来做体能练习。第一个动作防守侧滑步：男生完成 25 次、女生完成 20 次以上；第二个动作蜘蛛爬行：男生爬 8 米、女生爬 6 米以上；第三个动作垫步转髋：男生完成 25 次、女生完成 20 次以上；第四个动作（跪姿）击掌俯卧撑：男生完成 15 次、女生完成 12 次以上。以上四个动作循环两次。开始。这位同学做击掌俯卧撑的时候要注意身体成平板状态，对的，加油。这位同学做垫步转髋的动作非常迅速而且动作很标准，给你点赞。

（四）结束部分

1. 拉伸放松

（哨响）体能练习结束，现在跟着老师随着音乐做拉伸放松，迈出左脚成弓步，右手撑地，左手曲肘下压，旋转身体打开，双手撑地，重心向后，拉伸腿部后侧。

2. 总结评价、布置作业、回收器材、宣布下课

（哨响）本节课同学们表现都很好，基本能掌握这个战术，有部分同

学运用出来了，部分同学还需要加强练习，同学们可以相互评价，自己也进行自我评价与总结，这样能帮助大家取长补短，课后利用一小时的时间根据自己的实际情况勤加练习或者观看比赛视频，下节课希望看到你们的进步。这节课就上到这里，值日生与老师回收器材。下课，同学们再见。

模拟上课到此结束，谢谢。

（本案例由深圳市光明区光明中学陈俊达老师提供）

案例评析

模拟教学设计稿贯彻落实了《课程标准（2022）》的精神和要求，符合新课程标准所倡导的坚持“健康第一”、落实“教会、勤练、常赛”的课程设计理念，保证学生学习和掌握结构化的基本运动技能和专项运动技能，注重“学—练—赛”一体化教学，采用结构化的教学方式，组织运动技能学练，没有单一技术教学，提高了学生对篮球课的兴趣，效果良好，能帮助学生提高运动能力。

其值得借鉴和尚需改进完善之处主要有以下几点。

（一）值得借鉴之处

1. 结构完整清晰明了，环环相扣

模拟上课教学设计遵循“开始部分—准备部分—基本部分—结束部分”的规律，做到由易到难，环环相扣，通过教学过程的设计激发学生的学练兴趣，突破教学的重难点，完成教学预设的目标。

2. 热身设计科学合理

模拟上课教学设计结合篮球运动项目由慢到快、循序渐进地进行针对性强的一般性热身和专项热身活动，为基本部分的运动技能和体能学练做好身心方面的准备。

3. 教学过程设计注重结构化技能的教学与“学—练—赛”一体化教学

模拟上课教学设计中教学重视学生对基本动作技术和组合动作技术的

学练，教学设计由易到难，循序渐进，遵循了学生身心发展规律；练习由两人一组的固定障碍练习到4人一组的有防守的模拟实战练习，再到复杂环境的对抗比赛，最后进行男女分组的体能练习，遵循了运动技能形成规律。通过结构化技能的教学，激发了学生学练篮球运动的兴趣和积极性，促进了学生加强动作技术之间的连贯和衔接，提高了学生对动作技术的理解和掌握程度；落实了新课标“教会、勤练、常赛”的课程理念，注重“学—练—赛”一体化教学。为学生提供了在实战中运用技术的机会，既能保护学生对篮球比赛的兴趣和积极性，又能让学生在实际比赛过程中强化技术，提升实战能力，实现“教会、勤练、常赛”的教学要求。

（二）尚需改进或完善的地方

1. 开始部分表述不完整

模拟上课教学设计教师对教学常规、本次课的教学任务，安排见习生及安全教育方面进行了要求和安排，但在最重要的学习目标、教学内容及学习要求方面没有对学生进行简单的交代。使学生对本次课不能有一个大概的了解，从而不能高效地配合教学过程。

2. 教学过程（基本部分）虚拟教学过程不突出

教师在基本部分对教学过程的阐述没有虚拟教学过程，对教学内容的讲解、示范、教法学法指导、纠错、评价等教学过程体现不足（说课、模拟上课两者区别不开）。没有根据教学内容和教学重难点预测学生在学练过程中可能出现的错误动作，并且没能够分析产生错误的原因，而后让学生改进，模拟课堂不真实。

3. 师生互动灵活多样性不足，评价不合理

模拟上课教学设计中教师对师生的互动设计大部分环节没有，比赛环节的互动也是解说式，教师参与课堂的画面感不存在。教师在模拟上课中与学生的互动以及评价和总结是非常重要的，虽然模拟教学大多属于无生教学，但是师生互动的内容不可少，要通过创设情境或自导自演，完成师生互动。此外，也要求教师做到评价及时，富有启发性和真实性，能够创设情境，模拟实际教学，评价出学生在真实学习中出现的种种问题和情

况，及时给予教学评价。

复习与体验

1. 及时梳理对体育与健康课的说课、模拟教学概念的理解，了解掌握说课和模拟教学技能的意义。

2. 能够理解并说出体育与健康课的模拟教学、实践课、说课三者的区别，了解说课和模拟教学各自的侧重点。

3. 结合自身情况，尝试选择一节体育与健康课的教学内容，与同学们进行体育与健康课程说课和模拟教学的练习。

拓展阅读文献

[1] 汪婷. 北京地区高等体育院校开展“说课”活动现状研究[D]. 北京：首都体育学院，2017.

[2] 李长占. 体育说课理论与实践探索[D]. 曲阜：曲阜师范大学，2011.

[3] 于素梅. 谈“说课中的不良现象”[J]. 体育教学，2016，36(2)：11－13.

[4] 李志勇. 体育说课需做到“新”与“实”[J]. 中国学校体育，2022，41(5)：78－79.

[5] 汤祥. 例析体育说课的六点策略[J]. 中国学校体育，2014(6)：41－42.

[6] 赵志荣. 体育课程说课的多元定位[J]. 体育学刊，2012，19(5)：102－103.

[7] 王南童. 说课纳入学校体育学教材体系的研究[J]. 体育学刊，2010，17(8)：60－63.

[8] 盛昌繁. 新课程理念下的“体育说课”及其策略[J]. 当代教育科学，2006(5)：62－63.

[9] 党玮玺. 我国体育说课研究综述[J]. 上海教育科研，2012，(2)：83－86，52.

第七章 体育与健康教学设计

本章导学

教学设计是教学过程三个步骤“设计—实施—评价”的第一个环节。本章聚焦学习者教学设计规范化撰写及实施能力发展需要，援引教学设计规范化撰写及实施能力发展教学实践的刚性要求，帮助学习者了解教学设计对教学实践的支撑作用。依据《普通高中体育与健康课程标准（2017年版2020年修订）》《课程标准（2022）》，落实“教会、勤练、常赛”要求，注重“学—练—赛”一体化教学，加强课程内容整体设计，注重教学方式改革等课程理念，全面介绍了体育与健康教学设计的整体结构、环节要素、撰写方法、实践策略。

学习目标

1. 全面把握体育与健康课程教学的时代要求，准确理解教学设计的含义，明确教学设计在课程教学实践中的重要作用。

2. 系统学习教学设计的理论，了解体育与健康教学设计的结构，聚焦教师授导行为与学生学练行为的协调统一，形成系统的教学设计撰写技能与实施思维。

3. 掌握教学设计的技巧，能够依据校情、学情来撰写结构、要素完整，具有时代性、科学性、创新性、实践性并融合思政教育的中小学体育与健康教学设计。

教学设计是实施课程教学的重要组成部分和必备关键环节。2019 年《中共中央　国务院关于深化教育教学改革全面提高义务教育质量的意见》提出：实施学校体育固本行动，优化教学方式，坚持教学相长，注重启发式、互动式、探究式教学。2019 年《教育部关于加强和改进新时代基础教育教研工作的意见》提出：改进教育教学工作，形成在课程目标引领下的“备—教—学—评”一体化的教学格局，强化校本教研，立足学校实际，以实施新课程新教材、探索新方法新技术、提高教师专业能力为重点，着力增强教学设计的整体性、系统化，不断提高基于课程标准的教学水平。2020 年中共中央办公厅、国务院办公厅印发的《关于全面加强和改进新时代学校体育工作的意见》提出：逐步完善“健康知识 + 基本运动技能 + 专项运动技能”的学校体育教学模式，促进信息技术与教育教学融合应用。系列政策文件的出台，进一步明晰了体育与健康教学设计的时代要求和根本遵循。通过本章内容的学习，将有助于学习者系统全面掌握教学设计的理论、设计方法、实践策略，为体育与健康教师履行教书育人职责，高质量设计教学提供帮助。

第一节　体育与健康教学设计概述

一、体育与健康教学设计的含义

（一）教学设计

1．教学设计的概念

教学设计是为了提高教学效率和教学质量，使学生在单位时间内能够学到更多的知识，更大幅度地提高学生各方面的能力，从而使学生获得良好的发展。美国教育心理学家罗伯特·加涅（Robert Mills Gagne）曾在《教学设计的原理》一书中提出，教学设计是一个系统化规划教学系统的过程。教学系统本身是对资源和程序做出有利于学习的安排。任何组织机构，如果其目的旨在开发人的才能均可以被包括在教学系统中。梅里尔（M. R. Merrill）等人在新近发表的《教学设计新宣言》一文中对教学设计所做的新界定值得引起人们的重视。他认为："教学是一门科学，而教学设计是建立在这一科学基础上的技术，因而教学设计也可以被认为是科学型的技术"。美国学者肯普给教学设计下的定义是："教学设计是运用系统方法分析研究教学过程中相互联系的各部分的问题和需求。在连续模式中确立解决它们的方法步骤，然后评价教学成果的系统计划过程"。综合以上，教学设计是教师根据学习目标和教学对象，在解决教学需要的基础上，以优化教学效果为目的，遵循教育教学的原则，运用系统、科学的教学手段规划教学系统的过程。

2．教学设计的作用

教学设计是教师确立教学活动意义的导向，是教师开展教学活动的提前设想，也是教师教学备课中的重要组成部分，更是教师有序开展教育教学的基础保障，具有系统性、程序性、可行性和反馈性。

（二）体育与健康教学设计

体育与健康教学设计以服务学生体育与健康核心素养持续进阶为根本目的，依据体育与健康课程标准，规划制订教学实践方案。

1．体育与健康教学设计的概念

体育与健康教学设计是以体育与健康课程标准为依据，根据学生的身心发展规律，及其身体素质基础、技能水平与学习需求，设计出适合学生学习的教学计划，包括学习目标、内容、方法、评价等。体育与健康教学设计旨在以进阶学生体育与健康核心素养为目的，是"教会—勤练—常赛"一体化实践方案，以运动技能学习和体能训练为教学主体，融合德育、智育、美育、劳动教育，是课程有效实施的保障性方案，是教与学行为表现的根本遵循。

2．体育与健康教学设计的作用

体育与健康教学设计是针对教学过程中各个环节教学活动的设计方案，是教师组织开展教学活动的蓝图。教学设计直接影响教学效果，好的教学设计有助于教师落实教学刚性要求，规范、创新教学，帮助学生全面发展，高质量完成教学任务，达成学习目标。

二、体育与健康教学设计的依据与原则

（一）体育与健康教学设计的依据

1. 体育与健康课程标准的基本理念

（1）义务教育阶段。

义务教育阶段坚持“健康第一”的教学理念，落实“教会、勤练、常赛”，加强课程内容整体设计，注重教学方式改革，重视综合性学习评价，关注学生个体差异等课程基本理念。

（2）普通高中阶段。

普通高中阶段落实立德树人根本任务和健康第一指导思想，促进学生健康与全面发展；尊重学生的学习需求，培养学生对运动的喜爱；改革课程内容与教学方式，提高学生的综合能力和优良品格；注重学生运动专长的培养，奠定学生终身体育的基础；建立多元学习评价体系，激励学生更好地学习和发展。

2. 学生身心发展特点和学习规律

体育与健康教学设计及教学实施应根据各水平段学生的年龄、性别、生长发育情况及运动技能水平、体能水平、健康行为习惯等具体学情因材施教。在高度关注对所有学生进行激励与指导的基础上，针对不同身体条件、运动基础和兴趣爱好的学生提出不同的学习目标，选择适宜的教学内容，采用多样的教学方法与学习评价方式，为学生创造公平的学习机会，促进每一位学生产生良好的学练体验，增强学习的自信心，在原有的基础上获得更好发展。在体育与健康教学设计及教学实施过程中应该遵循青少年身心发展的规律、人体生理机能活动能力变化规律、运动技能形成的规律、最近发展区规律。

3. 体育与健康教学内容

不同的教学内容对应不同的教学策略，对体育教师、体育场地器材的

要求也有所不同，因此进行教学设计时应充分把握教学内容的特点，使教学设计更具有针对性，从而体现科学性以及实效性。

义务教育阶段根据课程目标的四个水平，设计相应内容。针对水平一目标，专门设置基本运动技能的课程内容，为体能和专项运动技能学练奠定基础；针对水平二、水平三、水平四目标，分别设置体能和专项运动技能的课程内容；健康教育和跨学科主题学习贯穿整个义务教育阶段。

普通高中体育与健康课程内容包括必修必学和必修选学两个部分。必修必学是对全体学生学习体育与健康课程的共同要求，课程内容包括体能和健康教育；必修选学是满足学生形成运动爱好和专长以及个性发展的需要，课程内容包括球类运动、田径类运动、体操类运动、水上或冰雪类运动、武术与民族民间传统体育类运动和新兴体育类运动 6 个运动技能系列。每个运动技能系列由若干运动项目组成，如足球、跳远、健身健美操、蛙泳、防身术、花样跳绳等，每个运动项目由包含相对完整内容的 10 个模块组成，以便学生对所选模块进行较为系统的学练。

4. 体育与健康教师的教学能力

不同教龄的体育教师在其知识积淀、教学风格、教学经验、专业技能等方面存在着差异。因此，体育教学设计者应充分考虑体育教师的教学能力，进而使设计出的教学计划在体育教师的执教能力范围之内。

5. 体育与健康的教学资源

体育与健康教学资源是课堂教学活动的场所、器材、各种教学设施、班风、学风、师生人际关系等影响学生身心发展的一切外部条件的总称，包括条件性资源和素材性资源。体育与健康教学资源是贯穿于体育与健康课堂教学过程中，影响着教与学活动开展的各种主客观因素的总和。

（二）体育与健康教学设计的原则

1. 科学性原则

科学性原则是指体育与健康教学设计要在科学理论指导下契合实际科学合理地确定课堂学习目标、内容、步骤、方法。教学有法、但无定法、重在得法、贵在创法。因此，教学设计要符合学生的身心特点跟学生的接受能力，科学地设计教学过程，采取合理的教学方法。

2. 系统性原则

系统性原则是指在体育与健康教学设计的过程中，自始至终都要贯彻系统化的思想，使教学设计各个方面和环节成为有机的统一体。体育与健康教学活动是由教师、学生、场地器材、教学内容、教学方法等要素构成的具有体育与健康教学功能的整体系统。体育与健康教学设计要从整体的角度出发，对体育与健康课堂教学、课外体育活动中的基本要素，以及各要素之间的相互关系进行认真的分析研究，比较各种不同要素组合产生的效果，从而选择最优化的教学方案，取得最佳的教学效益。

小资料

在篮球教学过程中，"学练"方法和手段只是简单地满足某种技术需要，就不能够达到优化体育与健康课堂的目的，教师在不充分了解学生的体育基础和运动兴趣的前提下，主观上随意制订偏难的学习目标，不但大多数学生无法完成，同时也影响了教学效果。再比如，设计排球课的"学—练—赛"一体化教学时，必须要考虑场地器材的条件，特别是在乡镇农村学校，经济比较落后，场地器材配备不齐全，所以有些教学方法本身虽然说很好，如人手一球进行练习、分组对抗比赛等，但在没有场地器材的保证下这些方法是无法实施的。

3. 程序性原则

程序性原则是将教材内容按照逻辑顺序系统地加以编排，使之由浅入深、循序渐进的一种程序化的教学模式。程序教学将学习内容分解成很多小单元，两个小单元之间是前后连贯、知识相连的，推进的幅度是很小的。因此，学习起来难度相差较小，所以学习者容易成功，从而获得自我效能感。教学设计是一项系统工程，诸子系统的排列组合具有程序性特点，即诸子系统有序地成等级结构排列，且前一子系统制约、影响着后一子系统，而后一子系统依存并制约着前一子系统。根据体育与健康教学设计的程序性特点，教学设计中应体现出其程序的规定性及联系性，确保教学设计的科学性。

4. 可行性原则

可行性原则是指体育与健康教学设计的方案与实施是可以传播并应用于教学实践的，教学设计的目的就是架设起教学理论与教学实践的桥梁，如果教学设计难于付诸实践、过于抽象，那么这种教学设计就失去了其本身的意义。特别是在新时代体育与健康课程改革的背景下，以《〈体育与健康〉教学改革指导纲要（试行）》为代表的体育与健康教学指导文件要顺利地转化为教学实践，很大程度上依赖于教学设计的作用。因此，体育与健康教学设计的方案与实施必须是可行的、可实践操作的，这样才会使教师们更快、更好地开展体育与健康课堂教学及各类课外体育活动。

5. 反馈性原则

反馈性原则是指在教学过程中，教师和学生要从教学活动中及时地获得反馈信息，及时地调节和控制教学活动，提高教学效率。为了保证教学的实际成效和持续推进，应对学生的学习成效进行及时检测、诊断与评价。检测的结果就是反馈的信息。反馈就是诊断错误、解决问题、评价优劣，使学生始终对自己的学习保持清醒的认识，始终能在纠错的道路上前进。同时，检测的结果既是教师教的成果体现和进一步教学的参考，也是学生学习成效的体现和下一步学习的依据。反馈性原则的基本要求主要体现在三个方面：①师生要善于通过多种渠道，及时获得教与学的反馈信息；②师生要及时评价所获得的反馈信息，恰当地调节体育与健康教学活动；③要培养学生在体育锻炼中自我反馈调节能力，提高学生学习的主动性。

第二节　体育与健康教学设计的要素与结构

体育与健康教学设计涉及诸多因素，要从实现体育与健康教学目标的需要出发，对体育与健康教学过程中的各个要素进行全面的分析并有序规划，科学地制订全面而又系统的体育与健康教学策略，例如，制订科学的目标，选用合理的教材、场地器材和教学媒体，设计适当的教学内容，选用合适的教学模式、教学技术和教学手段、教学媒介，组织对应的学习集体，选用适当的评价方法，等等。体育与健康教学设计是实现体育与健康课程教学最优化的前提，是保证体育与健康教学质量的必备条件。一份完整的体育与健康教学设计通常由单元教学计划和课时教学计划两部分组成。单元教学计划要素包含指导思想、单元学习目标、课的内容与策略等要素；课时计划包含指导思想、教学对象、学习目标、学情分析、教材分析、教学策略、教学流程以及教学评价与反思等要素。

一、体育与健康教学设计的要素

体育与健康教学设计的基本要素包括：指导思想、学情分析、学习目标、教材分析、教学策略、教学资源、安全防范、教学流程、教学评价与反思，以及课后作业。

（一）指导思想

体育与健康教学设计的指导思想是教学设计的指南，是指导体育与健康教学设计的理论体系，是体育与健康教学的目标预设、内容结构、方法运用和评价设计的理论基础。新时代体育与健康教学设计须集中体现党的教育方针、教学依据、教学策略、目标达成等要素。

小资料

指导思想：全面贯彻新时代党的教育方针，以“立德树人”为根本，坚持“健康第一”的教育理念，遵循学生身心发展特点和体育与健康教学规律，依据《〈体育与健康〉教学改革指导纲要（试行）》和《普通高中体育与健康教学指导意见（2017 年版 2020 年修订）》《课程标准（2022）》，把握“教会、勤练、常赛”的要求和内涵，实施结构化教学，帮助学生在“学、练、赛”中进阶体育与健康核心素养。

（二）学情分析

学情分析主要分析学生身心发展状况、运动项目基础、运动能力水平、课前学习情况、课外锻炼情况和作业完成情况，即对学生的项目能力、体能状况、情绪意识、知识领域进行分析。学生是体育与健康教学过程中的主体，只有通过对学生的情况进行全面分析，了解学生的身体状况、学前程度、学习状态等，合理地选择教材内容、教学组织与形式，才能进行高效的体育与健康教学。学生体育学习能力参差不齐，这要求教师在教学过程中避免使用单一的教学手段，应及时根据学生对知识技能的掌握程度进行分层分类教学，避免能力强的学生得不到进一步提升，能力弱的学生又达不到学习目标，切实做到因材施教。同时，全面透彻的学情分析还有利于教师对学生学习后的学习效果进行对比分析，从而更好地检验教材内容、教学策略、教学实施的过程是否有效、可行，为体育与健康教学提供科学依据。

案例 7－1

初一篮球运传结合的综合练习

学生酷爱篮球运动，具有一定的运球、传球与投篮技术基础，甚至常常能做出高难度的动作，有一定的球感与技术动作感知能力，这对技术的提升与掌握具有积极推动作用。但是，由于七年级学生力量素质还处在快速增长期，体格还相对单薄，心理素质还不过硬，缺乏正规比赛的历练，在面对有积极防守压迫发生时，往往会出现掉球、脱手等失误现象，这对接下来的学练造成挫败感，影响对后续技术学练的积极性与信心。所以，教师在教学过程中除了让学生掌握过硬的基本技术，同时更要发展学生的各项身体素质，通过创设或模拟多种比赛情境，传授面对压迫防守时的处理球方式，形成正确的认识，通过融入实战，让学生设身处地地感受激烈的对抗压迫，达到提升学生心理抗压能力，不断提升对技术动作的灵活运用能力的目的。

（三）学习目标

学习目标是指预期学习的结果，是课程标准的水平（或年级）要求，是学习项目与核心内容，也是承载学科核心素养进阶发展及思政教育的要求，更是学生的学习基础和发展需求。科学合理的学习目标明确了学生各学段特点与发展需求，使体育与健康教学内容更加富有逻辑性、系统性和衔接性，是打造高质量体育与健康课堂的重要保障。

体育与健康学习目标以学生身心发展为中心，通过体育与健康教学实施提升学生的运动能力和心理适应能力，提高健康知识水平，是课堂教学的出发点和归宿。学习目标不仅是体育与健康教学的导向，更是评价教学成果的依据。体育教师根据课程标准的要求，正确理解“教会、勤练、常赛”的内涵与要求，形成常态化、规范化、系统化的教学组织模式。

学习目标的预设是教学设计的关键一环，预设是生成的前提，生成是预设的超越和发展，预设体现了制订学习目标的科学性、计划性和封闭性，生成则体现教学的动态性和开放性。在学习目标设计的过程中，要做到行为化、明了化、可测化。体育与健康课堂因其特有的学科特征，决定了教学过程是一个动态发展的过程。学习目标涵盖“知识和技能、目标过程和方法、情感态度与价值观”三维目标，以最终进阶学科核心素养“运动能力、健康行为、体育品德”为终极目标。

（四）教材分析

教材分析主要是对教学主体内容和教学渗透内容的分析，通过动作技术、动作技能和专项体能发展学生运动能力，并且促进心理能力建设。

1．教学主体内容

教学主体内容包括体能训练内容和技战术学习内容，发展学生的体能素质和技战术能力。

2．教学渗透内容

教学渗透内容贯穿教学全过程，包括课程思政、健康知识、心理教育和安全教育，共同体现德育、智育、美育和劳动教育，体现运动原理和运动科学之间的联系。

3. 学习内容

学习内容涵盖课程思政、健康教育、心理教育和安全教育等方面，是运动能力的主要体现，一般分为体能学练、基本运动技能和专项运动技能，三者相辅相成，共同服务于主体内容。教学内容的选择以发展学生运动能力的体能素质和技战术能力内容为主教材，配以心理能力、安全技能、健康行为和体育品德等协助性内容，组成结构化的课堂教学内容。准备活动和放松运动要为主教材的学习服务，新授内容要与前置内容、拓展性内容关联。根据学生的年龄特征，可分为5个水平，每个水平的学习内容如下：

——水平一：以发展学生的灵敏、协调、平衡、柔韧性的动作技术为主的内容，提高学生的感觉统合能力（大脑不同区域协作能力）。

——水平二：以简单的闭合性动作技术与2～4个动作的串联教学为主要内容，帮助学生学会、掌握力所能及的运动技能（肌肉自我控制能力）。

——水平三：以相对复杂的闭合性动作技术和基本的开放性运动技能为主要内容，提高学生的应对能力（肌肉自主调整应对能力）。

——水平四：以闭合性运动技能的运用和开放性运动技能综合运用（情景与情境相结合）为主要内容，发展相互配合与协作能力（环境判断与调整能力）。

——水平五：以应对情景或情境运用技术、战术的能力为主要内容，发展心理与实战能力（综合能力）。

体育与健康教学是以“目标统领内容”为课程设计导向。根据不同的课程目标、不同阶段学生的身体发育规律合理选择相应的运动项目作为教学内容，并组织体育与健康教师进行探讨研究，由此实现从“单一片面”到“结构统合”、从“本位教育”到“学科融合”、从“以教定学”到“以学定教”的教学观念转化，并设置健康发展、基本素养和专项技能统一发展的教学任务。体育教师在进行教材分析时，要思考教什么、为什么教，通过这样的教学，发展了学生哪方面的知识技能、对学生的发展有什么好处、最终让体育与健康教学取得了怎样的成果等。这就要求体育教师在进行教材分析时要吃透教材，梳理出教材重难点，从教材中汲取当下最有利于学生发展的内容，从而提高教学质量。

（五）教学策略

教学策略是指在不同的教学条件下，为达到教学结构所采用的方式、方法、媒体的总和。根据教学对象、教材内容，教师可采取恰当的教学策略进行设计。《课程标准（2022）》要求：要把握坚持创新导向的原则，落实教学方式改革的理念，突出学生主体地位，引导学生自主学习、合作学习、探究学习。例如，小学中低年级可采用情境式教学策略，高年级和中学宜多采用探究式教学策略。教师在教学中及时根据情境的变化（如学生状态、偶发事件等）及时调整教学策略，落实“学—练—赛”一体化教学。

教学方法包括教师教的方法（授导方法）和学生学的方法（学习方法）两大方面，是教授方法与学习方法的统一。在体育与健康学科中教学方法是指教师通过授导行为帮助学生进行学练行为的方法。教学方法实施过程中，要落实以知识与技能为本转向以学生发展为本的理念，围绕“教会、勤练、常赛”展开教学，并在此过程中培养学生自主体验、创新探究和团队合作的精神。在教学形式方面，水平一、水平二以游戏、情境体验为主，教师集中授导为辅，水平三以针对性地创设活动情境，进行结构化教学为主，水平四为教师进行运动项目结构化教学，在教学中进行动作示范和重难点讲解，其中以学生开展自主学习、自主合作探究学练为主，所有的教学方法、手段等策略都以掌握体育与健康知识、基本运动技能、专项运动技能的学习及发展体能为主要目的。

（六）教学资源

体育与健康课堂教学资源包括场地、器材、教学设备与环境等因素。体育与健康教学场地器材关系体育与健康教学的开展，在设计时要进行教学场地的预设，如场地的面积、器材的种类和数量以及器材的合理摆放等。在教学设计中，要注意结合器械的特点，禁止有安全隐患的器械进入教学场地，器械的摆放不能影响教学流程，并提升对器械的使用率。

体育与健康教学环境受物理环境和社会文化心理两方面影响。其中，物理环境包括场地设施状况、自然天气影响和时空条件限制等，社会文化心理包括班风班纪、课堂氛围、情感环境和师生关系等。教师要在自然环境中选择并创设适合教学的环境。

（七）安全防范

安全是人生存和发展最基本、最重要的前提，也是一切活动的基础和前提。体育与健康课堂教学的动态性，决定了课堂教学存在着许多不稳定的因素，如果在教学中师生稍微不注意就会产生安全事故。

安全防范分为固态防范和动态防范，固态防范对象主要是场地器材等直观检查可预防的；动态防范对象则是因学生的活动状态而发生不可预知的安全隐患。

（八）教学流程

教学流程是教学活动从开始到结束的过程及步骤，是体育与健康教学实施的具体表现，由准备部分、基本部分和结束部分三部分组成，各部分内容层层递进，环环相扣，缺一不可。此外在教学流程案例中还应有运动负荷监测数据（练习密度和运动强度）以及课后反思。

1. 准备部分

准备部分包括教学常规要求、明确学习目标和布置学习任务、队列操练；结合一般体能、专项体能和专项运动技能进行导入学习。

2. 基本部分

基本部分包含体验式学习、改进提高、专项体能、动作技能或运动技能或比赛等环节。

3. 结束部分

结束部分包括整理器材、放松运动、评价小结、布置课外作业、下课、回收器材等。

（九）教学评价与教学反思

体育与健康教学设计中的教学评价的设计主要是指学生学习评价的设计及教师课后的教学反思两个方面。

1. 学生的学习评价

学生的学习评价主要是学习过程评价和学业质量评价，即通过“学会、勤练、常赛”学习过程，进阶发展自身的运动能力、健康行为和体育品德，主要体现学生课内外的学习态度与表现，课堂学习成效，以及学生的健康行为表现。课堂学习评价与反馈要及时、具体。

2. 教学反思

教学反思是一种教师用来提高自身的业务，改进教学实践的学习方式，通过不断对自己的教育实践进行深入反思，积极探索与解决课堂教学中的一系列问题，从而进一步充实自己，提高教学水平。教师课后应自觉地对课堂教学实践进行全面而深入的冷静思考和总结，及时撰写教学反思。

（十）课后作业

课外作业是课堂教学的延伸，是学生巩固、完善、提升在课内学到的知识、技能的重要渠道；具有充实课外锻炼的内容，丰富“学、练、赛”的方式方法和为下次课做好铺垫的作用。

——课后作业所布置的内容要与课堂教学、《国家学生体质健康标准》、国家义务教育体育与健康质量监测、学业水平考试、体育艺术“2+1”技能标准和生活相衔接、相结合，以基本的体能、技能为主要内容。每天的作业及户外活动时间不少于1小时。

——课后作业的获取资源渠道要线上与线下相结合。线上主要通过观看微课、体育赛事，查阅资料等获取，线下主要通过同学、教师、家人、好友等获取。

课后作业的校内完成渠道以大课间体育活动、课外体育活动、课余体育训练和竞赛为主，同时在课间 10 min 远眺放松的时间中适当安排灵敏性、柔韧性练习内容；在校外，以参与居家、社区、社会团体（俱乐部）等锻炼或活动为渠道。

二、体育与健康教学设计的结构

教学设计结构的特点是体育与健康教学设计与教学实践相适应，以学科核心素养统领目标、内容、方法、评价，即学习目标、学习内容、教学方法、学习评价都紧密围绕学科核心素养来设计和构建。

（一）结构化教学的概念

结构化教学指的是从优化教材结构和通盘设计着手，宏观审视一个教材完整的贯穿过程，发现教材之间、教学之间相互关联和互为补充的内在关系，它强调认识运动技能项目之间的内在关系，厘清运动技术间的逻辑关系，是将单一的知识技能体系前后连接，并以两个或以上的内容组合学练方式予以呈现，引导学生获得完整技术动作参与体育活动展示和比赛的教学方法。

由于运动技术相互之间具有由简单到复杂、由易到难的递进关系，组织结构化教学的过程中，需要教师根据真实的体育运动、健康生活等有机组织体育与健康知识点、技能点，进行层次分明、相互联系、相互作用的教学指导，帮助学生建立对体育锻炼、健康生活的整体认知，解决体育与健康的实际问题，提高学生的实践运用能力。同时，创设比赛情境，指导学生在实战中运用知识和技能去解决所面对的一系列问题。

（二）结构化教学的特征

结构化教学基于学生技能与身心发展规律，从易到难、由简到繁、循序渐进让学生精细化掌握运动技术，具有指向性、整体性、层次性等特征。

1．指向性

结构化教学明确指向发展学生在复杂情境中综合运用知识与技能的能力，课程学习目标统筹情境创设的导向，所以要创设多元的情境以赋予学生在复杂情境中学习的机会。

2．整体性

结构化教学的构建是通过基于整体的教学目标、教学环境、教学对象等要素的深入分析，并紧密围绕着具体的教学内容为抓手，进而归纳出相应项目技术的结构特点和内在逻辑关系，成螺旋递进式地科学安排每课时教学内容和重难点。

3．层次性

结构化教学创设递进的情境、结构完整的教学环节和学练内容，体现教学的层次性和递进性，将碎片化的知识与技能由点连线、由线成面、由面成块，编排顺序具有层次性，体现逐渐跃升的技能形成规律。

（三）结构化教学的实施

1．立足核心素养的教学目标结构化

基于核心素养的发展目标，分析学生的认知水平与元认知基础设计教学目标，将学生发展的“素养、能力”渗入主题、目标、评价、任务、活动、反馈、作业等，形成核心素养与教学情境嵌入的教学目标。

2．以情境为导向的教学内容结构化

构建以学练为基础、结构化的知识技能组合为核心、比赛活动为主线的教学体系。结合学生的基础水平、学习能力、应用能力、技战术的理解能力，在一定的体育活动、比赛情境中评价、观察、监测学生的体育学习表现，有利于学生在实践中学习理解如何运用技战术去达成比赛目标，进而促进运动技能的学习和提升。

3．项目技术动作的闭环结构化

基于技术动作学习与阶段性学习目标的辩证关系，结构化教学以相应层次的练习和竞赛的完成为阶段性目标，教师着重分析学生完成应用所需的基本技术动作，并按照动作发展的序列性和动作链的关联性，将这些内容安插到闭环的各个部分当中，最终回归到该阶段应用层面的目标，形成闭环结构。

4. 贯穿学期、年级、水平、学段的水平结构化

注重不同层级、不同时期学生运动水平序列的逐步进阶，根据不同时期技能教学的特征提炼出阶梯式的进阶体系。例如，对从趣味游戏到实战比赛、从尝试性到对抗性、从单一技术到组合技术、从渗透到运用战术、从简单情境到复杂情境、从轮换到固定角色位置等方面进行进阶区分，形成贯穿学期、年级、水平、学段的结构化阶梯水平体系。

（四）“学—练—赛”一体化教学整体课型的结构

《课程标准（2022）》提出了基于课程一体化视角下的学校体育课程“学—练—赛”一体化教学（如图 7－1 所示）的实施，以期建立一个聚焦体育与健康学科核心素养内在统一、纵向衔接、横向一致、灵活多样、内外联动的学校体育与健康课程实施体系，帮助学生在玩中学，掌握体育运动技术要点，以学激趣学中练，延伸技术组合，以练促学、以赛促练实现运动能力的提升和体能的提高。

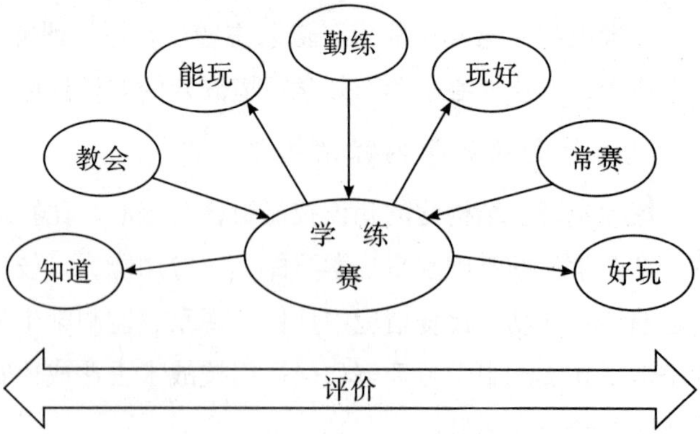

图 7－1 “学—练—赛”一体化教学导图

表 7－1　大单元（模块）教学“教会、勤练、常赛”课时表

大单元教学（模块）18 节			
知道	能玩	玩好	好玩
教会＋勤练＋常赛	教会＋勤练＋常赛	教会＋勤练＋常赛	教会—常赛—勤练
4±	4±	4±	6
泛化	泛化→分化	分化→巩固	巩固→自动化
动作技能	→运动技能	→运动能力	→运动能力＋

说明：针对不同单元（模块），教会、勤练、常赛在单元设计中课时的占比均有不同。例如，在起始单元课程，教会占据 6～8 课时，勤练和常赛可能占据 4～6 课时；如是第二单元课程，勤练和常赛可以占据 6～8 课时，学练好的情况下，甚至可占更多课时。

（五）“学—练—赛”一体化教学分步课型的结构

大单元教学设计是落实“学—练—赛”一体化教学，让所有学生都有机会参与班级内教学比赛，在比赛中提升运动能力、体育品德、健康行为的有效手段。

1. 基本结构

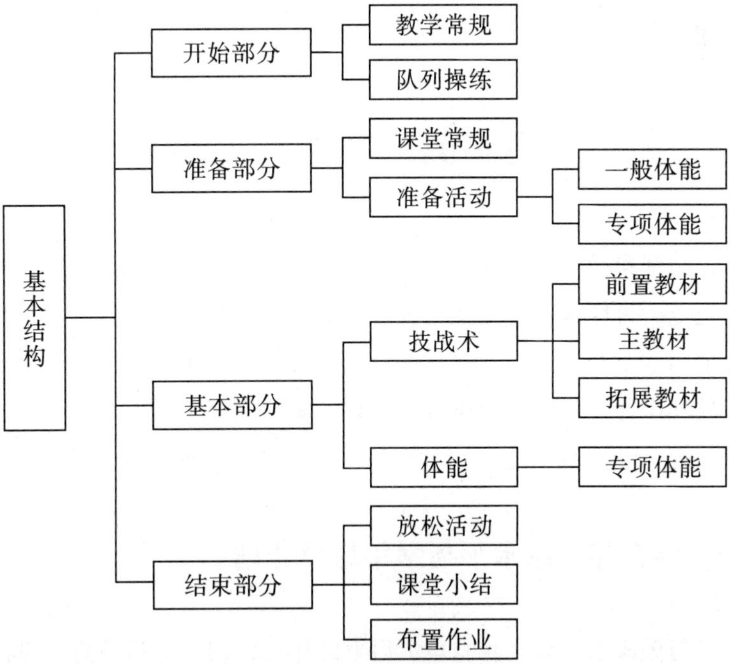

图 7－2　“学—练—赛”一体化教学分步课型基本结构

2. 分步课型

表 7-2 “学—练—赛”一体化教学分步课型

课型	基本要求	目的
学（主体）+练+赛	以动作技能的学练为主体，根据新学项目难易程度及学生的基础水平设计 3~5 节课的教学	知道
学+练（主体）+赛	以动作技能结构化学练为主体，根据前期以教会为目的，3~5 节课学生达到会玩、能玩的要求，继续在大单元教学中设计 4~6 节课的各种方法、形式的组合练习和多轮次的学练循环	能玩
学+练+赛（主体）	以动作技能在情景（境）中的应用为主体，帮助学生学会比赛	玩好
学—赛（主体）—练	以比赛为主体，通过设计组织 6 节课的教学比赛或分组轮换比赛，让学生学会组织比赛、实施比赛、宣传比赛，以赛促练、以练促学提高运动能力	好玩

第三节　体育与健康教学计划的类型

体育与健康教学计划的编写是对教学的整体规划，要根据教学目标，科学、规范、有序地安排体育与健康教学所开展的时间、内容、要求，如学段、学年、学期、模块（高中）、单元和课时的教学，进行各方面的最优化研究和设计。体育与健康教学计划的类型主要包括水平教学计划、学年教学计划、学期教学计划、单元（模块）教学计划和课时教学计划。

一、体育与健康水平与学年教学计划

体育与健康水平计划具有承上启下的作用，向上对接体育与健康课程标准，向下对接学年教学计划，通常由 2～3 个学年计划构成。体育与健康学年教学计划是根据水平教学计划、学校学年度工作安排、师资队伍、教学资源、课时安排、时间天气等，对体育与健康教学、活动、比赛等方面学年教学的整体安排，是体育与健康教师进行教学活动的依据和导向。

表 7－3　七、八、九年级（水平四）学年教学计划示例

单位：课时

课程内容	教学内容			七年级		八年级		九年级	
				秋季	春季	秋季	春季	秋季	春季
专项运动技能	球类	足球	根据学校的条件每学期（或学年）任选一种	12～18	12～18	12～18	12～18	12～18	12～18
		篮球							
		排球							
		手球							
		乒乓球							
		羽毛球							
		在体育比赛时能与同伴合理分配角色		在各项体育活动中进行安排					
		指出体育活动中不道德行为		在各项体育活动中进行安排					
	体操类	单杠		6～9		6～9		6～9	
		技巧							
		双杠			6～9		6～9		4～9
		支撑跳跃							
		艺术性体操			6～9		6～9		4～9
	武术或其他民族民间传统运动项目			6～9		6～9		6～9	
	简单评价媒体的体育与健康信息			结合重大比赛进行安排					

续上表

课程内容	教学内容		七年级		八年级		九年级	
			秋季	春季	秋季	春季	秋季	春季
专项运动技能	田径	跑						
		跳跃	6 ~ 9	6 ~ 9	6 ~ 9	6 ~ 9	6 ~ 9	6 ~ 9
		投掷						
		安全地进行体育活动	随各项实践课教学安排					
		获取野外活动的基本技能	由学校统一进行安排					
体能	发展位移速度			2 ~ 4		2 ~ 4		1 ~ 2
	发展有氧耐力		2 ~ 4		2 ~ 4		1 ~ 2	
	发展反应速度和灵敏		结合跑、球类教学进行安排					
	发展力量						1 ~ 2	1 ~ 2
	发展柔韧		结合体操、武术教学安排					
	了解体能训练中注意的问题		随各项实践课教学安排					
健康教育	心理健康	肌肉放松法	随各项实践课教学安排					
		自我暗示法	随各项放松活动安排					
		呼吸调节法	随有关的放松活动安排					
		通过体育活动树立自尊和自信	在体育活动中应使学生获得成功感和自信心					
	健康行为	自觉参加体育与健康课的学习	随体育课的学习进行检查					
		积极参与课外的各种体育活动	随课外体育活动课进行检查					
		知道合理安排锻炼时间的意义和方法	在体育实践课中进行讲解					

续上表

课程内容	教学内容	七年级		八年级		九年级	
		秋季	春季	秋季	春季	秋季	春季
跨学科主体学习	各校根据情况自选	3 ~ 4	3 ~ 4	3 ~ 4	3 ~ 4	3 ~ 4	2 ~ 3
机动		4	4	4	4	4	4
合计		48	48	48	48	48	40

二、体育与健康学期教学计划

学期教学计划是以学期为单位时间进行的体育与健康教学计划设计，以水平和学年教学计划为指引，结合学校体育资源，以学生发展作为出发点，科学选取课程教学内容、教学重点和教学要求，学期教学计划是体育与健康教师有序高效开展教学工作的重要依据。

课程标准中关于教学实施的建议提到：大单元教学是指对某个运动项目或项目组合进行 18 课时及以上相对系统和完整的教学。其主要包括体能素质、技战术能力和心理能力三方面。体育与健康教师要加强课内外的有机结合，促进学生通过较长时间进行连续学习，从而熟悉巩固项目的练习，最终掌握所学的运动技能，体现体育的育人功能。

表7-4　××学年××学期七年级课程设置（大单元教学）

周次	单元		课时	教学内容
一			1	新学期体育与健康课课堂规范及健康教育宣教
	足球单元1	教会	2	足球：熟悉球性；颠球技术 + 协调性
	足球单元1	教会	3	足球：控球技术 + 灵敏素质
二	足球单元1	教会	4	足球：运球技术1 + 下肢力量
	足球单元1	教会	5	足球：运球技术2 + 上肢力量
	足球单元1	勤练	6	足球：传球技术1 + 腰腹力量
三	足球单元1	勤练	7	足球：传球技术2 + 下肢力量
	足球单元1	勤练	8	足球：停球技术1 + 核心力量
	足球单元1	勤练	9	足球：停球技术2 + 下肢力量
四	足球单元1	勤练	10	足球：传球与接应 + 灵敏素质
	足球单元1	勤练	11	足球：运球突破传接 + 下肢力量
	足球单元1	勤练	12	足球：运球突破射门 + 核心力量
五	足球单元1	勤练	13	足球：传控射技术组合 + 核心力量
	足球单元1	常赛	14	足球：二过一战术 + 专项体能
	足球单元1	常赛	15	足球：二过一战术 + 专项体能
六	足球单元1	常赛	16	足球：角球技战术 + 防守战术 + 专项体能
	足球单元1	常赛	17	足球：全攻全守战术 + 专项体能
	足球单元1	常赛	18	足球：5 pk 5、6 pk 6、7 pk 7 比赛 + 专项体能
七	足球单元1	常赛	19	足球：5 pk 5、6 pk 6、7 pk 7 比赛 + 专项体能
	田径单元1	教会	20	田径：跳跃类技术——各种形式、各个方向跨步跳； 专项体能：提踵、上下蹲、原地后踢腿
	田径单元1	教会	21	田径：跳跃类技术——立定三级跳； 专项体能：提踵、高抬腿、上肢力量
八	田径单元1	勤练	22	田径：跳跃类技术——双脚起跳后跨越不同障碍物； 专项体能：蹲跳、收膝跳、原地单脚跳

续上表

周次	单元		课时	教学内容
八	田径单元1	勤练	23	田径：跳跃类技术——助跑单脚跳起触悬挂物； 专项体能：蹲跳、原地高抬腿、原地单脚跳
			24	田径：跳跃类技术——助跑＋起跳＋快速跑； 专项体能：提踵、收膝跳、上肢力量
九			25	田径：跳跃类技术——三级跳； 专项体能：提踵、收膝跳、原地高抬腿
		常赛	26	田径：跳跃类技术——助跑后单脚起跳摸高比赛
			27	田径：跳跃类技术——连续跳过障碍物比赛
十			28	田径：跳跃类技术——上步（三步）三级跳、三级跳远比赛
			29	健康教育课
	篮球单元1	教会	30	篮球：学习行进间双手胸前传接球
十一			31	篮球：复习行进间双手胸前传球
			32	篮球：复习行进间双手胸前传球
			33	篮球：多种形式的双手胸前传接球
十二			34	篮球：四角跑动传接球
			35	篮球：学习变向运球
		勤练	36	篮球：体前变向换手运球
十三			37	篮球：变向运球＋传球
			38	篮球：学习运球急停跳投技术
			39	篮球：学习行进间低手上篮
十四			40	篮球：接球后行进间低手上篮
			41	篮球：运球、传球与跳投的综合运用
		常赛	42	篮球：个人进攻技术能力＋积极防守下技术运用

续上表

周次	单元		课时	教学内容
十五	篮球单元1	常赛	43	篮球：突分、传切战术配合 + 半场 5 pk 5 的战术演练 + 专项体能
			44	篮球：策应、掩护战术配合 + 半场 5 pk 5 的战术演练 + 专项体能
			45	篮球：人盯人战术 + 半场 5 pk 5 的战术演练 + 专项体能
十六			46	篮球：联防战术 + 半场同质分组、异质分组比赛 + 专项体能
			47	篮球：全场教学比赛 + 专项体能
			48	健康教育课
十七				考核、考评
十八				考核、考评
十九				机动
二十				机动

三、体育与健康单元（模块）教学计划

体育项目的种类丰富多样，根据动作对环境的依赖程度的不同可以分为闭合性操作技能与开放性操作技能。单元教学可以分为单一动作教学（闭合性运动技能项目）和多元动作教学（开放性运动技能项目）。不同的教学类别所需教学课时、教学手段和教学策略均不同，教学设计要综合各方因素，才能达到学习目标，进而发展学生的运动能力。

为了更好地让学生持续性、连贯性学习及掌握运动技战术，一个单元教学可以安排 18 节课。课时量的安排可根据水平阶段的不同而变，具体实施的周课次量也应做适当的调整，在聚焦教会、学会、勤练阶段，小学一、二年级为 3 周，三至六年级为 4 周，七至九年级为 4 周；高中一至三年级为 6 周。在聚焦勤练、常赛阶段，小学一、二年级为 1.5 周，三至六年级为 2 周，七至九年级为 2 周，高中一至三年级为 3 周（见表 7－5）。

表 7－5　××学年××学期七年级足球单元（模块）教学计划

周数	单元	方式	课时	技战术能力＋体能
6	足球	学（主）＋练＋赛	1～4	球性；发展控球能力内容；发展传球能力内容；发展射门得分能力内容；移动技能＋非移动技能；支撑技能学练的体能内容
		学＋练（主）＋赛	5～8	球性；强化动作技能；动作技能结构化学练；动作技能在情景中的应用；支撑技能应用的体能内容
		学＋练＋赛（主）	9～12	球性；运动技能在比赛情境中的应用；提高比赛阅读能力；学会比赛；支撑比赛的体能
		学—赛—练	13～18	提高运动技能的应用能力；强化比赛能力；支撑比赛的体能

说明：针对不同单元（模块），教会、勤练、常赛在单元设计中课时的占比均有不同。例如，在起始单元课程，教会占据 6～8 课时，勤练和常赛可能占据 4～6 课时；如是第二单元课程，勤练和常赛可以占据 6～8 课时，学练好的情况下，甚至可占更多课时。

案例 7－2

篮球单元（模块）教学计划

（水平＿四＿，＿八＿年级）

学校：＿＿×××小学＿＿，任课教师：＿＿×××＿＿

指导思想	以习近平新时代中国特色社会主义思想为引领，以《课程标准（2022）》为依据，落实“立德树人”的教育根本任务，坚持以“体能素质与运动技术相长”的教学主张，渗透体育品德与健康行为，培养体魄强健、人格健全和理想信念坚定的社会主义接班人

续上表

<table>
<tr><td colspan="3">单元学习目标</td></tr>
<tr><td>运动能力</td><td colspan="2">通过对篮球运、传、投和防守技术的学练，提高学生在完成这些技术时所需的力量、灵敏、协调等身体素质，并基本掌握这些技术</td></tr>
<tr><td>健康行为</td><td colspan="2">激发学生学习篮球技术的内驱力，提高学生的情绪调控能力</td></tr>
<tr><td>体育品德</td><td colspan="2">强化团结合作的意识，培养积极进取、勇于挑战的精神</td></tr>
<tr><td colspan="3">课的内容和方法</td></tr>
<tr><td>一般体能</td><td colspan="2">云梯脚步练习、俯卧撑、立卧撑、深蹲</td></tr>
<tr><td>课次</td><td>技战术（比赛）+专项体能</td><td>教学方法</td></tr>
<tr><td>1</td><td>1. 熟悉球性
2. 原地高低、推拨运球
3. 体能：协调性练习</td><td>1. 游戏法
2. 比赛法
3. 分组练习法
4. 讲解示范法</td></tr>
<tr><td>2</td><td>1. 行进间运球能力
2. 体能：协调性练习</td><td>1. 游戏法
2. 比赛法
3. 分组练习法
4. 讲解示范法</td></tr>
<tr><td>3</td><td>1. 球性练习
2. 技术：绕桩运球+原地传球
3. 体能：上肢力量</td><td>1. 比赛法
2. 分组练习法
3. 讲解示范法</td></tr>
<tr><td>4</td><td>1. 复习运球技术
2. 技术：行进间运球与护球
3. 体能：腰腹力量</td><td>1. 比赛法
2. 分组练习法
3. 讲解示范法</td></tr>
<tr><td>5</td><td>1. 复习双人传球
2. 技术：绕桩运球+传球+投篮
3. 体能：上下肢+核心力量</td><td>1. 比赛法
2. 分组练习法
3. 讲解示范法</td></tr>
<tr><td>6</td><td>1. 球性+脚步练习
2. 技术：滑步+传球
3. 体能：下肢力量</td><td>1. 游戏法
2. 分组练习法
3. 讲解示范法</td></tr>
<tr><td>7</td><td>1. 复习行进间传球
2. 技术：行进间运球与传球
3. 体能：基本步伐与跑</td><td>1. 比赛法
2. 分组练习法
3. 讲解示范法</td></tr>
</table>

续上表

课次	技战术（比赛）+专项体能	教学方法
8	1. 防守脚步练习 2. 消极防守	1. 游戏法 2. 比赛法 3. 分组练习法 4. 讲解示范法
9	1. 球性练习 2. 技术：防守基本动作练习 3. 体能：下肢力量和下肢灵敏性	1. 游戏法 2. 比赛法 3. 分组练习法 4. 讲解示范法
10	1. 行进间运球与传球 2. 战术：二、三人间的突分配合 3. 体能：折返跑与上下肢力量练习	1. 比赛法 2. 分组练习法 3. 讲解示范法
11	1. 行进间运球与传球 2. 战术：二、三人间的传切配合 3. 体能：折返跑与上下肢力量练习	1. 比赛法 2. 分组练习法 3. 讲解示范法
12	1. 行进间运球与传球 2. 战术：二、三人间的策应配合 3. 体能：折返跑与上下肢力量练习	1. 比赛法 2. 分组练习法 3. 讲解示范法
13	1. 行进间运球与传球 2. 战术：二、三人间的掩护配合 3. 体能：折返跑与上下肢力量练习	1. 比赛法 2. 分组练习法 3. 巡回指导
14	1. 战术；人盯人战术+半场 5 pk 5 战术演示及比赛 2. 体能：折返跑与上下肢力量练习	1. 比赛法 2. 分组练习法 3. 巡回指导
15	1. 战术：人盯人防守半场 4 pk 4、5 pk 5 比赛 2. 体能：专项体能练习	1. 比赛法 2. 分组练习法 3. 巡回指导
16	1. 半场同质分组、异质分组比赛 2. 体能：专项体能练习	1. 比赛法 2. 分组练习法 3. 巡回指导

续上表

课次	技战术（比赛）+专项体能	教学方法
17	1. 半场同质分组、异质分组比赛 2. 体能：专项体能练习	1. 比赛法 2. 分组练习法 3. 巡回指导
18	1. 全场教学比赛 2. 体能：专项体能练习	1. 比赛法 2. 分组练习法 3. 巡回指导

四、体育与健康课时教学计划

体育与健康课时教学计划设计落实到具体行动方案是教案，通常分为准备部分、基本部分和结束部分。

（一）准备部分

体育与健康课的准备部分通常分为开始环节和准备活动环节。

1. 开始环节

（1）教学常规。

教学常规包括：整队、检查学生人数、了解学生情况、安排见习生。

（2）布置教学任务。

布置教学任务包括：明确学习目标、学练任务；教材分析，明确重、难点；进行安全提示。

2. 准备活动环节

（1）队列队形操练。

队列队形操练包括：基本队列队形练习、原地或行进间各种转法。

（2）准备活动。

准备活动分为一般性准备活动和专门性准备活动，其活动方式通常包括慢跑、活动关节热身、动态拉伸和针对主教材的专项辅助练习。

（二）基本部分

基本部分主要有体验式学练和体能与技能相长。

1. 体验式学练

体验式学练包括自主尝试、复习巩固和挑战创新。

2. 体能与技能相长

体能与技能相长围绕“教会、学会、勤练、常赛和评价”开展。

（1）教会。

教会，聚焦教师的授导行为。授导行为是指教师在课堂教学中，针对学生的“学练”行为所表现出的普遍现象或个案而施加的干预及影响行为，目的是帮助学生运用合理的方式方法提升学习效益。高效的教学指导行为是提升课堂教学质量的重要手段之一，主要包括教师的教姿教态、示范讲解、组织调动、保护帮助等。

（2）学会。

学会，聚焦学生的学练行为。即学生练习的形式、要求和状态等。

（3）勤练。

勤练，保障学练时间，关注体能发展和技能掌握。即学习与锻炼之间的时间分配、个体差异区别、对技能的熟悉与掌握等。

（4）常赛。

常赛，贯穿学练全过程，关注技能的形成与应用。即通过比赛检验技能的掌握情况，个人或小组比赛均可。

（5）评价。

评价，贯穿学练全过程，做动适时、具体、反馈、引领。巡回指导和纠正错误，强化学习动机。

（三）结束部分

结束部分主要有放松活动和课堂小结，学生自评、学生互评、教师评价，布置课后作业和下节课学习内容，下课，回收器材。需特别注意的是放松活动的选择要与教学过程相适应。

案例 7-3

在复杂的情景中发展快速跑能力课时教学计划

（水平四，八年级）

学校：＊＊＊中学　　任课教师：＊＊＊

<table>
<tr><td>学习目标</td><td colspan="5">1. 通过本节课的练习，学生在速度、协调性和灵敏性等方面得到全面提高。
2. 激发学生对田径运动的兴趣，提升学生的情绪调控能力及对田径项目易引发运动损伤的了解。
3. 在不断的练习和比赛中引导学生形成积极进取的态度和胜不骄、败不馁的顽强意志品质</td></tr>
<tr><td>学习内容</td><td colspan="5">1. 在复杂的情景中发展快速跑能力。
2. 体能：下肢力量、身体协调性</td></tr>
<tr><td>重点</td><td colspan="2">掌握快速跑技术，提高步频，拉大步幅</td><td>难点</td><td colspan="2">摆臂与步频、步幅的协调配合，下肢蹬地力量</td></tr>
<tr><td>课的部分</td><td>学习内容</td><td>步骤与方法</td><td>组织与要求</td><td>时间</td><td>次数</td></tr>
<tr><td>开始部分</td><td>1. 师生问好、检查服装。
2. 安排见习生。
3. 宣布本节课学习内容
4. 安全教育，提出要求</td><td></td><td>组织：

要求：快、静、齐</td><td>2 min</td><td>1</td></tr>
</table>

续上表

课的部分	学习内容	步骤与方法	组织与要求	时间	次数
准备部分	一、队列队形练习 1. 原地转法 2. 队形变换 3. 渗透思想政治教育	1. 教师通过口令调动学生进行原地转法练习。 2. 教师通过踏步口令调动学生呈体操队形散开。	组织： 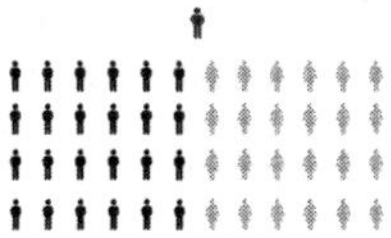 要求：认真、令行禁止。	3 min	1
	二、课堂导入（热身运动） 1. 原地进行各关节的活动，渗透健康行为教育。 2. 以小组为单位绕标志碟慢跑，跑动中完成以下热身练习： （1）扩胸运动； （2）体转运动； （3）前踢腿； （4）折叠跑； （5）体前屈	1. 教师带领学生进行热身运动。 2. 教师通过口令调动学生切换不同热身运动练习	组织： 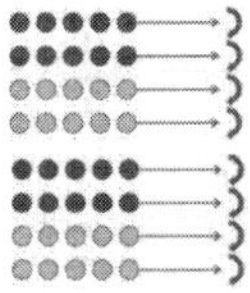 要求：认真，动作到位，活动充分	5 min	5

续上表

课的部分	学习内容	步骤与方法	组织与要求	时间	次数
基本部分	一、节拍器摆臂 根据节拍器的节奏完成原地摆臂练习，具体包括： （1）前后开立摆臂； （2）弓步交换腿摆臂； （3）摆臂挑战赛； （4）原地高抬腿跑练习； （5）原地小步跑练习	1．教师通过口令调动学生转换方阵。 2．教师做示范练习，强调动作节拍点。 3．组织学生进行练习。 4．激发学生兴趣，并积极认真地完成练习	组织： 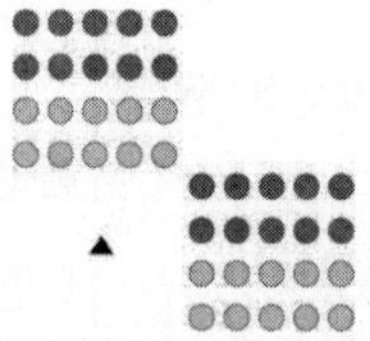 要求：认真、动脑，技术动作连贯	5 min	1
	二、学习快速跑 1．体验快速跑练习。 2．让学生思考影响快速跑的两个主要因素（步频和步幅），并以苏炳添为例进行分析，完成以下练习： （1）跑标志碟步频练习＋加速跑练习； （2）跑标志碟步幅练习＋加速跑练习。 3．体能练习，并在练习中穿插渗透体现体能和技能相长的教学主张，例如，折返途中进行小步跑、高抬腿、放松走、5个俯卧撑、5次弓步跳、深呼吸等动作。 4．渗透健康行为教育	1．组织学生进行原地摆臂的复习。 2．讲解在爬山途中如何跑步可以更省力，强调动作的重要性，并做示范练习。 3．组织学生进行变向的节奏跑。 4．针对不同学生的练习速度调整练习方式。 5．练习过程中巡回指导，强调技术动作要点，并纠正错误。 6．先进行组内循环学练，后进行组间学练大循环	组织： 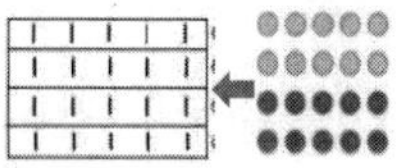 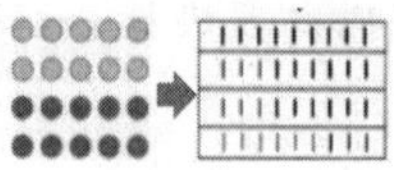 要求：认真、动脑，技术动作连贯	18 min	8

续上表

课的部分	学习内容	步骤与方法	组织与要求	时间	次数
基本部分	三、在复杂情况中发展快速跑 1. 情景教学并提出在爬山与下坡过程中如何跑步。 (1)“之”字型跑练习； (2)“蛇”字形跑练习； (3) 快速跑完整练习。 2. 体能练习：组内练习折返途中进行横滑步、原地摆臂；大组循环练习中进行俯卧撑。 3. 渗透健康行为教育	1. 组织学生进行原地摆臂的复习。 2. 讲解并示范完整快速跑动作，并强调步频与步幅的重要性。 3. 组织学生学习步频与步幅的节奏跑，并进行练习。 4. 针对不同学生的练习速度调整练习方式。 5. 练习过程中巡回指导，强调技术动作要点，并纠正错误。 6. 先进行组内循环学练，后进行组间学练大循环	组织： 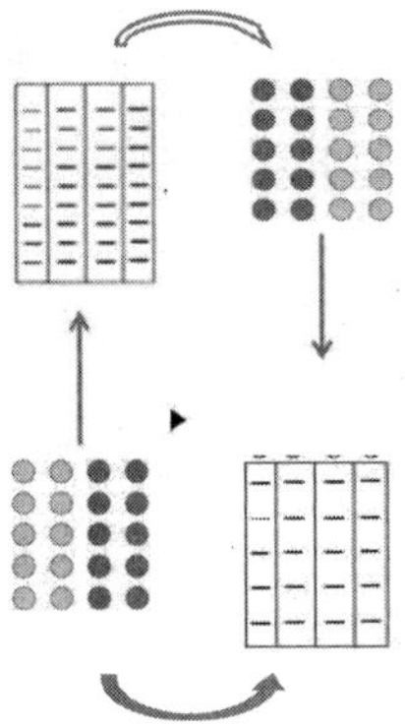 要求：认真、动脑，技术动作连贯	10 min	1
结束部分	1. 根据音乐原地放松。 2. 师生互评。 3. 布置作业。 4. 师生互道再见并下课。 5. 回收器材	1. 让学生原地抖动手臂，做腿部拉伸。 2. 师生点评所学内容。 3. 布置本课作业。 4. 预告下节课要学习的内容	1. 跟随老师一起做放松练习，调节身心。 2. 认真听取老师总结，反思自己的表现。 3. 师生互道再见	2 min	1
作业	原地摆臂 60 次 * 3 组、俯卧撑 20 个 * 3 组、波比跳 20 个 * 3 组、个人个性化项目练习 30 min 以上				
场地器材	48 个标志碟、2 个篮球场、1 台音响				

续上表

<table>
<tr><td rowspan="3">预计运动负荷</td><td>群体练习密度</td><td>75% ±5%</td><td rowspan="3">预计心率曲线图</td><td rowspan="6">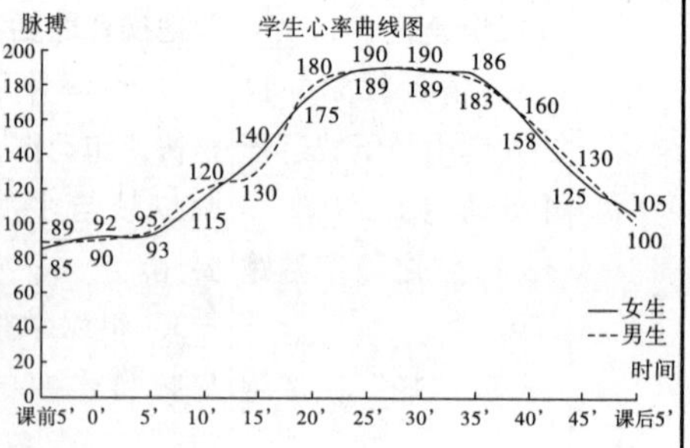
</td></tr>
<tr><td>个体练习密度</td><td>65% ±5%</td></tr>
<tr><td>平均心率</td><td>145 ±5 次/min</td></tr>
<tr><td rowspan="3">测量运动负荷</td><td>运动密度</td><td>%</td><td rowspan="3">竖：脉搏
横：时间</td></tr>
<tr><td>练习密度</td><td>%</td></tr>
<tr><td>平均心率</td><td>次/分</td></tr>
<tr><td>课后小结</td><td colspan="4"></td></tr>
</table>

第四节　体育与健康教学设计的要求

在体育与健康教学设计过程中可能会遇到一些问题，如学习目标的预设与生成问题、教学对象因材施教问题、教学内容的选择与组织问题、教学方法的运用问题、教学环节的衔接问题、教学行为的有效问题、安全防范的应对问题以及运动负荷的预设与实施问题等。准确把握教学设计的思想性、科学性、整体性和关键问题，是优化体育与健康教学设计的保障。

一、重视体育与健康教学设计的思想性

根据课程思政“进教材、进课堂、进头脑”的要求，体育与健康课程要贯彻和落实党的教育方针，注重培养学生的思想素质和社会责任感，加强学生身心健康教育，使学生成为有思想素质和健康生活方式的有用人

才。在体育与健康课程设计中应融入思政教育，倡导学生养成积极向上、勇于拼搏、团结协作、艰苦奋斗的体育精神和健康生活方式。

第一，以培养爱国主义、集体主义、革命精神和国防意识为核心，培养学生的团队协作精神，提高学生的集体意识和团队合作能力。

第二，借助体育锻炼，培养学生的自觉遵守公共规则、公共秩序和社会道德的意识，提高学生的社会责任和公民素质。

第三，以健康教育为基础，促进学生的身心健康发展，树立正确的健康观念和生活方式，提高学生的健康素养。

第四，倡导积极向上、勇于拼搏、不断进取的体育精神和健康生活方式，培养学生的自律意识、自我约束和自我管理能力，促进学生的全面发展，并促使学生成为全方位发展的人才。

第五，加强国家意识和民族意识教育，引导学生弘扬民族文化、文明传统和民族风俗习惯，培养学生的家国情怀和爱国精神。

二、重视体育与健康教学设计的科学性

不同地域教育发展环境迥异，对教学设计形式及要求也不同，因此应注意遵循教育教学基本的规律和要求。一节完整的体育与健康教案设计包括教育思想、学习目标、学习内容、重点难点、组织方法、组织过程、场地器材、运动负荷等要素。在设计中准备部分、基本部分、结束部分的流程要清晰，时间安排要合理，每一个教学内容的时间分配要精准，运动负荷定位要准确，衔接要自然、流畅，安排要科学、合理，不能忽视逻辑性与层次性。

三、关注体育与健康教学设计的整体性

体育与健康教学设计既不等同于教学计划，也不等同于简单的教案，它是对体育与健康课堂教学的整体构思与具体规划。从内容选择到方法的确定，从学情的分析到练习方式的安排，从场地的布局到教学的流程等，实际上是要通过设计阐明“教什么”“为什么教”“如何教”等一系列问题。体育与健康教学设计是全面系统的对体育与健康课堂教学的规划，整

体性设计不仅有利于运动技能学习和掌握，也是“学—练—赛—评”一体化的内在要求。当一份教学设计完成了教什么、为什么教、如何教的阐述，甚至有的教学设计中还包含如何评价的内容，这样的教学设计才是较为全面、相对规范的。整体构思体现在指导思想、学情分析、目标设定、教材分析、教法设计、教学流程、场地器材布置、安全防范等要素的表述上。具体规划主要体现在教案上，不但有对课的每一部分师生活动的合理规划，还有对课堂各部分的每一项内容、时间、次数的合理安排等。教学设计并非仅仅是构思，还有具体的操作，是想与做的结合，是设想与操作的综合体现。

四、把握体育与健康教学设计的关键问题

（一）学习目标的预设与生成问题

学习目标是以学生发展为中心的，是课堂教学的出发点和归宿。预设是生成的前提，生成是预设的超越和发展；预设体现了制订学习目标的科学性、计划性和封闭性，生成则体现教学的动态性和开放性。体育与健康课堂因其特有的学科特征，决定了教学过程是一个动态发展的过程。

学习目标预设与生成问题主要有三种表现。一是简单地依据布鲁姆的教育目标分类法，从认知、技能、情感三个领域预设学习目标，指标预设较为封闭、单一；二是预设目标的指标生成难以达到预设的要求；三是重视预设学习目标的生成，轻视预料之外目标的生成。

在课时计划学习目标的预设与实施上，一要灵活处理好预设与生成之间的辩证关系；二要深层次地学习和领会体育与健康学科的核心素养，以运动能力为中心，结合健康行为和体育品德预设具有时代特征和学科特征的学习目标；三要遵循最近发展区原理，依据学生的生长发育规律和发展需求以及项目基础能力制定具体、可操作的学习目标；四要重视预设以外目标的生成，并加以利用。

（二）学习内容的选择与组织问题

学习内容的选择与组织问题主要表现在三个方面：一是过分强调体育的元素，忽略健康元素；二是将运动能力发展的体能、技战术能力和心理能力三个方面的学习内容碎片化进行片面教学；三是运动能力作为健康行为、体育品德发展的载体作用发挥不明显。

在课时计划的设计与实施上，一是要充分考虑体育元素与健康元素的有机结合，健康是目标、体育是手段；二是在组织教学内容时应具有全面性，同时要注重体能与技战术能力内容的匹配；三是在教学实践中应根据学生的学练行为表现动态调整体能与技战术能力内容的比重；四是在教学实践中，不可将体能、技战术能力和心理能力三个领域的内容孤立地进行教学。

（三）教学方法的运用问题

由于体育与健康课堂教学内容的多元化和过程的动态性，师生的思维与行为表现呈现动态变化，因此，要选择有利于激发学生学习和形成学习动机的体育与健康教学方法，以切实提升学生的学习效果。

教学方法的运用问题主要表现在三个方面：一是缺乏教学主张的引领，教学方法的选择与运用随意性较大；二是不同内容的教学方法选择笼统地归一；三是教学情景一成不变。

在课时计划的设计与实施上，一是教师要根据自己的教学风格，针对教学内容提出教学主张；二是“以学定教”，关注学生运动参与和学练行为的表现，选择有助于启发学生进行自主、合作、探究学习的教学方法；三是重视心理能力在学生体能与技战术能力学练中的作用，交互式地改变学生的学练状态（空间、场地、对象、要求、信号刺激等），丰富教学方法。

（四）教学环节的衔接问题

教学环节是教学活动过程中链锁式结构的组成部分，在体育与健康课堂教学中，将体能、技战术能力和心理能力结合学生运动时思维与行为表现有机地进行结构化串联，是学生运动能力形成的有力支撑。

教学环节的问题主要表现在两个方面：一是教学主线不清晰，教学环节之间的内容、方法、目标缺乏层次递进性和关联性；二是教学过程无谓的，与学生个体学习需求、思维和行为表现不相关的讲解、示范等现象普遍存在。

在课时计划的设计与实施上，一是要以运动技能形成规律为依据，对教学内容进行结构化串联；二是体能内容要与技战术能力内容相适应、互相作用；三是避免与学生个性化思维与行为表现不相适应的教学指导。

（五）教学行为的有效性问题

教学行为不是简单的教学形式、手段、方法和技能的构成体，而是为达成某一目标，由行为主体（教师和学生）以及与行为主体相联系的起着直接与间接作用的因素所构成的、在动静交替转换过程中反映出来的一种行为。

教学行为的有效性问题表现在五个方面：一是教师的授导行为，“授”有余而“导”不足；二是学生的学练行为，“学”有余而“练”不足；三是教师完全主导课堂教学，学生缺乏有效的自主学练空间；四是“说教式”教学现象依然存在；五是课堂教学中无谓的、与学生运动思维和行为表现不符的教学指导现象普遍存在，个性化指导严重不足。

在课时计划的设计与实施上，一是教学行为应与教学进程的发展相适应；二是教学行为的实施应是灵活的、易于操作的；三是教与学行为的实施应体现教师的主导作用和学生的主体地位，学练的主动权应该属于学生；四是教学行为的实施应有助于教师对课堂的调控和让学生主动参与学习；五是教学行为的实施应关注个体差异；六是教学行为的实施应是务实的、有针对性的。

（六）安全防范的应对问题

安全防范的问题主要表现在四个方面：一是应对安全隐患的措施局限于被动地以规避为手段；二是对学生安全防范能力的培养严重欠缺；三是在教学中让一些不具备保护能力的学生参与保护与帮助工作；四是在高强度运动负荷前，学生的身体机能从静止状态突然进入高强度运动状态，高强度运动负荷后又立即处于静止状态。

在课时计划的设计与实施上，一要根据教学内容结合场地器材以及学生的安全防范能力制定好预防措施；二要结合主教材的教学渗透安全技能的教学；三要对学生在学练过程中突现或突发的安全问题加以重视，教会学生解决突发问题的技能。

（七）运动负荷的预设与实施问题

运动负荷是指人体在体育活动中所承受的生理、心理负荷量以及消耗的热量，由完成练习的运动强度与持续时间，以及动作的准确性和运动项目特点等因素来决定运动量的大小。运动负荷直接影响动作技术学习的熟练程度、生理机能的负荷承载的锻炼程度，乃至情感、态度、价值观的培养。

运动负荷的问题主要表现在六个方面：一是运动负荷随意预设，与主教材的教学过程不相适应；二是运动负荷的预计值往往高于实测值；三是为达成预设目标片面地进行大强度大密度训练；四是片面地进行体能素质课训练；五是学生缺乏自我监测的技能；六是中等或高强度运动负荷持续时间短。

在课时计划的设计与实施上，一要重视学生运动负荷的持续性，倡导运动密度适宜的强度；二要关注个体差异，依据学生的体质健康水平，遵循人体生理机能活动能力变化规律，预设与课堂教学进程相适应的负荷值；三要在教学过程中，根据学生的表象以及个体实测值，动态调整运动负荷。中小学体育与健康课堂教学的运动负荷见表 7－6。

表 7－6　体育与健康课运动负荷指标表

类别	项目		指标
全体	群体运动密度		≥75%
个体	个体运动密度		≥50%
	运动强度（心率）	平均心率	140～160 次/min
		中等强度	最大心率×（64%～76%）
		大强度	最大心率×（77%～95%）
		最大强度	最大心率×（96%～100%）

计算公式：靶心率＝［（220－年龄）－静态心率］×（60%～80%）＋静态心率；最大心率＝220－年龄。

复习与体验

1. 跟同学们讨论不同类型体育与健康教学设计的联系与区别，思考并交流如何在体育与健康教学设计中融入思政教育元素。

2. 撰写一份完整的大单元（模块）体育与健康教学计划，并以大单元中的某一课时为例编写一个体育与健康教学课时计划。

3. 为落实“教会、勤练、常赛”课程与教学理念，请你设计一个中小学体育与健康课堂教学中“学—练—赛—评”一体化的片段教学方案。

拓展阅读文献

［1］义务教育体育与健康 7/8/9 年级教师用书［M］. 北京：人民教育出版社，2012.

［2］冯伟华，等. 体能素质与运动技能相长的教学主张［M］. 上海：华东师范大学出版社，2021.

［3］庄弼. 初中体育与健康教学关键问题指导［M］. 北京：高等教育出版社，2017.

［4］毛振明，于素梅. 体育教学计划编制技巧与案例［M］. 北京：

北京师范大学出版社，2009.

［5］季浏，汪晓赞．小学体育与健康教学法［M］．北京：高等教育出版社，2012.

［6］徐洁．基于大概念的教学设计优化［M］．上海：华东师范大学出版社，2021.

［7］张中印，马凌波，尹志华．指向核心素养的体育教学设计：理论与路径、问题与策略［J］．北京体育大学学报，2022，45（3）：58－68.

第八章 体育与健康学业质量评价

本章导学

体育与健康学业质量是基于体育与健康课程核心素养对阶段性学习成效的整体刻画，具有丰富的内涵。体育与健康学业质量评价与体育学习评价既有区别又有联系，明确体育与健康学业质量评价的内涵和功能是科学展开体育学习评价的基础。《课程标准（2022）》为新时代体育与健康课程学习评价提出了新的思路与要求。准确把握体育与健康学业质量评价的内容、理解其所蕴含的新要求、明晰评价内容和体育与健康核心素养的密切联系是保障评价顺利进行的前提。采取合理的评价方法、遵循一定的评价原则、规范评价实施过程，才能充分发挥评价在体育与健康课程实施中应有的价值。

学习目标

1. 准确理解体育与健康学业质量的含义，明白学业质量、学业质量评价、体育教学评价、体育学习评价的联系与区别，了解体育与健康学业质量评价的重要价值，树立严谨规范科学的体育学习评价观。

2. 学习、理解体育与健康学业质量评价的内容与方法，明确体育与健康学业质量评价实施的主体、了解评价的基本程序和评价的基本要求，能够充分合理运用体育学习评价结果和学业质量评价结果改进课程的教与学。

3．具备根据课程标准和教学实际等相关要素开展阶段性体育学习评价、体育学业质量评价的能力。

学业质量评价既是对学生阶段性体育与健康课程学习效果的反映，也是开启新阶段体育与健康课程学习的基础与起点。2019 年印发的《中共中央　国务院关于深化教育教学改革　全面提高义务教育质量的意见》提出，学生发展质量评价突出考查学生品德发展、学业发展、身心健康、兴趣特长和劳动实践等。2020 年中共中央办公厅、国务院办公厅印发的《关于全面加强和改进新时代学校体育工作的意见》提出，完善学生体质健康档案，中小学校要客观记录学生日常体育参与情况和体质健康监测结果，定期向家长反馈。系列政策文件的出台，进一步明晰了体育与健康学业质量评价的时代要求和根本遵循。通过本章内容的学习，将有助于学习者系统全面地掌握体育与健康学业质量评价的内容、原则与价值、评价方法与过程实施，为体育教师履行“以体育人”职责，高质量开展体育与健康课程学业质量评价提供帮助。

第一节　体育与健康学业质量评价概述

一、体育与健康学业质量评价的概念

（一）体育与健康学业质量的内涵

学业质量是学生在完成体育与健康课程某一水平学习后的学业成就表现，是以核心素养为主要维度，结合体育与健康课程内容，对学生学业成就具体表现特征的整体刻画，用以反映课程目标的达成度。从主体来看，学业质量强调的是作为体育与健康课程学习的主体——学生在完成阶段性学习后的成就表现。这一成就表现以某一水平学习为时间跨度，以学生在此时间跨度内的体育与健康课程的日常学习行为和成效为基础。一般意义上的体育学习评价对于整体刻画学生体育与健康学业成就具有基础性作用，而学业质量对于体育与健康学习评价具有指导性意义。从内容来看，学业质量以核心素养为依据，主要考评和反映学生通过阶段性学习后在运动能力、健康行为、体育品德等3个方面的学习成效。从价值来看，学业质量反映体育与健康课程与教学的目标达成度，只有对学业质量内涵的准确把握、学业质量评价的科学实施才能实现学业质量的价值，同时使得体育与健康课程与教学实施得以完成阶段性目标，并逐步推进直至课程目标的最终实现。

从世界各国的经验来看，"学业质量"的表述不尽相同，类似的名称有考试标准、能力表现标准、能力模型、成就标准及表现水平等，教育学中较多使用"学业质量标准"的说法。[①] 随着学科发展和相关研究的深入，《普通高中体育与健康课程标准（2017 年版）》作为官方文件首次采用"学业质量"，使其与"课程标准"这一相关概念的关系得到明确："课程标准"的诞生源于社会对教育科学性、规范性的需求，是为了保证教育的质量而对教育目的、内容、实施及质量评价等过程所进行的规范。一般主要包括内容标准和学业质量两部分，其中内容标准解决了"教什么"的问题，而学业质量则解决了"教的程度"的问题。[②] 因此，学业质量作为学生体育与健康课程学习成效的反馈必定与评价密切相关并且通过特定的评价体系使得学业质量进一步具体化、可操作化。

（二）体育与健康学业质量评价释义

教学评价既包括对学生学习成果的评价也包括对教师教学成效的评价。体育与健康学习评价可理解为根据学生从事体育与健康学习的具体情况而对其学习进程、学习效果所做的一种评判，既包括对学生学习进程的诊断判定，又包括对学习结果的评定。体育与健康学业质量的内涵相比体育学习更为具体明确，既指向学习成效又确立了体育核心素养这一评价的主要维度，既强调体育与健康课程与教学内容对于学业质量的重要影响，

① 汪晓赞，何耀慧，尹志华．基于核心素养的高中体育与健康学业质量阐释、构成与超越［J］．成都体育学院学报，2021，47（1）：32－40.

② 乐毅．试论制定国家学业质量标准的若干基本问题［J］．教育研究，2014，35（8）：40－51.

又凸显了体育与健康课程目标对于学业质量评价的指向性。

根据管理学与教学评价的相关理论，评价作为一种活动，其开展总要依据一定的标准、采用一定的方法、实现一定的目标，综合国内外学者相关体育与健康学习评价的研究成果，可以将体育与健康学业质量评价的定义概括为：体育与健康学业质量评价是指相关主体依据一定的标准和原则，通过系统收集学生的课内体育学习态度与表现、课外体育锻炼情况与成效、健康行为等信息，按照科学的程序与方法对学生体育与健康课程阶段性学习成就表现做出评判、形成一定的评价结果并促使体育与健康课程目标实现的过程。体育与健康学业质量评价与体育与健康学习评价有密切关系又有所不同，可简言之为：前者基于后者对学生阶段性学习效果进行整体刻画，后者基于前者的内涵及相关规定展开。

体育与健康学业质量评价作为一种对“学业质量”的评判活动，强化对于学业质量内涵的深刻理解和准确把握，是体育与健康学业质量评价高质量展开的基础。学业质量虽然内涵丰富，但重点也很明确，它是3个方面核心素养的具体行为表现，这些行为表现有些是定量指标，有些是定性指标，但都尽量具体明确，保证学生的核心素养可评价、可操作。① 学业质量评价是科学管理体育与健康学习过程的重要环节、有效提高学业质量的重要措施，具有重要的功能和价值。

二、体育与健康学业质量评价的功能

（一）导向与激励

评价的导向功能是由评价标准的指向性所决定的，实质上就是评价者以预定的目标作为标准，来影响被评者的发展方向。② 体育与健康学业质量强调体育核心素养和学生学业成就具体表现，凸显了体育与健康课程区别于其他课程、在学生成长和发展过程中所具有的特有功能，它在肯定传

---

① 季浏．新版义教课标：构建以核心素养为纲的体育与健康课程体系［J］．上海体育学院学报，2022，46（6）：1－9．

② 侯光文．教育评价概论［M］．石家庄：河北教育出版社，1996：63．

统体育学习评价所具有的一般性和统一性的同时注重学生学业成就的个体差异性。在肯定“以生为本”价值理念的同时，由于理解和角度的不同，教育价值取向呈现多元化态势，评价的导向功能尤为重要。体育与健康学业质量评价要以科学、合理的评价标准引导学生进行体育实践，在实践过程中强化基本运动技能和体能、逐步建立完整的健康教育相关知识体系，形成良好的体育品德，并能够在生活中加以实际运用。因此，体育与健康学业质量评价要有明确合理的评价目标、完整的评价指标体系、严格的评价程序以及权威的评价结论，以此作为学生体育与健康课程学习的“指挥棒”和标尺，引导并约束学生，帮助教师诊断教学问题，反馈信息，改善教学策略和方法，通过学业质量评价促进学生体育学习中的自我反思，明确努力方向。

体育与健康学业质量评价的激励功能，是指通过总结发现学生在体育与健康核心素养方面所取得的成绩与努力的方向，学业质量评价具有使学生看到自己的学习潜力，以调动学习兴趣持续深入学习的功效。体育与健康学业质量评价在重视知识记忆、体能和技术技能的同时，强化了学生的健康行为和体育品德在体育学习过程中应有的价值。同时，更加关注学生的个体差异和不同需求，努力激发每个学生的体育学习积极性，使身体素质较差或者自信心不足的学生在体育活动中能够得到应有的进步并提高自信心。体育与健康学业质量评价应该关注在相对比较中处于弱势的学生，同时注重学生体育学习的起点和学习过程中的进步，重视学生每一次的体育学习进步和心理良性变化，充分肯定进步和成绩，使学生深切体验到成就感，从中得到鼓励并因此提高体育学习热情，帮助学生在全面发展的过程中凸显自身优势和个性、充分发挥自身体育学习的潜质。因此，合理的学业质量评价过程本身就是激励学生、育人成才的过程。

（二）检查与监控

体育与健康学业质量评价的检查功能是为了及时判断学生在经过一段时间学习后，学习成效与预期目标的达成度，便于发现学习或教学中的问题并加以调整。通过学业质量评价可以准确掌握学生体育学习状况，诊断体育学习存在的问题，分析原因，对学生体育学习成效中的相关指标进行评定，并判断其进步幅度与水平高低等情况，跟相关评定标准和预设目标相比较，得出学生学习表现的综合结论。

体育与健康学业质量评价的监控功能则是在检查功能的基础上，以核心素养为主要刻度，对标体育与健康课程的目标，对学生体育学习活动实施的控制，以便及时调整与学生体育学习目标不相符合的行为。通过体育与健康学业质量评价活动实现的检查与监控，既可以服务于体育教学管理部门检查，监控体育与健康课程教学成效，也可以服务于师生体育与健康课程教学的后续推进。

（三）反馈与交流

体育与健康学业质量评价的反馈与交流功能，是指在学业质量评价的基础上或过程中，向学生传递的有关体育学习信息；同时，采取多种方法收集学生体育学习情况的相关资料，根据师生各自反映情况进行分析总结，在一定程度上调控体育学习行为。通过信息反馈与交流，可以了解学生的体育学习现状与学习目标之间存在的差异，及时做出正确判断，采取相应改进措施。

通过基于学业质量评价的反馈与交流，可以加强教师与学生关于体育与健康教学方面的信息沟通，便于“教”与“学”的互动及课程教学目标的更好实现。此外，反馈与交流也有利于师生双方发现评价过程中存在的诸如评价指标理解不准确、评价方法使用不恰当等方面的问题，不断提高学业质量评价的合理性、准确性和有效性。

（四）鉴定与选拔

教育评价的鉴定与选拔功能在很大程度上影响着学校的教育方向和质量，影响着课程教学的方方面面。体育与健康学业质量评价的鉴定与选拔功能体现在依据一定的评价标准、评价方法和专门的评价工具，对学生体育学业成就进行检验和评定，在判断学生体育学习成效基础上，以排名、分等级等方式拉开学生间档次，以确定其在群体中的位置，便于甄别、筛选优劣，这对学生体育学习必然产生深远影响。具体来说，鉴定主要是对学业成效的一种性质或程度判断，它可以是一般性的水平鉴定不带有选拔性质；选拔则是在鉴定的基础上必须根据一定的标准对特定群体分出高下。

三、体育与健康学业质量评价的原则

（一）实践性原则

从评价的方式方法看，体育与健康学业质量评价应该遵循实践性原则。虽然体育与健康课程与教学也包括相关的理论知识，但是学科性质与地位、学科核心素养决定了体育与健康课程的实践特征。对于运动能力、健康行为、体育品德的评价，虽然也可以采取理论评价的形式测试学生对于相关核心素养指标内容的认知情况，但不能停留在认知的层面。如果学生通过体育与健康课程的学习，体育核心素养没有在实践检验中获得切实提升和体现，这种体育与健康课程的教学就没有达到预期效果。

（二）全面系统原则

学业质量评价的全面系统原则要求在体育学习评价过程中，既要重视对运动能力的评价，也要对健康行为和体育品德做出相应评价，并作为学业质量整体评价的有机组成部分。技能体现具有较强的直观性，但是学业质量评价不应以某一方面的技能体现作为体育学习评价的唯一指标，而应从整体出发，以全面的视角评价学生的体育与健康核心素养，这样才能全面反映学生体育与健康学业质量的现状及成效，避免以偏概全。同时，评价过程也要全面系统。学业质量是学生在完成某一水平学习后的学业成就表现，学业质量评价原则上应该是对某一水平学习后的一种系统评价并作为下一阶段体育与健康学习的起点或基础乃至学生分流的依据。但是，学业质量评价不是孤立的，而是基于对学生日常体育与健康课程的学习评价。

（三）主体性原则

从评价的落脚点看，要发挥学业质量评价的多方面功能必须遵循主体性原则。突出学生在体育与健康课程教学中的主体地位、突出学生体育核心素养全面提升在体育与健康课程中的目标导向。既要看到学生通过阶段性学习所具备的体育与健康核心素养，也要看到学生在整个学习过程中的运动能力、健康行为和体育品德的展现；既要看到学生的不足，更应看到学生相比学习起始阶段所取得的进步。在具体的评价过程中，遵循主体性原则还应该针对不同的评价内容采取不同的评价方法做到科学合理评价。例如，体能状况的评价主要是一种定量评价，严格按照标准和测试方法给定成绩既符合评价的要求又能够培养学生正确看待胜负结果的体育品格。对于体育品德的评价采用以定性评价为主的方法更为合适，只要学生达到相应的标准，完全可以避免按照比例划分各成绩等级的传统方法从而导致将部分达到优秀等级的学生划分到良好或及格等级。

第二节　体育与健康学业质量评价的内容与方法

明确了体育与健康学业质量的具体内涵、学业质量评价在体育与健康课程与教学中的重要价值和主要原则，要充分发挥体育与健康学业质量评价的各种功能，就必须准确把握评价的具体内容，同时采取科学合理的评价方法。

一、体育与健康学业质量评价的内容

学生体育与健康学业质量评价的内容应坚持目标导向，以体育核心素养为主要维度，注重与课程的水平目标相一致，如此才能更好地达成促进学生全面发展的目标。学生学业质量评价的内容主要包括运动能力、健康行为和体育品德三个方面，每个方面又包含一些具体的二级指标。

（一）运动能力

运动能力是指学生在参与体育运动过程中所表现出来的综合能力。运动能力既是学生参与体育活动的必备基础，又是体育与健康课程要实现的重要目标。运动能力的评价主要包括以下三个指标。

1．体能

体能是以人体三大功能系统的能量活动为基础，通过骨骼肌系统表现出来的基础运动能力。体育与健康课程学业质量中的体能学练主要针对改善身体成分，发展心肺耐力、肌肉力量、肌肉耐力、柔韧性、反应能力、位移速度、协调性、灵敏性、爆发力、平衡能力等，为学生增强体质健康和学练专项运动技能奠定良好基础。《课程标准（2022）》将课程总目标的第一条规定为“掌握与运用体能和运动技能，提高运动能力”，充分彰显了体能在体育与健康课程教学中的重要地位。体能的评价主要参照《国家学生体质健康标准（2014 年修订）》展开，既要在体能测试的过程中严格分学业水平、按照测试要求展开测评，评价过程中注重统一评价尺度、尽量避免系统误差，提高成绩的可信度；又要充分考虑学生个体的基础与进步的幅度，将其作为体育与健康学业质量评价的基础而不是唯一的、决定性的评价指标。

2．运动认知与技战术运用

运动认知可理解为与体育运动有关的认知活动，包括体育运动中的觉知、记忆和思维，《普通高中体育与健康课程标准（2017 年版 2020 年修订）》对运动认知内容描述包括体育认识、运动觉知、运动记忆和运动思维四个方面。例如，在太极拳项目的学习过程中，学生通过教师的示范与讲解并结合自身的长期练习，能够知道太极拳运动是我国具有丰富文化内涵的传统体育项目，在做各个动作时感知到肢体与身体的相对位置，能够按照学习要求完整有序地完成 24 式太极拳，在太极拳练习过程中能够具有追求动作圆浑流畅、行云流水的运动思维等，都是运动认知的具体体现。

技战术运用是一种要求相对较高的运动能力要求，是指学生通过对某一课程内容或运动项目的学习，在运动认知的基础上能够遵循项目的内在规律，熟练运用运动项目的基本技术、技术组合及战术等发展体能，体验运动乐趣。体育与健康课程与教学中的技战术运用不同于竞技体育领域的技战术运用，后者主要追求体育竞赛的成绩或名次，前者虽然也是相关体育展示或比赛的基础，但主要是在熟悉基本技术动作的基础上对其加以应用，以实现特定的体育教学目标、体验体育运动乐趣为主要特征。例如，在800米跑的测试或比赛过程中，体能的阶段性分配、速度的变化、跑步姿势的阶段性调整等作为一种技战术运用的具体表现，虽然对胜负会产生影响，但从体育与健康课程与教学的角度看，让学生在此过程中体验到800米跑对速度耐力的考验、项目特有的魅力比胜负更为重要。

对学生运动认知和技战术运用能力的评价，可以采取书面的形式进行知识点的考核，更重要的是在实践过程中对其进行观察和评定。既要在终结性评价中注重对学生运动认知和技战术运用能力的考核，也要注重过程性评价，在技术动作学习和体育展示或比赛中进行评价，最终形成一种较为客观的整体性评价。

3. 体育展示或比赛

体育展示或比赛是指采取动作展演或示范、竞争或竞赛的形式分享交流体育与健康课程学业成效或水平。体育的魅力在于竞争，基于运动项目的体育学习，其学习成效无论是发展基本的体能、掌握基本的技术动作基础抑或复杂的战术演练，其最终成效都应该基于体育的竞争性特征，采取体育展示或比赛的方式体现出来。在体育展示或比赛的过程中，既能够检验也能够发展学生的体能状况、运动认知与技战术运用能力。

从一定程度上说，体育展示或比赛是运动能力的全面集中体现。以往的体育教学评价或者以动作技术、技能为单一的评价指标，或者以身体素质为主要的评价指标，使得在体育与健康课程与教学的实际过程中，部分师生专注于单一的技术、技能或身体素质并常常止步于此，导致很多学生在各个运动项目的学习过程中长时间困于枯燥单一的技术动作却全然没有体验该项目的竞赛过程和竞技魅力。这种情况既无法将学习的技术动作应用于实践并升华，也挫伤了学生体育学习的积极性，导致“学生喜欢体育却不喜欢体育课”的怪现象。对于体育展示或比赛的评价，关键在于根据项目特点设定合理的评价标准，避免以比赛胜负结果作为唯一评价标准。

体能、运动认知与技战术运用、体育展示或比赛作为运动能力的三个维度，虽然各有侧重，但又是紧密联系、密不可分的，体能、运动认知与技战术运用是体育展示或比赛的基础，体育展示或比赛既能够检验又能够很好地促使体能、运动认知与技战术运用能力的发展。在对体育与健康学业质量的运动能力评价时应该充分认识到三者之间的关系，做到对运动能力的全面、科学、合理评价。

同时应该看到，运动能力作为学生体育运动过程中综合能力的体现，在具体的体育与健康课程与教学过程中，主要体现在基本运动技能、体能、专项运动技能的掌握与运用。在具体的学业质量评价过程中，应该根据体育与健康课程学业质量标准的相关要求、针对不同学业水平学生有所区别与侧重，从而保障评价的科学性。

（二）健康行为

健康行为作为体育与健康学科核心素养之一，充分体现了体育与健康课程在学生身心发展过程中的特有价值，凸显了课程在“健康中国建设”中的重要意义。从内涵分析，健康行为的评价主要包括以下四个指标。

1. 体育锻炼意识与习惯

体育锻炼意识与习惯，是指学生通过体育与健康课程的学习，能够明确体育锻炼的价值和方法、将坚持体育运动内化为自身价值观念并长期实践。1992 年世界卫生组织发布的《维多利亚宣言》提出，合理膳食、适量运动、戒烟限酒、心理平衡是健康的四大基石。在当代社会生产生活方式发生巨大转变、身体活动越发不足的社会背景下，体育对于健康的价值与意义日益受到重视。体育锻炼意识与习惯的养成，要以“教会、勤练、常赛”为抓手，建构“学、练、赛”一体的课堂教学体系，真正“教会”学生体育与健康知识和技能，摒弃“无运动量、无战术、无比赛”的“三无”体育课，解决“学生学了 9 年体育课，绝大多数学生未能掌握 1

项运动技能”和“学生不喜欢上体育课”的问题。[①] 在学业质量评价中单列健康行为、将体育锻炼意识与习惯作为健康行为的一个维度，需要引起体育教师对于学业质量评价改变的高度关注并在评价实践过程中认真落实。

对于体育锻炼意识与习惯的评价应该注重学生体育参与过程的主观能动性，注重评价的长期性和日常化。可以采取课后体育作业、课外体育兴趣小组参与等形式，将学生在体育与健康课程学习之外有无坚持参与体育锻炼，作为学生体育与健康课程学习评价的重要指标，充分发挥体育学习评价的导向功能、促使学生从“要我练”向“我要练”转变。

2. 健康知识与技能

健康知识与技能包括个人卫生保健、营养膳食、青春期生长发育、常规疾病和运动伤病预防、安全避险等知识与方法，及其在学习和生活中的运用。党的二十大报告明确提出人民健康是民族昌盛和国家强盛的重要标志，要深入开展健康中国行动和爱国卫生运动，倡导文明健康生活方式。坚持立德树人、培养合格的社会主义事业的建设者和接班人，必须具备基本的健康知识与技能。

在中小学教育阶段现有的课程体系中，体育与健康课程对于学生健康知识和技能的养成具有不可替代的决定性作用，这是由体育与健康课程的性质与目的决定的。健康知识与技能不能再单独依靠主题学习或班会形式实现其目标，而应该真正成为体育与健康课程教学的重要学习内容，并针对此内容采取合适的教学组织形式、教学方法，体育学习评价也应该注重健康知识与技能，为学生健康行为养成奠定知识基础。可以采用问答、检测、实操练习等方式对学生健康知识与技能的掌握情况进行评定，并作为学业质量评定的重要组成部分。

3. 情绪调控

学生通过体育与健康课程学习可以了解和体验体育活动对心理健康的积极影响，同时学会调控自己的情绪，积极应对挫折和失败，保持良好的

---

① 义务教育体育与健康课程标准修订组．“健康第一”以体育人：义务教育体育与健康课程标准（2022 年版）解读［J］．基础教育课程，2022（10）：74－80.

心态等。通过体育运动参与能够有效调节人们的紧张情绪，从而以更好的状态投入文化学习，体育比赛中快速变化乃至焦灼的场景能够促使人们产生紧张、焦虑、兴奋、挫败等不同的情绪体验，而体育的竞争性特点使得失败与胜利总是相伴而行。在体育与健康教学中结合教学内容、教学情境等采用合理的教学方法能够使学生在其中体会到丰富多彩、深刻多变的各种情绪体验。

合理的教学引导，使学生保持“更高更快更强更团结”的情绪状态、具有“胜不骄败不馁”的积极心态、具备“流血流汗不流泪”的勇气，这种体验必将内化为学生情绪调控的能力。对于学生情绪调控能力的判断应该以形成性评价为主，采用定量与定性评价相结合的方式，注重学生在体育活动参与过程中情绪的调动、释放、控制等，并及时予以语言点评，提高其情绪调控能力。

4. 环境适应

《课程标准（2022）》明确提出“主动同他人交流与合作，知道在不同环境下进行体育锻炼的方法和注意事项，逐步适应自然环境和社会环境”。这就要求学生通过体育与健康课程的学习，既能够提高同他人交流与合作的综合素养，同时能够以体育与健康核心素养为基础，具备在不同环境下特别是限制性环境下进行体育锻炼的能力和方法，并能够取得体育锻炼应有的身心发展成效。如此，既能够保证体育锻炼习惯的养成，体育所具有的身心功能、社会功能自然能够逐步体现，学生的环境适应能力也能够得到全面提高。

（三）体育品德

学校体育是实现立德树人根本任务、提升学生综合素质的基础性工程，对于弘扬社会主义核心价值观，培养学生爱国主义、集体主义、社会主义精神和奋发向上、顽强拼搏的意志品质，实现以体育智、以体育心具有独特功能。体育品德的评价主要包括以下三个指标。

1. 体育精神

习近平总书记在不同的场合对“体育精神”进行过深刻论述，倡导人们学习贯彻体育精神，以精神涵养自身。习近平总书记关于体育精神的论述在宏观上主要包括四个方面：一是具有世界和平意义的体育精神，即奥林匹克精神；二是孕育民族奋斗意识的体育精神，即中华体育精神；三是彰显中国团结发展的体育精神，即中国女排精神；四是展现中国发展理念的体育精神，即北京冬奥精神。习近平总书记在青年奥运会等场合指出，奥林匹克精神是运动健儿们更快、更高、更强、更团结的奥林匹克运动的精彩演绎，新时代应当倡导具有世界和平象征的奥林匹克精神。关于中华体育精神，习近平总书记强调要继续发扬以为国争光、无私奉献、顽强拼搏等为主要核心的中华体育精神，在加快建设体育强国的道路上坚定信心、努力拼搏。习近平总书记在会见中国女排代表时提出中国女排不仅要在赛场上展现团结奋斗、永不言败的体育精神，也要把这种精神与体育强国目标、人民健康、文化自信等结合起来，创建体育发展新高度。以胸怀大局、自信开放等为主要内容的北京冬奥精神彰显了中国在文化、制度、道路等层面的发展理念，要弘扬北京冬奥精神，为新时代的发展注入全新动力。习近平总书记对于体育精神的深刻论述既阐明了其内涵也凸显了其意义。

《课程标准（2022）》明确阐释，体育精神主要体现为积极进取、勇敢顽强、不怕困难、坚持到底、团队精神等。在实践教学中，体育精神应当根据具体的教学内容、教学对象、教学条件等有所侧重、有所拓展。体育精神的明确提出，对于体育教学具有重要的指导意义。要发挥体育学业质量评价的导向功能，将学生在体育运动参与过程中体现的体育精神状态和表现作为评价的一个重要组成部分，并与相应的教学内容和教学目标结合起来。

2. 体育道德

体育道德是基于思想观念的行为规范和制约关系的行为准则，具有存在性、社会性、目的性和个体性等特性。体育作为一种强化规则意识的身体文化，人们在参与时都必须承认一些基础性的、共同认可的规范或行为准则，这些规范或行为准则或早或迟产生并不断变化，但总体来说都是客观存在的、得到社会广泛认可的、以维持体育活动正常进行为主要目的的。其中可能存在个人理解的不同，但是体育道德强调的是宏观上的共识。例如，参加体育活动应该遵守规则即为一种体育道德要求，虽然个体在规则的理解、执行等方面可能会有不同的见解乃至偏差，但是就“遵守规则”本身而言，参与者必须是认同的，否则体育活动就不能得到有序开展。如果个别参与者对某一体育道德的理解偏差超出了人们的共识，则不能得到大家的理解而被认为缺乏体育道德。

《课程标准（2022）》提出体育道德主要体现在遵守规则、尊重裁判、尊重对手、诚信自律、公平竞争等方面。从简单的游戏、身体运动到复杂的竞技运动，运动规则都是一种基本的体育存在方式，缺失了规则就不会有真正意义上的体育存在。遵守规则是体育道德的首要表现，也是尊重裁判、尊重对手的基础。诚信自律体现的正是道德的自律特性，在体育活动中裁判和竞争者总会有失察的时候，自己能否保持慎独是体育道德的重要表现。只有诚信自律才能保障公平竞争、体现体育的特有魅力。

3．体育品格

体育品格是指个体在参与体育运动的过程中，通过与多方互动而体现出来的一种正面向上的稳定特征或表现。[①]《课程标准（2022）》认为其主要体现在自尊自信、文明礼貌、责任意识、正确的胜负观等。体育品格虽然也是在体育运动中通过互动体现出来，但它主要是一种主体的个性化品性。同时，体育品格是可以通过体育与健康课程学习培养和提高的。有的学生可能在家里因受到父母长辈的宠爱缺乏责任意识，但是在体育与健康课程学习中大家都是平等的同学关系，在体育活动中需要分工合作才能完成相应的任务，教师在教学过程中注意加以引导，在体育学习、学业质量评价过程中予以重视就能够很好地引导学生产生责任意识，并在日常生活中的其他方面也加以表现。体育品格的正向性、个体性和可塑性要求体育教师在教学过程中注重正面引导、注意学生个体差异和自身的示范效应，为学生体育品格的塑造营造良好的氛围。

体育精神、体育道德、体育品格作为体育品德的三个方面，在具体的内容指向上既有所区别又是紧密联系的。从区别来看，体育精神侧重于个人展现出来的整体精神风貌，如勇敢、顽强、坚持等；体育道德主要体现

---

① 尹志华．论核心素养下体育品格与体育品德的关系［J］．体育教学，2019，39（12）：4－7.

于学生之间的人际关系，如尊重、团结、和睦等；体育品格侧重于个人通过体育活动参与形成的一种内在的情绪表现或思维特质。从联系来看，在体育品格方面有正确的胜负观必然在体育道德方面会有尊重裁判和对手的表现，在体育精神方面也会有团队意识。

体育品德虽然是三大核心素养之一，但是在体育与健康学业质量描述方面却没有将其单列，而是融合在基本运动技能、体能、健康教育、专项运动技能的学业质量合格标准中。例如，在水平三的体能学业质量合格标准中就有“表现出参与体能练习的热情，练习中意志顽强，勇于挑战自我，相互尊重，具有合作精神和公平竞争意识”，这是对于体育品德的集中整体表述，充分表明体育与健康课程的育人价值是全面和综合性的，不能割裂来看。在体育与健康课程与教学过程中，应该根据教学的具体内容挖掘出其中特有的体育品德教育元素，在坚持体育精神、体育道德、体育品格全面培养的同时有所侧重，以取得最佳的教育教学效果。

需要明确的是，体育与健康学业质量评价的内容作为一个指标体系是对学业质量的整体评价。在具体的体育学习评价中并非每一次具体的评价都必须涵盖以上指标内容，应该基于系统思维，强化学业质量评价内容对于学习评价的指导和规制作用，真正实现科学评价。

二、体育与健康学业质量评价的方法

《课程标准（2022）》强调通过多样化的学习评价，促使学生达成课程目标，发展核心素养。学生体育与健康课程学业质量评价在方法上既要注重过程性评价又要重视终结性评价，既要注重定性评价又要重视定量评价，既要注重相对性评价又要重视绝对性评价。

（一）过程性评价与终结性评价

过程性评价又称形成性评价，是指在教学过程中为了把握学生学习动态，及时调整教学策略，激励学生学习，进而提高体育学习效果的评价。终结性评价又称结果评价或总结性评价，用于某一阶段学习结束或学期末，对学生达成目标程度进行评价，主要了解学生的整体情况，评定学生的发展水平，同时也可以判断教学目标是否合适以及教学内容和策略的有效性。

在体育与健康课程教学实践中，学习目标主要在教学过程中完成，如体育锻炼意识与习惯、健康知识与技能的掌握与运用、情绪调控、团队精神、不怕困难、责任意识等，是伴随教学过程而发生的，应该在每一次的教学中对学生的这些目标即时评价，作为评定最终成绩的重要参考，而不是每一学期末仅进行一次终结性评价就可以解决的。因此，体育与健康课程的学习评价必须多元，即形成性评价与终结性评价相结合，取长补短，相辅相成。例如，对学生的体育学习成绩进行评价时，首先在学期初对该学生的现有的体育学习水平做一个初步评价；然后在学生学习过程中适时进行评价，特别是进行体育教师的外部评价与学生的自我评价，以及学生间相互评价；最后在学期末对学生体育学习做终结性评价。只有评价方法多元化，才能真正准确而公正地评价每一名学生的体育学习情况，既能保证评价结果的信度和效度，又能及时提供反馈和激励信息，较好地调动学生学习的积极性。

（二）定性评价与定量评价

定性评价是指采用开放的形式收集无法量化的信息并判断其价值的方法；而定量评价则是预先设定评价内容和标准，收集学生在体育学习中可以量化的信息，采用数学方法进行相应推断的方法。20 世纪初现代科技飞速发展的社会背景下，课程评价深受现代科技影响，推崇客观化和量化的评价方法。然而对教育而言，量化的评价是把复杂的教育现象加以简化或只评价简单的教育现象，这样往往会丢失教育中最有意义、最根本的内容。①

体育与健康课程将目标定位于培养学生运动能力、健康行为、体育品德的三维体育与健康核心素养，应该制订一种定量与定性相结合的评价方法，衡量学生真实的发展情况。在体育学习评价中，定量评价方法主要发

① 季浏. 体育与健康课程与教学论［M］. 杭州：浙江教育出版社，2003：140－141.

挥甄别和选拔的作用，比较适合于对学生的体能和运动技能的评价，但不能完全适用于学生健康行为、体育品德等。量化方法如果用于不可量化的内容，其量化的结果显然不可能是科学的，即使是可以量化的内容，由于量化标准的制定及操作过程的不当也可能得出并不客观的评价结果。

定量评价与定性评价相结合主要表现在两个方面：一是在对某些可量化的因素进行量化以后，再对那些不能量化的因素进行定性评价；二是对某些因素进行量化后得到的结果进行定性分析。这样就能使定量评价和定性评价有机地结合在一起。从根本上讲，定性评价应该内在地包含定量评价，且定性评价是为了更好地反映出学生体育学习情况，定性评价从本质上讲并不排斥定量评价，它们在整体上是辩证统一的。[①] 在体育学业质量评价过程中，要根据不同的情景和评价内容，使定性评价与定量评价相结合。

（三）相对性评价与绝对性评价

绝对性评价是依据某种需要或要求设定评价标准的评价，把群体中每一成员的某个指标逐一与评价标准对照，给出绝对分数，从而判断优劣。这种评价的优点是方便评价者参考客观的标准并与自身相对照，以便向目标努力接近，但不能全面分析个体间的体育学习差异。相对性评价则指先建立一个评价基准，然后把各个评价对象逐一与基准相比较来判断优劣的评价。相对性评价（主要是指个体内差异评价）有助于学生看到通过自己努力所取得的进步，建立学习的自信心和自尊心，促进学生体育学习的进步与发展。因此，体育与健康学习评价不仅要采用绝对性评价，更强调使用相对性评价。

目前，我国部分地区学校已有采用相对性评价与绝对性评价相结合的方法。在学生入学时，通过诊断性评价建立一套包括体育知识、运动技能、体能在内的学生个人体育学习档案，作为学生入学起点成绩。每学期

---

① 杨文轩，季浏. 义务教育体育与健康课程标准（2011 年版）解读［M］. 高等教育出版社，2012：151.

结束后将终结性评价与起点成绩进行对照，确定学生经过一学期的体育学习的进步幅度（相对成绩＝绝对成绩－起点成绩），使学生清楚看到自己的成绩，体验到成就感。还有部分学校将学生入学成绩均值化处理，作为相对性评价的基准成绩，与学期结束后的终结性评价的成绩相比较，得出学生的进步幅度。因此，体育教师完全可以因地制宜，研究有创造性的、合理有效的、可操作性的评价方案。但无论是采取何种评价方法，都应在设计时注意避免烦琐，尽量简便，既可有效评价学生成绩又不过度增加体育教师工作负担。

《课程标准（2022）》提出“积极探索增值评价，健全综合评价”的指导思想。在实际的体育与健康学业质量评价过程中，应该树立系统思维，明确学业质量评价方法是一个体系，除了上面提到的一般方法，在具体的体育学习评价、学业质量评价过程中，还应该根据实际情况将一般方法细化为清单式评价、观察评价、登记评价、展示或比赛评价、书面测评、口头测验、成长档案袋等具体方法，从而实现体育学习评价、学业质量评价的科学性和可操作性。

第三节　体育与健康学业质量评价的实施

《课程标准（2022）》在评价建议中明确指出，体育与健康学业质量评价的主要目的是对学生的学习行为进行观察、诊断、反馈、引导和激励，以判断课程目标达成度，给教师和学生提供即时、多元的有效反馈，促使学生更积极地学与教师更有效地教。体育与健康学业质量评价是不断完善课程建设的重要环节和途径，通过多样化的学习评价，促使学生达成课程目标，发展核心素养。评价目的的确定要有利于体育与健康学业质量评价的正确、高效实施。

一、体育与健康学业质量评价的主体

（一）体育教师

体育教师是体育与健康课程与教学的组织者和实施者，在相关评价主体中对于体育与健康课程的性质和目的、学业质量评价标准、教学的实施过程等都应该是最清楚的，应该在学业质量评价中起到主导作用。强调学生的自我评价和相互评价，并不意味着否认教师的评价，而是将学生评价和教师评价结合起来，并积极发挥教师在学生自评和互评过程中所具备的指导作用。体育教师应在体育学业质量评价中指导和帮助学生正确地进行自我评价和相互评价，让每个学生都能通过自我评价和相互评价的过程看到自己的进步与不足，并激励自己更加有效地学习。

体育教师应该注重过程性评价，将评价贯穿于学生学习的整个过程，不仅关注学生学习的结果，更关注学生成长和发展的过程。此外，学生对教师评价的接受程度既与心理、态度等状况有关，也与评价过程本身有关。因而教师作为评价的主体应该注意一些细节，例如，获取基本信息要详细而全面，避免以偏概全；不以居高临下的态度进行评价；评价要以事实为依据，实事求是，避免评价结果夹带个人成见等因素。

（二）学生

最了解学生学习情况的应该是学生本人，学生与学生相处的时间也远比体育教师与学生的互动时间长。体育与健康学业质量评价应采取一定的方式鼓励学生积极参与评价、师生共同参与评价，使学生有权对自己和同伴的体能、运动认知与技战术运用、体育展示或比赛中的能力表现、体育锻炼意识与习惯、健康知识与技能的掌握和运用、情绪调控、环境适应、体育精神、体育道德、体育品格等进行评价。

学生评价主要有学生自我评价与互相评价，即学生对自己情况的自我反思以及学生之间互相评价的体育学习评价。现代教育评价发展趋势中，学生评价成为重要标志之一。学生参与体育学习评价，既可尊重学生主体地位，又能鼓励学生形成自己的品质和风格，对激发学生体育学习积极性和提高体育学习兴趣具有重要作用。学生在参与体育学习评价过程中，学会自我思考和主动学习，增强主体意识；以学生为主体的评价方式使学生在评价中了解自身体育学习情况，发现不足和存在的差距，明确努力方向；学生的参与评价有助于减少体育教师单方面评价的片面性。教师评价、学生自我评价和互相评价的多元评价方式有机结合，有利于保证体育学习评价结果的公正性。

（三）其他人员

学生的体育与健康课程学习需要得到各方面人士的鼓励与支持。除了教师评价和学生评价以外，体育与健康课程学业质量评价还要让班主任、相关任课教师乃至家长参与到学生的体育学习评价中来。体育与健康课程学业质量评价包括运动能力、健康行为和体育品德等方面，其中的健康行为更多的是体现在学生的日常生活与学习过程中。班主任是与学生接触最多的教师，是除了体育教师之外最了解学生课外体育活动及大课间等学习情况的教师。体育教师可以吸纳班主任及相关任课教师参与到学业质量评价之中，这样能更加真实和客观地评价学生。另外，家长是学生家庭体育作业和课外体育活动及日常健康行为的重要指导者和见证者，邀请家长参与体育学习评价，可以为评价学生参与课外体育活动情况提供依据。家长的关注有利于培养学生坚持体育锻炼的习惯以及形成健康的生活方式，有利于改进教师的“教”和学生的“学”。

体育学习评价主体的多元化，更能发挥评价的反馈与激励作用，关注学生发展的过程，保护学生的自尊与自信，全面有效地评价学生的体育学习情况，促进学生进步与发展。

二、体育与健康学业质量评价的过程

明确了体育与健康学业质量评价的原则、内容、方法、主体，将评价的整个过程进行阶段性的划分并按照一定的程序实施评价，能够保障学业质量评价的效果和评价目的的实现。体育与健康学业质量虽然是学生在完成某一水平学习后的学业成就表现，具有较长的时间跨度，但就整个体育学习过程及系统而言，学业质量评价是以学生在日常学习中的每一次体育课、每一个课程学习单元、每一个学期的表现为基础的，同时又成为下一个水平学习的基础。因此，从体育学习成效评价的角度看，学生在每一次体育与健康课或课外体育活动中所表现出来的运动能力、健康行为、体育品德都可以单独形成一次体育学习评价并构成阶段性体育与健康学业质量评价的基础。在每一次学习评价中都可以采取以下类似体育与健康学业质量评价的基本流程完成有针对性的评价。

（一）统一评价标准

统一评价标准是指在开展具体的体育学习成效评价前就评价的内容、方法、标准形成统一尺度，并基于学生在该学习水平的学业质量评价的合格标准就本次评价的具体指标及其在整体结果中所具有权重进行赋值的过程。统一评价标准的意义在于使评价对于所有学生都是公平的，并且是符合《课程标准（2022）》学业质量标准及评价要求的。同一学校同一水平的体育教师在阶段性体育教学开展前统一评价标准是体育与健康课程教学顺利开展的前提性工作。

《课程标准（2022）》虽然明确了运动能力、健康行为、体育品德，并就其内容及评价方法等做出了较为详细的说明，但是为了便于各个地区、各所学校结合自身实践展开科学评价也留出了一定的空间，需要进一步操作化和具体化。例如，水平四的体能学业质量合格标准提出了“在体能练习中保持良好的心态，表现出勇于挑战、勇敢顽强、坚韧不拔的体育精神”。对于“勇于挑战、勇敢顽强”如何依据学生在日常学习中的具体表现做出整体性的判断与评定，需要体育教师团队集体研究。此外，不同阶段学习的不同体育内容，在运动能力培养、健康行为养成、体育品德塑造等方面具有不同的价值，也需要体育教师采取系统思维、突出重点地统一尺度和确定评价标准。

（二）严格实施评价

统一评价标准后应该采取合适的体育与健康学业质量评价方法实施针对性的评价。要根据统一的评价标准对运动能力、健康行为、体育品德及其包括的二级指标采取不同的评价方法进行评定。在评价过程中对于定量评价的体能或技能指标要注意评价时间的选择，在注重形成性评价的基础上应该重视终结性评价对体育与健康教学效果的直接反馈。健康行为、体育品德虽然也可以采取定量评价的方法，但基于其评价指标的综合性与实践运用性不同于体能等定量评定指标，采取以定性评价为主的方式对其进行等级评定再进行量化处理、加权的方式更能够发挥学业质量评价的导向与激励功能。

不同体育教师在评价实施时方式方法和给定成绩的尺度统一与否也会对评价实施质量产生重要影响。应该注意让评价实施在时间与空间方面做到纵向与横向的统一，使得在同一评价标准下的学生体育学习成效、学业质量都能够得到准确客观的评定。

（三）用好评价结果

为发挥体育与健康课程学业质量评价应有的功效，要在以下方面加以注意，以用好学业质量评价结果。首先，分析评价结果反观教学过程。针对学生在运动能力展现、健康行为和体育品德养成等方面取得的成效和存在的问题，结合学业质量合格标准的水平要求对教学手段与方法、组织形式等进行调整，为学生体育与健康核心素养发展提供更好的支持。其次，通过评价结果激励学生。对体育学业质量优异者、取得重大进步者、在体育核心素养某一方面具有突出表现者予以肯定或嘉奖，既能够形成一种向先进看齐的氛围，又能够对其他同学产生一种督促作用，对后续体育与健康课程的开展产生积极效应。最后，利用评价结果选拔学生。体育与健康课程的学业质量表现一定程度反映了学生的体育兴趣倾向、学习能力和运动潜能，通过评价结果能够为学校体育比赛选拔具有潜力的参赛选手，也可以引导学生培养终身体育锻炼的习惯和能力。

三、体育与健康学业质量评价的要求

（一）准确客观及时

健康课程学业质量评价应该以体育与健康课程核心素养为导向，确保评价结果能够准确反映学生在经过一段时间体育与健康课程学习后取得的进步与成就，以便为学生后续学习奠定基础、指明方向。应该加强运用现代信息技术开展实时和精准评价，教师可以充分利用信息技术跟踪学生的学习过程，采集数据并基于数据分析结果，及时反馈和评估学生的学习情况，如利用运动监测设备记录学生的课堂行为表现和运动负荷，准确分析和评价学生的运动能力等。

在评价过程中，体育教师、学生及其他评价人员应该负有高度的责任感，充分认识到体育学习成效及学业质量评价对于学生发展、体育教学的重要意义和价值，认真对待评价的每一个环节。只有遵循目标导向、按照体育与健康学业质量评价的原则、方法、基本流程展开评价才能保证评价准确。对于运动能力中的运动认知与技战术运用、体育展示或比赛、健康行为和体育品德等以形成性评价为主要方法的评价内容，应该进行阶段性的及时评价并反馈，确保为学业质量评价提供足够的素材和依据。可以在教学设计时将体育学习成效评价的侧重点、方法和评价结果作为重要内容，指引评价的准确及时进行。

（二）注重沟通交流

体育与健康课程学业质量评价过程中应该注重教师之间、教师与学生的沟通与交流。为了保障评价的准确科学展开，体育教师应该就评价标准及相关内容达成操作性共识。在评价的过程中、评价结束后都应该针对出现的问题、评价产生的积极成效、学业质量评定结果反馈的相关问题进行沟通交流，据此为后续的体育与健康课程教学提供参考与依据。教师与学生的沟通交流同样重要，体育教师可以采取个别谈话、分组讨论、集体互动交流等形式针对学生体育与健康课程学业质量评价结果进行沟通交流，听取学生的反馈信息主要包括在学习中遇到的主要问题和困难，教师反馈学生学习过程中的成绩、不足与应该努力的方向，师生确定解决相关问题的途径与方法。

体育学习评价作为体育与健康学业质量评价的基础，二者密切联系又有所区别，但在评价过程中应该遵循的原则、采用的方法、评价的内容等都是一致的。体育与健康学业质量评价作为一种旨在全面反映学生体育核心素养的综合性评价，其评价结果是以各评价内容及其构成要素的评定结果为基础和依据的。依据《课程标准（2022）》的基本精神和要求，结合具体教学内容和学生体育学习的实践，制定具体的评价标准，开展重点明确、分层分类评价并合理设定各评价指标的权重是体育教师应该具备的基本职业素养。

四、体育与健康学习评价的案例

体育学习评价历久弥新，多元的体育学习评价的理念已经被广大体育教师理解并接受。随着体育与健康课程改革的逐步深入，《课程标准（2022）》有关学业质量评价既有继承又有创新，据此进一步推动体育学习评价改革是基础教育体育与健康课程改革的亮点，同时又是难点。如何将多元体育学习评价理念落实到平时的体育教学实践当中，如何依据体育核心素养进一步加强体育学习评价的可操作性，成为制约体育学习评价功能发挥的一大难题。评价过程的实施是否简单且易于操作，是否会过多地增加体育教师的工作量，将会对评价的有效实施产生重要的影响。

教育过程是复杂的社会活动过程，需要不断地进行探索，改进和完善评价体系。事实上，体育教师在体育与健康学习评价的探索中已经取得了一定成效，不少体育教师根据所在地区和学校的具体情况，利用统计学知识和计算机软件开发出了适合自己的体育与健康学习评价标准；一些体育教师设计的评价量表操作简单，既能对学生进行全面的评价，又没有过多地增加体育教师的工作量。这些体育教师的工作值得肯定，经验值得推广。《课程标准（2022）》学业质量评价概念的提出、学业质量评价内容的确定都是根植于体育与健康学习评价的实践确立起来的。一些典型案例较好地实现了体育与健康学习评价的可操作性，体现了评价主体多元化、评价标准动态化、评价过程连贯化、评价结果激励化、评价实施简单化。

案例8－1

水平二学生健康行为与体育品德的过程性评价记录表

______年级______班　______学期　　记录员（体育小组长）：

姓名	评价内容	课次/周次					总分
		第____周 星期____	第____周 星期____	第____周 星期____	第____周 星期____	……	
李小强	健康行为	★⃝■▲ ◇×	★⃝■▲ ◇×	★■⃝▲ ◇×	★⃝■▲ ◇×	……	……
	体育品德	★⃝■▲ ◇×	★■⃝▲ ◇×	★⃝■▲ ◇×	★■⃝▲ ◇×	……	……
赵晓明	健康行为	★■⃝▲ ◇×	★⃝■▲ ◇×	★■⃝▲ ◇×	★⃝■▲ ◇×	……	……
	体育品德	★⃝■▲ ◇×	★■⃝▲ ◇×	★⃝■▲ ◇×	★■⃝▲ ◇×	……	……
……	健康行为	★■▲ ◇×	★■▲ ◇×	★■▲ ◇×	★■▲ ◇×	……	……
	体育品德	★■▲ ◇×	★■▲ ◇×	★■▲ ◇×	★■▲ ◇×	……	……
评分标准	健康行为	评价内容： 1. 明确体育锻炼的益处，关注自己身高和体重的变化，能说出体育活动中的安全常识、努力做好必要的防护并形成习惯； 2. 合理安全饮食，知道吸烟的危害并抵制二手烟，具有健康的睡眠习惯； 3. 能做到每周进行3次（每次不少于0.5 h）课外体能练习； 4. 参与体育活动时表现出稳定的情绪，能与同伴交流，适应游戏和比赛环境的变化					

续上表

评分标准	健康行为	评价等级： ★　在课内外体育活动中经常表现出以上4种行为，并认真接受教师指导。 ■　在课内外体育活动中经常表现出以上3种行为，并较认真接受教师指导。 ▲　在课内外体育活动中经常表现出以上2种行为，或者有请病假、事假。 ◇　在课内外体育活动中经常表现出以上1种行为，或者有迟到、早退现象。 ×　旷课
	体育品德	评价内容： 1. 积极与同伴交流交往，表现出合作行为； 2. 在体育活动参与中积极向上，遇到困难时能够努力克服和继续坚持学练； 3. 在体育活动参与中关心同伴、尊重对手和裁判； 4. 在体育活动参与中能够遵守相关的规则，积极超越自我
		评价等级： ★　在课内外体育活动中经常表现出以上4种行为，并认真接受教师指导。 ■　在课内外体育活动中经常表现出以上3种行为，并较认真接受教师指导。 ▲　在课内外体育活动中经常表现出以上2种行为，或者有请病假、事假。 ◇　在课内外体育活动中经常表现出以上1种行为，或者有迟到、早退现象。 ×　旷课

说明：(1) 本评价表是一个对学生的体育与健康学习过程进行评价的案例，用于每节课对学生的健康行为与体育品德进行记录与评价，可由小组长（或者体育小骨干）操作，评价本组同学的课堂行为表现，其中有些评价内容无须每节体育课都做出评价，只需要在课堂教学过程中根据学习内容和情境偶尔进行评定。本评价表也可在经过改造后，用于教师对全班学生课内外体育与健康活动表现的评价。

（2）评价方法。教师可以根据教学需要给予★、■、▲、◇、×各种符号相应的分数，如分别为5、4、3、2、1，以便于总分计算。各项评价内容总分＝各节课分值之和/总课时数。

（3）“评分标准”一栏的内容也可以印在表格背后，以免占用表格空间。

（4）本评价表中的相应内容可以为案例8－2中教师在学期（或者学年）结束时，对学生的体育展示与比赛方面的成绩进行评价以及撰写评语提供翔实的数据和参考依据。

案例8－2

水平二学生运动能力及其表现的过程性评价记录表

____年级____班 ____学期 姓名________ 性别____ 学号________

<table>
<tr><td>评价内容</td><td colspan="6">评 价 范 围</td><td>综合评分</td></tr>
<tr><td rowspan="8">体能</td><td colspan="2">项目</td><td>50 米跑</td><td>坐位体前屈</td><td>1 min 跳绳</td><td>1 min 仰卧起坐</td><td rowspan="8"></td></tr>
<tr><td rowspan="2">期初</td><td>测试成绩</td><td></td><td></td><td></td><td></td></tr>
<tr><td>分数</td><td></td><td></td><td></td><td></td></tr>
<tr><td rowspan="2">期末</td><td>测试成绩</td><td></td><td></td><td></td><td></td></tr>
<tr><td>分数</td><td></td><td></td><td></td><td></td></tr>
<tr><td rowspan="2">进步幅度</td><td>进步成绩</td><td></td><td></td><td></td><td></td></tr>
<tr><td>分数</td><td></td><td></td><td></td><td></td></tr>
<tr><td colspan="2">单项评定分数</td><td></td><td></td><td></td><td></td></tr>
<tr><td rowspan="4">运动认知与技战术运用</td><td colspan="2">项目 1</td><td>认知与技战术运用 1</td><td>认知与技战术运用 2</td><td>认知与技战术运用 3</td><td>项目 1 得分</td><td rowspan="4"></td></tr>
<tr><td colspan="2">单项评定分数</td><td></td><td></td><td></td><td></td></tr>
<tr><td colspan="2">项目 2</td><td>认知与技战术运用 1</td><td>认知与技战术运用 2</td><td>认知与技战术运用 3</td><td>项目 2 得分</td></tr>
<tr><td colspan="2">单项评定分数</td><td></td><td></td><td></td><td></td></tr>
</table>

续上表

评价内容	评价范围					综合评分
体育展示	项目1	体育展示1	体育展示2	体育展示3	项目1得分	
	展示得分					
	项目2	体育展示1	体育展示2	体育展示3	项目2得分	
	展示得分					
体育比赛	项目1	体育比赛1	体育比赛2	体育比赛3	项目1得分	
	比赛得分					
	项目2	体育比赛1	体育比赛2	体育比赛3	项目2得分	
	比赛得分					
评语					总分	
	签名：				等级	

说明：

1. 本评价表由体育教师填写。

2. 评价方法。

(1) 体能的评价。

①体能测试主要根据《国家学生体质健康标准（2014年修订）》测试学生各项体能的成绩，并给予相应的评分。

②每个学期期末的体能测试成绩即为下学期期初的体能测试成绩。

③各单项体能评定分数 = 期末测试分数 + 进步幅度分数（即期末测试分数 - 期初测试分数）×权重。

④各单项体能进步幅度分数以附加分的形式加入到相应的单项体能评定分数中，其附加权重（如③中的权重）可以根据教学的实际情况和激励学生发展的需要进行确定和调整。

⑤体能综合评分 = 各单项评定分数之和/测试项目总数。

⑥每学期的体能测试项目由各学校根据学生的实际情况和教学需要予以确定，一般为2~3项。

(2) 运动认知与技战术运用的评价。

①运动认知与技战术运用的评定分数，主要由体育教师在日常教学过程中根据学期初确定的教学内容（项目）和评分标准对学生的实际表现予以评分；评分标准应根据体育新课标的相关水平目标的评价要点进行确定。

②运动认知与技战术运用综合评分 = 各单项评定分数之和/测试项目总数；也可

以根据教学目的和要求采取加权评定。

③ 每学期运动认知与技战术运用测试的具体项目数由各校根据学生的实际情况和教学需要予以确定并相应增删表格相关行列。

(3) 体育展示与评价在体育与健康课程教学中根据教学安排适时展开。

(4) “评语”一栏由教师基于运动能力表现、结合案例 8－1 中记录的学生健康行为表现与体育品德展现，以简练的语言对每一位学生进行终结性评价，并给予明确的学习指导。注意给每一位学生的评语要有针对性。

(5) 运动能力总分 = (体能综合评分 × 权重 1) + (运动认知与技战术运用评分 × 权重 2) + (体育展示 × 权重 3) + (体育比赛 × 权重 4)，所有权重之和为 100%。

(6) “等级”主要根据“总分”成绩给出，可以根据具体情况确定和调整优、良、中、合格、需努力所对应的总分分值，确定等级评定标准。

案例 8－3

水平二学生体育与健康学业质量评价成绩班级总表

______年级______班　______学期　学生数______　免修学生数______

姓名	评价内容			
	运动能力 (%)	健康行为 (%)	体育品德 (%)	总分
李小强				
赵晓明				
……				

任课教师：__________

说明：

1. 本评价表是由体育教师填写的班级学业质量评价成绩评分表，用于上交班主任或学校教务处。

2. 本评价表中的运动能力分数可由案例 8－2 中的“综合评分”一栏直接获得；健康行为和体育品德的得分通过案例 8－1 中的整体得分转化为百分制得分。

3. 计算总分时，所需要给出的各项评价内容分数权重由各地、各校根据教学的实际情况和激励学生发展的需要，予以确定和酌情调整。

复习与体验

1. 举例说明体育与健康学业质量评价、体育学习评价、体育教学评价的区别与联系。

2. 了解一所中小学校体育与健康学习评价的实施情况，对标新课程标准分析这所学校体育学习评价的成功经验、存在的问题，提出改进措施。

3. 选择一所中小学校，根据这所学校的具体情况，尝试设计一个能体现新课程体育与健康学习评价的理念，并且操作相对简单的体育与健康学业质量评价表。

拓展阅读文献

[1] 季浏. 体育与健康课程与教学论 [M]. 杭州：浙江教育出版社，2003.

[2] 季浏. 新版义教课标：构建以核心素养为纲的体育与健康课程体系 [J]. 上海体育学院学报，2022，46 (6)：1 - 9.

[3] 汪晓赞，何耀慧，尹志华. 基于核心素养的高中体育与健康学业质量阐释、构成与超越 [J]. 成都体育学院学报，2021，47 (1)：32 - 40.

第九章　体育与健康课程与教学研究

本章导学

体育与健康课程与教学研究既是教育行政部门、教研部门、学校应承担和落实的课程改革的重要职责任务，也是各级学校体育教研室、体育教师落实和推进课程和教学实施反思的途径。教师要树立“教学即研究”的理念，在不断学习、准确领会各项政策、法规、标准等基础上，通过专家引领、交流合作、自我反思等形式，开展体育与健康课程与教学实践问题研究。体育与健康课程与教学研究能力也是体育教师专业能力的集中体现，它是通过总结教学实践经验和及时发现课程教学实践中的问题，形成“发现问题—明确课题—实践研究—解决问题—专业提升”的研究路径，提高各类相关管理人员和体育教师终身学习意识的体现。只有管理、政策到位，采用各种形式的线上、线下培训，促进体育教师更新观念，利用有效的研究方法和手段，充实与拓展课程教学的知识，才有利于全面提升体育教师的专业素养。

学习目标

1. 准确理解体育与健康课程研究、体育与健康教学研究的含义，懂得体育与健康课程与教学研究的特点和意义，明白体育与健康课程与教学研究在体育教师专业素养提升方面的重要价值，厚植教育情怀。

2. 知晓体育与健康课程研究、体育与健康教学研究的范畴，通晓体育与健康课程与教学研究中存在的一般问题，能有针对性地补短板，在体育与健康课程与教学研究中更有解决实际问题的能力，为体育教师课程与教学研究提供指导。

3. 能根据教研的实际需要，选择适合的研究方法，解决工作中的实际问题，提高反思和研究能力，增强体育教师职业价值认同感。

基础教育是教育事业的基石，学校体育是基础教育的有机组成部分。改革开放40多年来，随着教育体制改革的不断深化，学校体育也随着教育发展而不断发展。体育与健康课程与教学研究是学校体育研究的重点，只有深入了解和认识体育与健康课程与教学研究的内涵、特点和意义，才能自觉挖掘体育与健康课程与教学研究的内容。把握体育与健康课程与教学研究的现状、问题及趋势，分析体育与健康课程与教学研究的发展前景，这是当前体育教育工作者面临的重要任务之一。

第一节　体育与健康课程与教学研究概述

体育与健康课程与教学研究，包括体育与健康课程研究、体育与健康教学研究两个方面，两者有着密切的联系，同时也有明显的区别。有密切的联系即体育与健康课程的编制者、研究者，学校教学管理者、实施者（体育教师）都要明确体育与健康课程、体育与健康教学分别是什么，它们各自具有什么功能，如何构建与实施具有中国特色的体育与健康课程与教学，特别是体育与健康课程设计者与实施者共同研究与探讨的问题，都要关注与研究为什么教、教什么、怎样教、怎样评价等问题。[①] 有明显的区别则是体育与健康课程研究的对象和体育与健康教学研究对象各有侧重点。

① 潘绍伟，于可红．学校体育学［M］．3版．北京：高等教育出版社，2015.

一、体育与健康课程与教学研究的内涵

“课程与教学论”是描述课程与教学现象，揭示课程与教学规律并指导课程与教学实践的学科。体育与健康课程与教学论作为课程与教学论分支，是研究体育与健康课程及体育与健康教学的现象问题、揭示规律并指导实践的学科。

（一）体育与健康课程研究的内涵

体育与健康课程是发展学生体育与健康核心素养的学校教育科目，其研究对象是体育与健康课程问题，即体育与健康课程论。体育与健康课程问题指体育学科理论研究者和体育教育实践工作者在课程实施过程中，探究课程内部各要素之间的相互关系和各学科之间的相互联系与作用的关系。体育与健康课程研究主要包括两个方面：一方面，研究与体育学科有关的基础理论问题、认知问题和价值问题；另一方面，研究与体育学科有关的实践问题。

（二）体育与健康教学研究的内涵

如果将体育与健康课程的理论研究和实践研究作为宏观研究，那么教学研究就是微观问题。体育与健康教学研究对象是体育与健康教学问题，即体育与健康教学论。体育与健康教学与其他学科教学有一定共性，都是有目的、有计划、有组织地向学生传授知识与技能，发展智力和体力，培养品德和形成个性的教育过程。[①] 同时，体育与健康教学又有其独特性，是在教学中以带动学生的身体运动为基本手段，促进学生身心发展的教育活动。

体育与健康教学论是从教育学、教学论中分化出来的一门学科，而教

① 张细谦，姚蕾．体育课程与教学论［M］．北京：高等教育出版社，2021：11－12.

学论的形成和发展是以哲学、心理学、解剖学和生理学等学科为基础的。现代科学理论的发展和推广，正在渗入教育学和教学论中，不仅成为教学论的科学基础，也成为教学研究的方法论。正是由于现代科学理论的日益渗透，体育与健康教学活动的研究正向着综合化、整体化和最优化趋势发展。当前，体育与健康课程的教学研究以《课程标准（2022）》和《普通高中体育与健康课程标准（2017 年版 2020 年修订）》为指南，围绕体育与健康课程的运动能力、健康行为和体育品德三大核心素养，体现课程性质、反映课程目标的体育教学研究在新形势、新任务下不断推进。[①]

二、体育与健康课程与教学研究的特征

体育与健康课程与教学研究是教育科学研究的一个分支，与教育科学研究有千丝万缕的联系，但不等同于教育科学研究，它是一种有独自特点的研究。这些特点集中体现在学理性、实践性、分化与综合性三个方面。

（一）学理性

体育与健康课程与教学研究包括课程和教学两个方面，课程引领教学，教学是课程的实施与深化。体育与健康课程资源的开发和利用、各个水平段教学计划大纲的规划、不同水平段体育与健康课程的衔接性和一体化，甚至小学、中学、高中体育课程一体化都需要大学、中小学体育教育工作者合理打造科学性、前瞻性、创制性的理论成果。以学会、勤练、常赛和时评为主体的体育教育过程，其方方面面都和教与学有直接关系，所有的规律都围绕着教学的中心规律开展，因此，体育与健康课程与教学研究具有学理性特征。如果体育与健康课程与教学研究脱离了学理性，就会成为无源之水、无本之木。

---

① 中华人民共和国教育部. 义务教育体育与健康课程标准（2022 年版）[M]. 北京：北京师范大学出版社，2022.

（二）实践性

体育与健康课程与教学研究依据一定社会发展阶段并在教学实践基础上产生、形成，又反过来指导和影响教学实践，并使体育与健康教学理论自身得到检验、修正、丰富和发展，如此循环往复、不断进行着以适应社会对体育学的需要，同时也使体育学科自身不断完善。体育与健康课程与教学研究只有为体育教学实践服务，才能成为真正有意义的研究。如果体育与健康课程与教学研究脱离了实践，就会成为不切实际、夸夸其谈的书斋研究。[①]

（三）分化与综合性

现代体育科学发展的重要特点之一是既高度分化又高度综合，体育与健康课程与教学研究也体现出分化和综合的复杂性特质。所谓分化，表现为体育与健康课程与教学研究从体育理论剥离出来，成为具有自己特殊研究对象、研究方法和理论体系的相对独立的学科。所谓综合，表现为即便体育与健康课程与教学研究建立在科学分化的基础上，由于各学科领域之间的相互依存和相互转化的必然联系，仍会形成具有新质且内涵更丰富的内容。[②] 如基础教育阶段体育与健康课程标准的特点是以学科核心素养统领课程的目标、内容、方法和评价。学科核心素养形成的途径不仅包括体育与健康课，还有课外体育锻炼、体育竞赛活动和体育社团活动等。《课程标准（2022）》中课程内容加入跨学科主题学习，生成将德育、智育、美育、劳动教育和军事教育高度融合，充分发挥育人功能，促进学生全面发展的多门学科交叉融合的教学内容。

学科分化与综合过程相互联系、相互补充，综合的趋势占重要地位，学科分化实际上已经是系统综合化趋势的一种体现。体育与健康课程与教学研究发展的整体化进程，其整体化体现在研究内容上，它从不同层次对

① 张细谦．体育课程与教学论［M］．广州：广东高等教育出版社，2013：212.
② 杨文轩，陈琦．体育概论［M］．2 版．北京：高等教育出版社，2021：155 – 156.

体育与健康课程与教学现象进行解释；从研究方法上，避免把事物分割成各个独立部分去研究，而从整体出发去研究对象。体育与健康课程与教学研究的特点见表9－1。

表9－1　体育与健康课程与教学研究的特点

特点	具体体现
学理性	为其研究提供理论指导和源泉，呈现基础特征
实践性	其研究过程中采用的方法、手段，呈现操作特征
分化和综合性	其研究过程中内容的细化和高度统一的矛盾体，呈现内容分、聚统一体的特征

三、体育与健康课程与教学研究的意义

（一）促进体育与健康课程与教学理论的发展

体育与健康课程与教学是一个有待于深入研究的领域。在体育与健康课程设计与课程实施的发展过程中，人们在原理与方法方面更多的是移植和借鉴了教育学、运动训练等有关理论。不过，体育与健康课程与教学和其他学科教学在教学的目的、过程特征、对象、条件等方面都很不同。因此，让教育学普适原理和体育与健康课程与教学特殊性相结合，同时由运动训练演变过来的体育教学理论和方法需要经过改造和加工才能很好地为实现体育与健康课程与教学目标服务。[①] 从体育与健康课程与教学的特殊性出发，研究其理念、性质、目标、对象、内容、教法、学法及评价，创建和发展具有体育与健康课程与教学特殊性的理论与方法，以更好地为我国体育与健康课程与教学的改革和发展服务。

（二）有利于体育与健康课程与教学改革的发展

我国当前正在推进的体育与健康课程与教学改革力度之大、影响之

① 张细谦. 体育课程与教学论［M］. 广州：广东高等教育出版社，2013：208－209.

深，远远超过历史上任何时期的课程改革，但还一直存在理论研究相对滞后、缺乏相对完善的体育学理研究的支撑等方面的问题；同时，在借鉴外国经验时，缺乏对其在中国国情、不同区域和民族特色背景下的全面分析，出现简单照搬照套、一刀切、水土不服等情况，这些都严重地制约了我国体育与健康课程与教学改革的切入时机和深入发展。而广泛、深入地开展有质量的体育与健康课程与教学研究对于理性地分析新形势，认识、理解、掌握新的体育与健康课程方案和教学改革目标，对于体育学科发挥育人功能、贯彻党的教育方针和政策都是有力保障。

（三）有利于为体育与健康课程实施提供指导

体育与健康课程与教学研究，既要为体育与健康课程的有效实施提供理论基础而进行理论探究；也要为体育教师实施课程方案有据可循，并结合学校实际情况制订校本课程，合理有效开展体育与健康课程的教学，努力提高教学质量，促进学生学科核心素养的形成与发展提供具体的指导。课程与教学研究要紧贴体育与健康课程标准中的“实施建议”来开展。其中，义务教育阶段的教学建议从编制课程实施计划、制订学习目标和选编教学内容、课堂教学方式方法、课内外体育锻炼等方面献计献策；高中阶段课程标准从选课、教学组织形式、教学计划制订、课堂教学建议等几个方面提供解决方案。

（四）有利于体育教师专业化发展

体育教师专业化发展，包括教师个体专业化和职业专业化。体育教师专业化发展既是一种状态也是一个发展过程，是一个持续不断的深化发展的过程。[①] 随着课程改革的日渐深入，体育教师职业的研究属性也越来越强，“研究型体育教师”成为新趋势。体育与健康课程与教学研究会直接促进体育教师对新时代课程的认知发展，并进一步探索新的教学模式与方

① 杨文轩，张细谦，邓星华. 学校体育学［M］. 北京：高等教育出版社，2016：299 – 303.

法，以符合新时代课程标准的理念。这是因为：①体育教师的“问题意识”和相应的研究工作与他的教学设计能力和实施能力有着密切的联系；②体育教师借助研究过程对体育与健康课程与教学实践的认识与理解也更加客观、准确和深入；③勤于思考和积极钻研的体育教师会努力学习，汲取新的知识，并提高自己的体育教学技能和技巧；④不断地总结和研究会极大地激发体育教师的创造性和自我价值认同感；⑤体育与健康课程与教学研究可以促进不同学科教师之间、同学科教师之间、教师与学生之间的互相交流，并增强体育教师团队整体教研水平的提高。以上各因素对不断促进体育教师专业化发展，提高体育教师社会地位，实现人生价值具有重要意义。

第二节　体育与健康课程与教学研究的范畴和问题

一、体育与健康课程与教学研究的范畴

体育与健康课程与教学研究是体育与健康课程和教学的有机结合，形成体育与健康课程与教学论。体育与健康课程研究和教学研究既有联系又有区别，二者共同作用并服务于各级各类学校的培养目标和体育目标。从纵向上看，课程研究引领教学研究，课程是确定教学目标、教学内容和教学方法的基础；从横向上看，课程研究需要在教学研究中体现。体育与健康课程研究内容和教学研究内容根据各自目标有所侧重，但又不可分割。

（一）体育与健康课程研究范畴

体育与健康课程研究内容可以分为宏观、中观和微观三个层次。在宏观层面表现为：从研究机构、学术团体和课程专家所倡导的，由国家教育行政部门规定的课程标准出发，从体育与健康课程观念层面辨析、战略地位、回顾与展望、审视与构建等理论高度进行研究；在中观层面表现为：

从地方、学校层次以学科的形式组织起来，在国家制定的体育与健康课程基础上，经由地方和各类学校进行加工细化，形成具有地域特色课程进行研究，形成体育与健康课程的地方特点；在微观层面表现为：教学角度的课程，包括教师规划并在课堂上实际实施的课程和学生实际体验到的课程。

体育与健康课程论的具体研究范畴主要体现在以下几点。

1. 学校体育理论方面的研究

学校体育理论方面常见研究如新时代学校体育的定位、特点；新时代学校体育对人的全面发展的新内涵、新要求；学校体育在第二个百年奋斗目标中的功能、价值和作用；“十四五”时期“建设高质量教育体系”学校体育的战略任务研究；2035 年“建成教育强国”战略目标下学校体育发展战略研究；建设高质量教育体系、建成教育强国背景下学校体育思想研究；以人为本的学校体育教育思想、模式、方法研究；中华优秀传统体育文化的挖掘整理与学校教育模式协同效应研究；青少年体质健康与国家人力资源发展变化相关性研究；《中小学校体育工作评估办法》实施与评估研究；后冬奥时期学校冰雪运动开展与学生参与可持续研究；体教融合促进青少年发展研究；我国青少年体育俱乐部发展与治理研究；学校体育的国际化比较研究；等等。

2. 基础教育体育特色课程研究

基础教育体育特色课程常见研究如动作发展、动作教育与体育课程内容建设研究；体育与健康课程教学质量标准研究；体育与健康课程标准校本化实施现状及对策研究；体育与健康特色课程建设研究；等等。

3. 学校体育智慧教育资源建设研究

学校体育智慧教育资源建设就是充分利用现代信息技术，并考虑我国不同地区在经济社会发展和文化传统等方面的差异，根据运动项目的可替代性和健康教育的必要性，结合各地各校师资队伍、场地器材、学生运动基础等实际情况，充分开发和利用人力和物力资源。体育与健康课程开发是体育与健康课程不断改革以适应社会不断发展需要的重要环节，是体育与健康课程论研究的重要领域之一。常见的如数字化时代学校体育的发展研究；体育与健康课程建设与“国家智慧教育平台”关联路径、增强教学效果研究；基于网络技术和体育与健康课程的开发研究；有关体育与健康教学案例库的建设研究；有关体育与健康课程、运动健身和健康评估教学与应用软件的开发。

4. 区域发展和农村地区与学校体育发展研究

区域发展和农村地区与学校体育发展常见研究如区域发展（大湾区、长三角、环渤海等）促进学校体育改革发展研究；民族传统体育资源开发与利用研究；乡村学校体育发展研究；留守儿童或随迁子女体育教育现状研究。

5. 体育与健康课程学业评价研究

体育与健康课程学业评价是根据学业质量对体育与健康课程以及结果等问题的价值和特点做出判断的过程，其目的在于保证体育与健康课程开发、设计和实施过程的合理性。

（二）体育与健康教学研究范畴

体育教学论研究的对象是体育教学。体育教学是实现学校体育目的任务的基本途径。学校体育的目的在于通过使学生掌握与运用体能和运动技能，提高运动能力；学会运用健康与安全的知识和技能，形成健康的生活方式；积极参与体育活动，形成良好的体育品德，为学生成为全面发展的人服务。

体育教学论作为一门学科，需要不断地充实和发展。在我国，特别是在当前形势下，如何建立具有中国特色的体育教学论体系，还有不少问题有待广大体育教学实践者和研究者去探讨。任何一门学科的形成和发展都不是孤立的，都不仅依赖于自身的经验和材料，同时也与其他相关的学科相互联系，并汲取它们所取得的成果来解决自己的问题。特别是在当代，各门学科相互渗透十分突出。体育教学论是从教育学、教学论中分化出来的一门学科。而教学论的形成和发展是与哲学、心理学、解剖学和生理学、生物学、化学、艺术学等学科有着广泛的关联性。

随着现代科学理论的发展和推广，现代科学理论正在渗入教育学和教学论中，其不仅成为教学论的科学基础，而且也成为教学研究的方法论。

正是由于这些现代科学理论的日益渗透，教学活动的研究正在走向综合化、整体化和最优化。体育教学论是由经验水平向理论水平发展，同样也必须以彼此不同而又相关联的学科为理论基础，从而促进学生身心和谐发展，推进“健康中国”建设，促进社会文明进步，培养德智体美劳全面发展的社会主义建设者和接班人。

体育与健康教学论的研究范畴主要体现在以下几个方面。

1. 基础教育教材与教学研究

基础教育教材与教学的研究主要体现为体育教材、教法理论与实践研究；体育教学与学生运动参与研究；体育活动中合理运动负荷与密度研究；核心素养教学与练、赛、评相结合协同发展研究；体育与健康教学资源的开发与利用研究；等等。例如，广东省第十一届大学生运动会科学论文报告会中的选题“体育课程思政的理论与实践研究”“体教融合的理论与实践研究”“新时代体育课程与教学改革研究”都要求从理论与实践的角度深入研究体育课程与教学。

2. 体育与健康教学的原则、方法和模式的研究

体育与健康教学既符合一般教学规律，也有其自身的原则、方法和模式呈现。体育教学自身规律以隐形形式存在，人们进行总结的体育教学的原则和方法是对内在规律的总结，既有真规律，也有伪规律，因此，需要对体育与健康教学中的规律和方法进行去伪存真的探究。例如，第十三届全国体育科学大会分会场征文选题指南“新时代体育课程与教学改革研究”“学校体育课程标准实施研究”研究课程的改革与教学实施。

3. 体育与健康教学内容的选择和各类教学计划研究

体育与健康教学内容丰富，需要根据实际条件选择适当的体育与健康教学内容，而教学内容呈现在各类教学计划中，如学段教学计划、学年教学计划、学期教学计划、大单元教学计划和课时教学计划，同时，要反映课程内容结构化、一体化的特点。还有幼小体育课程教学衔接、小学与中学阶段课程与教学衔接、中学与高中阶段课程与教学衔接以及大中小学阶段课程教学一体化衔接等。例如，广东省第十一届大学生运动会科学论文报告会“学校体育课程与教学”选题指南提出了“大、中、小体育教学衔接研究”，研究体育教学内容、教学体系的一体化。

4. 跨学科主题学习研究

跨学科主题学习是《课程标准（2022)》在课程内容设置中新增的贯穿整个义务教育阶段的内容，需要教师在教学中将体育核心素养有机渗透到跨学科主题学习目标中。教材内容设计中体现与不同学科知识的关联及整合，对教师综合素质、创新思维和应用知识的能力提出更高的要求。

5. 体育与健康学业质量与评价研究

《课程标准（2022)》指出："学业质量是学生在完成体育与健康课程某一水平学习后的学业成就表现，是以核心素养为主要维度，结合体育与健康课程内容，对学生学业成就具体表现特征的整体刻画。"以培养核心素养为标准确立评价维度、以五类课程内容为主体设置评价体系、以不同水平为依据制定评价等级等内容都需要深入研究。例如，《体育教学评价体系实践与创新研究》就是研究体育教学的评价体系建设，如何能够创新性地发展是研究的主要问题。

总之，体育与健康课程和体育与健康教学是不能截然分开的，它们是"你中有我，我中有你"的关系。

二、体育与健康课程与教学研究的主要问题

改革开放40多年来，体育与健康课程与教学研究成果的深度和广度逐渐拓宽，取得的研究成果也是令人瞩目的。根据以往体育与健康课程与教学研究的特点和倾向，进一步历史地、辩证地总结以往研究经验和需要完善的主要问题，有利于为后续研究提供思考方向。

（一）研究立足实践，但体育与健康课程与教学理论研究相对滞后

基础教育体育与健康课程改革20多年来，课程实践研究受到了学界的重视，但体育与健康课程与教学理论研究相对滞后。例如，为什么不断推进体育与健康课程改革？各改革阶段课程理论之间的承接如何让一线体育教师去适应和推进？体育与健康课程同体育课的本质区别是什么？跨学

科主题学习如何构架和落实？大、中、小学体育与健康课程如何实现一体化？这类课程与教学的基本问题还需要在理论上进一步厘清，避免实践教学出现片面化现象。体育与健康课程的名称不统一、目标体系的科学化、评价方法的可操作性都存在异议，体育与健康课程和教材建设仍需要不断推陈出新以适应新课程标准的需要，体育与健康教学内容的选择及体系结构仍未摆脱传统束缚，教学方法的科学化、现代化水平仍需大力提高，特别是对基础教育阶段体育与健康课程标准精神实质的理解和掌握、无缝对接地实施仍需要科学的理论指导，对体育与健康课程的教学规律、教学特点的认识也需要不断深化。

（二）研究视域扩大，但呈现盲目借鉴国外课程理论倾向

对国外课程理论的借鉴，为我国体育与健康课程理论的构建提供了内容支持和方法论思考，但由于对理论的来龙去脉、适应条件等因素缺乏深究，照搬移植造成水土不服。我国体育与健康课的由来经历了一个漫长的历程，从体操课程的引入，到体操科更名为体育科，再到2001年颁布的课程标准实验稿将体育课更名为“体育与健康”。体育学科是近代从国外引入的学科，课程内容和设置无不体现西方项目、西方体育思想的烙印，对体育学科的认识存在不断再认识的过程。基础教育阶段体育与健康课程标准是在2001年体育课程改革基础上的传承与创新，立足于国内，对接国际教育发展要求，但照搬照套国外经验和一套现成理论不可取，需要更开阔的视野和创新发展，放眼世界，立足于本国，解决中国自己的教育问题。

（三）研究视角多元，但研究方法单一，实证研究相对滞后

体育与健康课程研究起源于教育学研究，并不代表它只局限于单一视角研究，需要历史学、人类学、社会学、自然科学等多学科、多视角进行审视，有助于全面认识体育与健康课程与教学的实质。但研究方法局限于文献资料法、经验总结法等，对问题的认识需进一步深入。需要借助先进的、科学的调查工具，通过问卷、访谈、行动等研究方法，既需要质性研

究，也需要自然科学测试研究，这些都需要长期稳定的整体实验研究，这些都是体育研究者努力的方向。

（四）科研主体多角色，但高校教师研究与基础教育脱节，基层教育者研究有待深入

体育科研主体大致包括体育政策规划者、体育教研机构的人员、大中小学体育教师等，由于职称评定指标有所差异，各研究主体的方向、研究内容、研究力度、研究环境和研究水平等存在一定差异。高校教师职称晋升分为以科研为主型、科研与教学并重型和以教学为主型等三种晋升评定方式，高校体育教师一般有较全面的学科理论知识，更多从专业建设、学科发展角度研究高校体育。中小学体育教师长年工作在教学第一线，他们有着丰富的教学经验，但一定程度上忽视课程与教学研究理论，甚至对体育与健康课程与教学研究不重视、不深入。这样就形成高校教师研究以高校需求为研究对象，培养出来的中小学体育教师往往与中小学需求衔接不足；而中小学体育教师理论知识需要进一步加强。这就迫切需要高校教师与中小学校加强各种交流和合作，去了解、解决中小学现状问题，使高校培养出来的中小学体育教师能适应基层教育需要，同时加强了中小学体育教师学习能力，使其能及时总结和反思教学，提高教研能力。

第三节　体育与健康课程与教学研究的实施

研究方法和研究步骤规定了研究的具体程序与手段，是保证信息准确性及结论科学性的前提。体育与健康课程与教学研究方法具有多元性和综合性特征，因为课程与教学研究是实践针对性强的探究，适合采用多种探究形式或者方法，以便确定问题和获得可靠的答案。

一、体育与健康课程与教学研究的基本方法

（一）文献研究法

文献研究法主要指搜集、鉴别、整理文献，并通过对文献的研究形成对事实的科学认识方法。文献研究是一种既古老而又富有生命力的科学研究方法。对现状的研究，不太可能全部通过观察与调查，它还需要对与现状有关的种种文献做出分析。

1．文献资料的收集

体育文献资料的种类有：与研究课题有关的书籍（教科书、论著、资料性与参考性的工具书）、学术期刊、报纸、学位论文、学术会议文献、政府文件等。正确地查找文献资料可节省时间，提高搜集文献资料的效率。文献资料收集的原则是：在收集前，根据研究课题对所要收集的内容从范围和时间上加以限制；在时间上应由近及远；要注意原始资料（第一次文献）的准确性，不可断章取义；选择适合的检索工具，力争取得对某课题的各种观点，以求全面、新颖和准确。目前，大多数科研管理部门将下列四种数据库作为科研评价的权威检索工具：SCI（科学引文索引）、ISTP（科学技术会议录索引）、EI（工程索引）和CSCD（中国科学引文数据库）。还有一些检索工具也可作为科研评价的数据源，如SSCI（社会科学引文索引）、A&HCl（艺术与人文科学引文索引）、新华文摘、人大复印资料、中国社会科学引文索引。

研究者直接依靠所选检索工具查找原始文献的检索方法有：顺查法、倒查法、追溯检索法、循环检索法。

顺查法是指采用所选定的检索工具从研究问题发生发展的历史顺序着手，从过去到现在、由远及近、从古至今地逐年逐期检索所需文献线索，直至所需文献足够为止，这有利于全面掌握研究课题发展变化的背景资料，查全率高。

倒查法与顺查法相反，由研究问题的最新动态、最近时期文献为起点，由近及远、由现在向过去逐年逐期检索所需之文献，这种方法能迅速查到近期的最新文献资料，但要根据研究任务合理确定查找的终点范围。

追溯检索法是利用论文或专著后附注的参考文献目录，追溯查找原著

的方法。此法省时，少走弯路，能在短时间内扩大检索范围，获得较多的文献资料，但查全率无保证。

循环检索法是检索工具法与追溯检索法结合起来交替使用的一种综合检索方法，此法查全率高且能提高检索速度。

2. 文献资料的积累

研究者知识丰富的程度和能力的大小与资料的积累有着密切的关系。从事体育与健康课程与教学研究的体育教师应按专业和选定的研究方向坚持长期地、不间断地积累文献资料。

积累文献资料的方法有：①复印、下载保存全文，即根据确定的研究课题把复印、下载的全文整理成册，以便阅读与参考。②写读书笔记。写读书笔记可帮助记忆，积累文献，还可以提高问题分析与写作能力。读书笔记常见形式有提纲式、论题式、提要式、引语式和读书心得等。③建立文献卡。文献卡的内容有编号、著录（含题目、作者单位、刊物及卷期、版次与页码等），其方法是将编好了的号码卡片，按文献内容、发表的时间排列存放以便查找与整理。

积累文献资料的原则有七个：一是指向原则。要有明确的目的，始终以专业和选定的研究方向为中心。二是优选原则。要求善于甄别文献的质量，取重点文献中的思想、观点和方法。三是权威原则。为使作为选题及其研究思路所依据的概念、理论或方法有较强的权威性或可靠性，一般要选择专业或学科领域中公认的经典理论著作、学术权威或名家论著、核心期刊或学科领域公认的层次比较高的学术性期刊中的论文等。四是时效原则。当今科学技术发展迅速，知识更新加快，要求作者密切跟踪学科发展前沿动态，及时查阅最新文献资料。五是全面原则。凡是与研究课题有关的文献，不管什么学科，尽量搜集齐全，并分成系统，以利查核。六是价值原则。所搜集到的文献要经得住时间的考验，力求在一定的时间内对自己的研究工作有所裨益。七是认真原则。摘抄完文献后，必须与原文献进行核对，特别是引语和数据务必做到正确无误。

3. 文献综述

文献综述是指在搜集与阅读大量文献并将各种资料进行综合整理后，经综合分析而写成的一种学术论文，是科学文献的一种。文献综述是反映当前某一领域中某分支学科或重要专题的最新进展、学术见解和建议，往往能反映出有关问题的新动态、新趋势、新水平、新原理和新技术等，其形式包括概要性综述、评论性综述、纵向性综述、横向性综述、多角度综述等。文献综述分为前言、发展历史、现状分析、结论、参考文献等部分，撰写时要力求简洁明确、顺理成章、中心突出，文中论点和数据要有充分的根据。

（二）调查法

调查法是有目的、有计划、有系统地搜集有关研究对象的现实状况或历史状况的材料，借以发现问题、探索规律的一种方法。

1. 调查法的特点

（1）适用性广。

调查研究是以间接的方式研究客观现象，而不是直接研究对象行为本身。如学生居家锻炼情况、家长教育观念和教育方法等只能通过向家长调查间接了解。

（2）效率高，范围广。

调查研究基本上可以不受时间、空间条件限制，研究涉及范围广，收集资料速度快、效率高。

（3）形式灵活，手段多样。

调查研究既可以通过访谈、座谈、问卷等方式，向熟悉研究对象的第三方或者当事人了解情况，又可以通过测验、收集书面材料等途径来了解情况，从而掌握研究对象的现状和发展趋势。

（4）自然真实，简便易行。

调查研究在自然进程中收集资料，有利于了解研究对象的“本来面目”。同时它主要是通过考察现状而不是通过实验来进行研究的，因而不需要像实验法那样控制实验的对象，比较简便易行。

2. 调查法的类型

社会调查按照不同的标准可以有许多不同的分类，其中最常见的是按照调查的数量与范围大小分类，有普遍调查法、典型调查法、抽样调查法三种。

(1) 普遍调查法。

普遍调查法是对研究范围内的全部调查单位（研究对象总体的全部个体)，无一遗漏地进行全面考察了解，以获得某一时期该调查单位发展变化的基本特征状态的方法。普遍调查又属全面调查，可以是全国性、地区性或是局部性的，如全国性的人口普查、某市（某地区）残疾青少年普查等。这种方法，对于社会现象在某一时期的特征状态了解具有普遍性、广泛性，但是组织工作复杂，耗资大，涉及面广，个人难以完成。

(2) 典型调查法。

典型调查法是指从所研究的全部调查对象（个体）中，选择几个有典型意义、有代表性的个体（单位）进行调查、了解情况的方法。典型调查法通过认识个别，了解一般的途径，去达到对客观事物的共同本质或普通特征的了解。该法的优点是调查对象较少，方法灵活、易组织；耗费人力、财力较少；在短期内能获得大量生动具体的资料。其不足是典型选择数据较少，选择具有主观随意性，选择对象代表性不强。故调查的结论难以避免片面性或特殊性。

(3) 抽样调查法。

抽样调查法是指从研究对象的总体中，随机地抽取个体，总体中每个个体被抽的机会均等，将一部分个体（单位）作为样本，对其进行调查了解，以样本的调查结果去推断总体特征的方法。

随机地从总体中抽取一部分个体组成样本。随机抽样的方法有单纯随机抽样、机械抽样、分层抽样、整群抽样四种。单纯随机抽样是将研究对象的全体（总体）中的每一个个体按顺序编号，然后用抽签或“随机数表”随机地抽取个体组成样本的方法；机械抽样是将研究对象总体中的每一个个体按顺序编号后按固定的间隔抽取个体组成样本的方法；分层抽样是将总体按某种特征分成若干部分（称为层)，然后在每一层内随机抽取个体组成样本的方法；整群抽样是将总体分为若干集体（称为群)，然后随机地抽出几个群组成样本的方法。

体育与健康课程与教学领域内的现象很多，构成研究的总体很大，不可能都进行普遍调查，而典型调查又具有某种局限性。因此，从研究总体中抽取一定数量且对总体特征具有代表性的样本进行调查研究，既能够缩小调查范围，减少工作的量与难度，又可以提高调查的准确性、深入性和可靠性。因此，抽样调查是非全面调查中较完善、较科学、应用最广泛的一种方法。

3．调查法的基本步骤

调查法的基本步骤见图9－1。

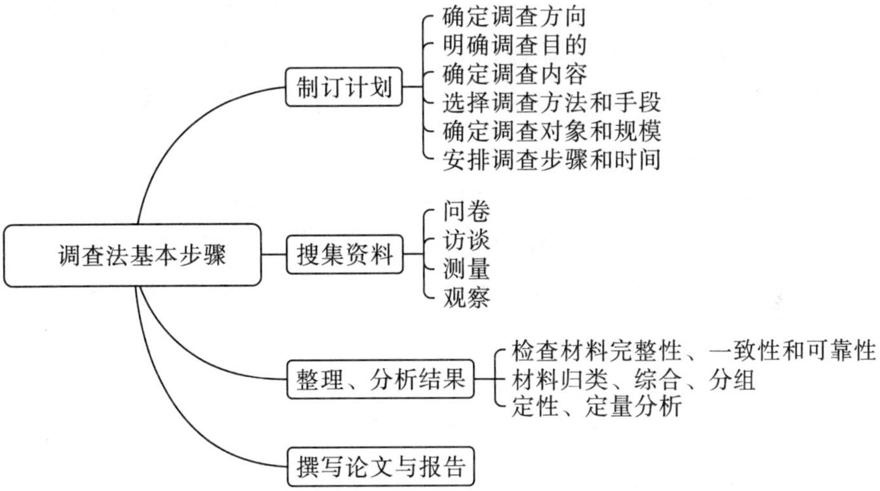

图9－1　调查法的基本步骤

4．调查的具体方法

(1) 访问调查法。

访问调查法是研究者与被访问者之间面对面的接触，通过有目的的谈话，寻求研究资料的方法。访问调查法可分为面谈调查法、座谈调查法。

(2) 问卷调查法。

问卷调查法是一种书面式的谈话调查，以卷面形式提出若干固定问题来询问被调查对象，以获取资料的方法。因为调查与被调查者不进行面对面的接触，加之不用署名填卷，故被调查者不受拘束，能较真实地回答问题。问卷调查法还具有省时、省力、省费用、调查面较广的优点。不足的是，可能会有一部分调查对象不作回答或回答不认真，回收率较低，故应和其他的调查法配合使用。

一份完整的问卷应包括问卷标题、答卷指南（说明部分）和问卷主体（调查问题的项目）三个部分。问卷说明中首先要讲明研究者调查本课题的意义及请求对方帮助与支持，其次应解释某些概念，准确说明填答问卷的要求与规格、请求对方填答完问卷寄回的时间等。问卷的主体部分是对调查项目的系统设计，包括提出问题、回答方式及问题排列的结构。

根据常规调查问卷提问的形式与回答方式一般分为封闭式与开放式两类。(详见附录)

(3) 特尔菲法（专家调查法)。

特尔菲法是以适当方式通过几轮咨询，请求专家建议，以期最后获得一致意见的方法。

特尔菲法运用范围较广，可以应用于课程标准的设计。例如，经多轮收集不同层面的专家意见和判断，有效地保证课程标准设计的效度。又如，运用特尔菲法对中小学体育与健康课程中实践教材进行优化与评价；运用特尔菲法对中小学体育与健康课程实施情况进行实证研究；用来预测各种教学手段运用的效果；等等。

(三) 教育观察法

1. 教育观察法定义

教育观察法属于科学观察法的范畴。它是研究者有目的、有计划地通过感官和辅助仪器，对处于自然状态下的教育领域内的研究对象进行系统的考察并客观地描述教育现象的方法。

2. 教育观察法的特点

(1) 目的性。

观察是根据研究需要，为解决某一问题而进行的。观察者根据课题研究的要求，有明确的观察目的，能把握观察的重点，确定观察的内容、形式和方法。

(2) 客观性。

客观性是指观察者所获得的资料能如实地反映客观事实。教育观察法是在自然状态下的观察，对观察对象不进行任何控制和干预，能够考察到观察对象在日常生活和学习等活动中真实的、典型的和一般的行为表现，观察者对此做真实详细的记录或客观描述。

（3）能动性。

教育观察是按事先预定的提纲和程序进行的，同时，规定了观察活动的时间、空间、顺序、过程、对象、仪器、记录方法与表格，是研究者根据需要，有目的、有计划地进行的。在观察过程中，研究者既要按照原计划进行，又要视情况的变化做出若干修正，更体现出观察者的主观能动性。

3．教育观察法的分类

根据不同的分类标准，可以把观察研究分为以下种类。

（1）按观察的情景条件可分为自然情景中的观察与实验室中的观察。

自然情景中的观察包括自然行为的偶然现象观察和系统现象观察，能收集到客观真实的材料，但材料往往是观察对象的外部行为表现。实验室的观察，由实验法特点所决定，这种观察有严密计划，有利于探讨事物内在因果联系。

（2）按观察的方式可分为直接观察与间接观察。

直接观察是凭借人的感官，在现场直接对观察对象进行感知和描述，因此直观具体。间接观察是利用一定的仪器或其他技术手段作为中介对观察对象进行考察，这类观察突破了直接观察中人的主观能力的局限，扩展了观察的深度和广度。

（3）按观察者是否直接参与被观察者所从事的活动可分为参与性观察与非参与性观察。

参与性观察，要求研究者直接参加到所观察对象的群体和活动当中去，不暴露研究者的真正身份，在参与活动中进行隐蔽性的研究观察。非参与性观察，不要求研究人员站到与被观察对象同一地位上，而是以“旁观者”身份，可采取公开的，也可以采取秘密的方式进行。

（4）按观察实施的方法可分为结构式观察与非结构式观察。

结构式观察是有明确目标、问题和范围，有详细的观察计划、步骤和合理设计的可控性观察；常用于对研究对象有较充分了解的情况下。非结构式观察则是对研究问题的范围目标采取弹性态度，观察内容项目与观察步骤不预先确定，亦无具体记录要求的非控制性观察；多用于探索性研究，用于对观察对象不甚了解的情况下。

4．观察计划的制订

观察计划是对运用观察法的步骤、程序与要求事先做出系统周密的设计与安排，也称为观察研究方案，是研究人员进行观察的依据，可保证观察工作顺利进行。观察计划的内容一般包括：确定观察目的与任务；选择观察对象；明确观察指标；确定观察指标的标准与规格；确定和设计观察的步骤、条件与方式；确定观察材料的记录方法。

5. 观察法实施的基本要求

第一，观察应严格按照计划进行，如发现观察计划有不妥之处时，要在能完成观察任务的前提下，进行必要的调整。

第二，灵活选定观察位置，以保证所观察的现象能全部、清楚地落入视野内，但不要影响观察对象的正常活动。

第三，要善于及时捕捉各个具有研究意义的现象。

第四，要正确判别各现象的重要程度，重点观察与研究主题有密切关系的现象。

第五，对较复杂的观察应进行集体配合，要恰当地进行分工。每个观察点有规定的观察中心，兼顾全面观察。各观察点（组）必须采用统一标准、统一的记录表格和记录符号。

6. 观察资料的整理

观察后应及时对观察材料进行整理，要全面审核观察记录，剔除可能有错误的材料，对漏记的数据可结合他人观察进行校补，如依据不足时则应坚决去掉，使观察记录完整、清楚、准确，为下一步的定量与定性归纳、分析打下基础，做好准备。

（四）行动研究法

行动研究法是近20年来发展较快的研究方法，比较容易掌握，特别适合于体育教师在开展体育与健康课程实施科研中运用，该优点使之成为一种越来越流行的研究方法。

行动研究法的创始人勒温认为，行动研究法是“将科学研究者与实际工作者之智慧与能力结合在一件合作的事业上的方法”。杰夫·米尔斯将行动研究定义为“教师、管理者、咨询者或其他人对教学和学习过程或环境所进行的系统调查研究活动，目的是收集特定学校如何运作、教师如何教学、学生如何学习的相关信息”①。

对什么是行动研究法，还有不少的提法，但它们基本上大同小异。把它们概括起来，可以认为，行动研究法是在实际情境中，由实际工作者和专家共同合作，针对实际问题提出改进计划，通过在实际中实施、验证、修正而得到研究结果的一种研究方法。

1．行动研究法的意义

（1）行动研究法可转变教师的教育观念。

“革新必革心”，教育观念的更新是教育改革成功的前提。按照行动研究法的理念，教师是研究者，不再是单纯的任务执行者，具有了主动认识问题、解决问题的意识和对自己教育行为的反思意识。这种理念充分发挥了“以人为本”的思想，提高了教师的主动性和创造性，有利于教师的自我完善和自我发展。同时，行动研究法使研究成为教师最有效的学习，使课堂实践变为教师最实在的工作空间。在研究实践中教师树立了终身学习和创新学习的新理念。

（2）行动研究法转变了教师的角色。

行动研究法要求教师从传统的知识传授者与灌输者角色变为学习者和研究者。在学习和研究中，教师与专家、学生在平等民主的气氛中共同合作。体育教师长期工作在教学的第一线，他们最了解需要解决的教育、教学问题，对实际工作中面临的困境或疑惑有最深切的感受。教师的工作性质和特点最适合将行动（教育、教学工作）与研究（探讨解决问题的方法）结合起来，探讨、解决日常教育、教学实践中出现的问题，使实践工作接近合理、科学、有效的目标。日渐深入的教育改革使得新的教育思想、新的课程计划、新的教学方法和设施等不断出现，要求教师在知识结构上更新、在情感与技能上适应，并需要教师对其做出评价，这种压力成为许多教师从事研究的动因。可以说，行动研究是培养和促成“研究型”体育教师的重要途径。

（3）行动研究法有利于教师解决教育实践问题，促进教学改革。

行动研究法与教育具体实践息息相关，行动研究法针对实际教育活动

---

① 莫特勒．行动研究方法：全程指导（原书第5版）．［M］．王凌峰，叶涯剑，译．重庆：重庆大学出版社，2022：5.

的动态过程，不断提出新的问题，如什么样的教学方法才能使体育与健康教学效果最优，如何有效处理和解决学生纪律和行为习惯方面的问题，怎样在让所有学生都得到发展的前提下照顾到学生的个别差异，等等。体育教师从实践问题中不断得到启示，继而提出体育与健康教学改革意见或方案，又不断充实或修正方案。当体育教师对教学实践进行反思和批判时，就开始用自己观察到的现象和收集到的信息来促进教学实践。行动研究法为体育与健康教学研究与解决体育与健康课程实施问题架起了一座桥梁，有利于体育教师研究并解决教育实践的实际问题，进一步促进体育与健康教学改革。

（4）行动研究法是教师专业能力发展的重要途径。

体育教师专业素质包括体育教育学科知识、教育科学知识、体育与健康教学经验以及体育特殊的专业能力等方面。特别是体育教师的这种特殊专业能力不是仅靠学习专业学科知识和教育科学知识就可以转化生成的，也不是仅靠教学经验积累、阅历的增多而自然积累的，而是需要体育教师在体育与健康教学实践中投入大量的精力进行研究，并将理论应用于实践才能得到综合发展。许多体育教师自认为已经掌握了专业技能，仅仅靠保持这种专业技能就可以获得成功。然而真正成功的体育教师通常是能够系统反思自己教学实践行为与行动结果，不断发展专业能力的教师。

2. 行动研究法的实施

行动研究法是一个螺旋式加深的发展过程，每一个螺旋发展圈又都包括计划—实施—观察—反思四个相互联系、相互依赖的基本环节，如图9－2所示。

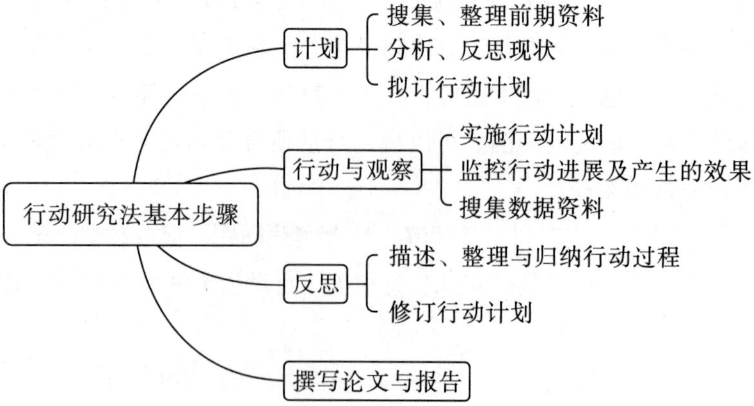

图9－2　行动研究法的基本步骤

计划，旨在改进现状的行动蓝图，始于解决问题的需要和设想。一般包括总体计划和每一个具体行动步骤的计划，尤其是第一步、第二步行动计划。研究者可以依据认识的不断深入和实际情况的变化来修改总体计划和具体行动计划。

实施，指行动者有目的、负责任、按计划地进行实践，在行动环节也可以根据其他研究者、参与者的监督观察和评价建议进行不断的修正和调整。

观察不是一个独立的环节，而是对行动全过程、结果、背景以及行动者特点的观察。观察既可以是行动者借助于各种有效手段对本人行动的记录观察，也可以是其他人的观察。

反思是第一个螺旋圈的终结，又是过渡到下一个螺旋圈的中介。通过反思，对观察到、感受到的与制订计划、实施计划有关的各种现象加以归纳整理，对行动的全过程和结果做出判断评价，并为下阶段的计划提供修正意见。

（五）教学实验法

教学实验法是依据一定的理论假说，在教学实践中进行必要而合乎教学情理的控制，探索教学的因果规律的研究方法，其基本步骤如图 9－3 所示。

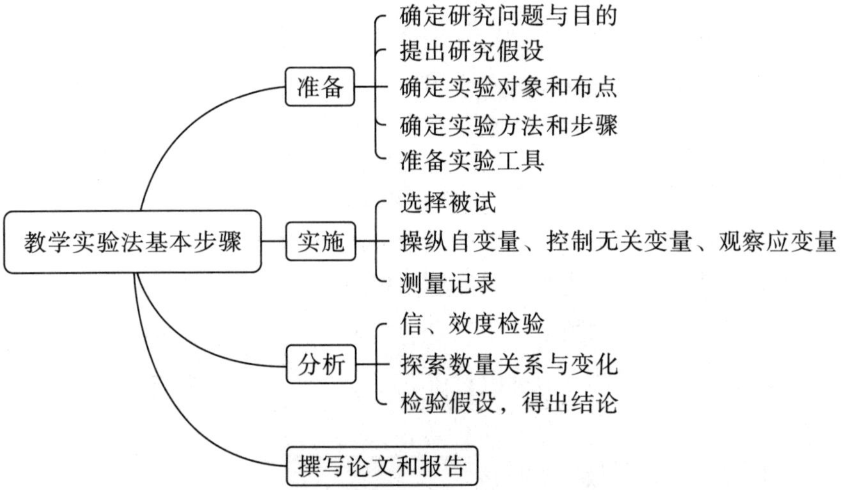

图 9－3　教学实验法的基本步骤

教学实验与自然科学实验相比，有着其自身的特点。首先，教学实验是在教学实践条件下进行的，任何教学实验必须是研究与实践的统一。这就要求教学实验研究的目标应与教学实践的目标相统一，脱离了学生的发展和培养目标的教学实验是不能成功的。其次，教学实验是人与人相互影响的活动，参与其中的有人的理性和情意，尤其是教学，没有价值导向和情感是不可能的。另外，在教学实验中，既有技术又有艺术，技术是基础、是手段，而艺术则是对各种实验技术的灵活运用和发挥，实验的技术往往通过艺术的处理在具体的实验活动中发挥作用。

（六）体育测量法

体育测量法是借助测量工具进行测量获得数据的研究方法。

1. 体育测量法的类型

体育与健康教学研究中的测量包括物理量的测量（如身高、体重、速度、远度和高度等）和非物理量的测量（如知识、技能、心理状态及个性特征等）。具体可分为以下测量：一是人体形态测量，包括体格、身体成分、体型、姿势等；二是生理机能测量，包括心血管、呼吸、代谢等；三是身体素质测量，包括速度、力量、耐力、柔韧、灵敏等；四是基本活动能力测量，包括走、跑、跳、投、攀爬、平衡等；五是运动水平测量，包括运动技能水平、战术水平等；六是运动状态测量，包括运动状态、运动负荷等；七是社会测量，包括人际交往、人际关系等；八是心理测量，包括行为、心理过程、智力、兴趣、意志、情感、性格等。

2. 运用测量法的要求

（1）数量化。

教学测量与物理、化学物质测量的相同点就是把事物或人的属性加以数量化，用可以比较的数值计量测量的结果。但有时用测量的值反映教学也是困难的，如学生体育成绩测量中的零分，并不能说明学生完全没有学习能力。

（2）提高测量的效度和信度。

有些因素会影响测量的效度和信度，如测量项目的数量、测量程序、测量项目的质量以及测试人和被测者等，都在一定程度上影响测量的效度和信度，测量时应努力设法排除或控制可能降低效度和信度的因素。

（3）采用适宜的数据处理方法。

各种测量都要运用数据，在运用数据时最基本要求是单位一致，这样才能排列顺序或等级而进行比较，也便于分析数据的差异。分析测量的结果不能只用自然数据来表明成绩，还要对测量的数据进行统计学的处理，以使数字的意义更为明确。

二、体育与健康课程与教学研究步骤

体育与健康课程与教学研究一般包括选题、提出研究假设、资料收集与整理分析、成果撰写以及发表与出版五个基本步骤。

（一）选题

1．选题的意义

选题是界定体育教研科研的具体研究内容与范围，确定研究工作目标及努力方向的重要环节，是体育教研科研的起点，也是学校体育工作者必经的重要步骤。选题是有目的、有步骤地选择体育与健康课程与教学工作中需要解决的理论与实践问题。在研究过程中，所选题目不同，研究的见解、范围、起点、内容和难度也各不相同，所采用的研究方法也不相同。

2．体育科研课题的基本来源

体育科研选题可以通过诸多方面产生，总结为以下几个方面：

第一，从体育与健康课程编制与实施中提出来的理论与实践问题中选择研究课题。体育教育工作者大量的研究课题来自学校体育与健康课程实施，尤其是现阶段体育与健康课程改革实践中直接影响学校体育与健康课程发展与教学改革的关键问题。

第二，从对传统的体育与健康课程与教学理论、观点、方法和结论的质疑中获得研究课题。随着科学的进步与实践的发展，用质疑的眼光去看待已有的理论、观点、方法，结合新课程标准实施，可以从中发现它们的错误、矛盾和不足之处，从而提出研究课题。

第三，从学术性文献资料中寻找新课程与教学实施的研究课题，通过查阅有关学术刊物、文献，发现过去的体育与健康课程与教学实施研究中尚未解决或未完全解决的问题，如前人研究时被忽略的问题，以及研究内容、方法、结论上的不足等。

第四，从新兴学科的发展及交叉处获得关于体育与健康课程与教学实施的研究课题。目前，自然科学和社会科学呈现交叉和渗透的趋势，为体育与健康课程与教学科研提供机会，从这里可以找到应该探索的新问题。

第五，从上级教育机关和学术团体所拟订的课题目录中选择课题。这些课题的拟订大都是通过对未来体育科研发展及教学改革的预测而确定的，研究者可以结合本地区和主客观条件从中选择课题进行探索研究。

第六，向专家或老师请教并在讨论中发现体育与健康课程与教学研究的课题。专家和学者对体育与健康课程的发展较为了解，能帮助启发灵感，可以在他们丰富的体育与健康课程与教学研究成果的基础上选择课题。

第七，在新课程标准实施中为验证某一教学原理或最新成果而获得研究课题。书本中的某一教学原理或近期公布的他人的最新研究成果，这些理论成果是否适合本地实际，必须通过本地的实践验证、验证性研究。这些同样是很重要的研究。

3. 选题的基本原则

在纷繁复杂的体育与健康课程与教学问题中选择适宜的研究问题，需要遵循以下原则。

第一，价值性原则。价值性原则是指在选择研究课题时，要选择有理论意义或有实际作用的课题，从实践或理论任何一方面把握研究真实作用。判别一个体育研究的价值高低可以从研究的科学性、创造性以及社会需要性三个方面入手。

第二，能力适应原则。能力适应原则指所选择的课题必须是研究者能力所胜任的，其胜任的标志包括：研究者本身的学识、观察能力、分析能力、操作实验仪器能力、组织能力等。

第三，可行性原则。可行性原则指选择研究问题一定要考虑客观条件的可行性，如果出现课题不切实际，超过研究者的学识基础、知识结构、经济能力、社会活动能力等情况，不论选题多有价值，研究仍将无法实施。

第四，亲和性原则。亲和性原则是指在一般选题过程中，应该选择那些自己熟悉领域内的感兴趣的课题。

（二）提出研究假设

研究假设是对调查对象的特征以及有关现象之间的相互关系所做的推测性判断或设想，它是对问题的尝试性解答。由于这种设想目前还未获得充分的证据，因而研究假设需要在调查研究中加以证明。

1．提出问题

提出问题是科研选题的第一步，所有课题的选择都是从发现和提出问题开始的，所以每一个研究者在进行课题选题时，都应该首先认识到问题的存在，即从自己所熟悉的本职工作或者感兴趣的研究领域中，认真观察和寻找具体的问题。同时从背景调查与能力衡量两个方面去探索研究这些课题的可行性，如果结论是研究可行的话，则可从中选出一个或者数个最适合自己的研究课题。

2．查阅文献，形成假说

提出的问题，并不一定是科研或教研课题，还必须经过查阅文献。因为科学研究应在当前发展水平的基础上进行，通过查阅文献，了解前人已经做过哪些研究，形成了哪些成果，在前人研究的基础上总结出自己所要研究的方向。

假说的形成，有一个从假设到假说的过程。所谓假设，是研究人员在科学研究过程中，根据事实材料，运用已有的科学原理，充分发挥思维的想象力和创造力，对所研究事物的本质和规律提出的初步设想，假设是科学假说的胚胎，是科学理论形成过程中的起点。科学假设的作用在于使研究范围集中，研究核心明确，研究者可更有效地利用材料。但是假设应以已知的事实和理论为前提，通过推理论证，推测出一个暂时认为正确的结论来，最后形成假说。

3．确定题目

假定科研构思初步形成，科研施工手段基本确定后，用文字准确、科学地表述出来，形成正式的科研题目。科研题目是研究内容的高度概括和中心所在，力求用精练的文字告诉读者研究者所研究的问题。一个确切的题目能清晰地表达出研究的对象和要解决的具体任务，或能准确地反映出研究对象与施加因素及预期效果之间的联系，并能从题目上看出属于什么学科范畴。科研题目要力求贴切、明确、精练、醒目、简短，表述上要符合语法规范要求。

4. 课题论证

课题论证一般可采取课题报告或者征求意见的形式进行，征求主管单位有关领导、专家及同行的意见，听取他们对本课题的价值、可行性和科学性等方面的评价，论证的内容一般是从选题的意义、国内外研究动态、拟订研究途径方法、预测研究结果等研究内容，依次逐项进行分析与评价。

（三）资料收集与整理分析

1. 资料的收集

根据课题研究的主要内容和关键词，确定资料收集的范围，运用预先设计好的方法尽可能有效地、客观地、全面地获得研究对象的有关资料。其来源途径主要有：文献资料、调查研究资料、实验与专题测量数据资料、课程实施与平时教学实践观察的事实资料等。

2. 资料的整理与分析

对获取的资料与事实进行整理与分析，即运用比较、分类、类比、归纳、演绎、分析、综合以及各种数学方法或其他方法，对研究中的现象和变化规律做出解释和说明。

（四）成果撰写

科研课题研究过程中会形成一定成果，成果的形式包括论文、专著、教材、研究报告等。

论文、专著、教材和研究报告是全部科研工作成果的文字表达形式，对研究成果的交流、推广和研究的更进一步深入均具有重要意义。课题形成的成果应达到创新、达理、科学、规范四个方面的基本要求。创新即具有新的科研信息和问题解决意识；达理即有一定的学术价值；科学即论述准确，内容和表述科学；规范即表达专业，可读性强。

1. 体育与健康课程与教学研究成果的基本结构

体育与健康课程与教学成果属于教育科学类范畴，因其体例的不同其结构也有所不同。但基本结构大同小异，一般包括：题目、署名、引论、主论、结论、引文或参考文献六个部分。

（1）题目。

题目，用一句话点明作者所要研究的问题，如《当代体育与健康课程发展趋势》，说明该文研究的是当代有关体育与健康课程发展新趋向的若干问题，如课程价值取向、课程目标、课程内容、课程实施和课程评价等方面的问题。在一些规范的研究报告中，题目最好还应该点明研究方法，如《小学体育与健康教学中培养学生体育品德的教学实验研究》，说明研究的主旨是如何在小学体育与健康教学中培养小学生优良体育品德的问题，采用的研究方法是教学实验法。

（2）署名。

署名，即研究人的姓名，题目下面署上作者姓名和工作单位，以示文责自负。

（3）引论。

引论是一项成果的前言。不同体例的论文、研究报告、调查报告等，引论部分阐述的内容有所不同。如调查报告主要写明调查的目的、原因、意义等；实验报告则主要写明实验的缘由、目的，提出假说。但不论何种体例、类型的成果，其引论部分都应该符合两个要求：一是交代清楚本课题研究的目的、意义，前人的研究状况以及本课题研究所要解决的问题；二是文字力求简明扼要，只要点明问题即可，不必多加铺叙。

引论部分在论文、研究报告、调查报告中可以冠以明确的标题，常用的如“问题的提出”“调查目的”“引言”等，也可以不加标题，只在立论的前面写上一段话。一般说来，规范的研究报告通常都冠以标题。

专著、教材的引论部分则呈现在著作章节前面，即前言部分，由作者或编者对著作的政策性指引、著作特色和章节撰写情况进行完整交代。

(4) 主论。

主论是一篇论文、一部著作、一项研究报告的主体。在主体中，作者提出自己的论点，运用丰富的材料，展开充分、严密的论述，证实或推翻某一观点。不同体例的成果，对主论部分的格式要求也有所不同。以运用文献资料为主进行研究的论文和研究报告，一般都将主论部分分成若干部分，或加以标题，或标以“一”“二”“三”等，逐层展开论述。而调查报告、实验报告、测量报告等规范性要求较高的论文，则将主论分成以下三个部分。

第一，研究对象与方法。即写清楚研究对象的情况及运用的研究方法。如调查或实验对象的年龄、性别、取样方式、样本容量、控制条件、调查项目或实验因素、研究结果的检验方式、操作步骤等。

第二，研究结果与分析。即把研究过程中收集到的资料、数据进行整理后展示出来，或用图、表，或用文字描述。根据研究结果，进行分析、比较、综合推理，展开合乎逻辑的论证。

第三，讨论。即在对研究结果进行分析后，还有必要进行更为深入的讨论，例如，对研究结果的理论分析，对研究方法的科学性与局限性、研究成果的可靠程度与适用范围等做进一步阐述。

出版的著作和教材则以章节进行呈现，每一章节论述一个主要内容和观点。

(5) 结论。

结论是对整个研究工作的小结，简要归纳所获得的成果或观点，也可以提出今后进一步研究的问题、方向。在调查报告中，这一部分应着重提出有价值的建议。

(6) 引文或参考文献。

任何科学研究活动都是在前人研究的基础上前进和发展的，体育与健康课程与教学研究也不例外。在进行研究的过程中，应该广泛地阅读相关文献资料，参考已有的成果，只有这样，才能减少不必要的重复劳动，取得有价值的成果和突破。参考引用的文献注重研究的与时俱进，参考引用近五年内的文献。凡是引用了他人的材料或研究成果，都必须加以说明，注明出处。

此外，论文完成之后，还应写出论文摘要、关键词，并放在题目之后、正文之前。

摘要是论文的重要检索点。撰写时要注意用第三人称写清研究目的、结果、结论；着重反映新的内容和作者特别强调的观点；排除在本学科领域已成常识的内容；结构要严谨；语言要确切；文字通常在200字以内。

关键词一般3～5个，选用能反映论文内容特性，通用性强，为同行所熟知的名词性单词或词组。

2. 撰写论文的一般方法、步骤与要求

（1）确立论点，选择资料。

论点是科研论文的灵魂，是研究者在长期研究过程中从获取的大量事实资料中分析、综合提炼出的新观点、新见解，绝不是凭空臆造的。论文的学术水平主要表现在论点的科学性、创造性和新颖性。因此，需要在认真研究、分析资料的基础上通过科学抽象和逻辑加工，形成基本的论点，达到对事物的本质认识。

论点是从大量事实资料加工抽取的，而在论文中用以说明论点的资料却不能太多，要有代表性、典型性和针对性，选取最能说明问题、揭示本质的事实资料。选出后，将其中部分资料做“半成品”的技术处理制成图表。

（2）总体构思，拟订提纲。

论文的总构思相当于粗打腹稿。大致考虑论文的框架层次，明确论述中心，预计问题的排列顺序等。然后再将构思的内容用书面文字表达，形成论文提纲。

（3）撰写论文初稿。

按照论文提纲，并根据选出的已经整理加工的事实资料，完成初稿，尽可能一气呵成，中途不宜停顿，也不要急于回头修改。

（4）认真修改定稿。

论文初稿完成后，以读者的眼光对初稿认真审读与修改，这是保证论文质量的重要的一环。在修改文稿中，力求反复推敲、锤炼字句、协调结构、理顺层次、纠正错误、去掉语病。如此反复多次后未再发现明显缺陷，即可定稿。

3. 论文的评价

科研成果用论文表达出来后，要想得到社会承认，成为科学宝库的精

神财富，必须要通过评价才得以实现。

（1）论文评价的形式。

第一，专家个人评价。这是指请某一方面的专家、学者对某一论文单独进行审阅、鉴定，并写出鉴定意见。

第二，专家集体评价。这是以专家会议的形式，对某一论文当面征求专家意见，经过讨论后形成较集中评价意见。

（2）论文评价的主要内容。

第一，选题的意义。这是指选择的课题是否新颖、独特，具有实用性，以及在理论和实践中的重要程度。

第二，研究方法的合理性、科学性。这是指采用的研究方法是否与题目内容、任务相适应；主要方法是否设计得科学严谨；是否有独创的先进方法与手段。

第三，论点的科学性。即论文的论点应正确、鲜明、新颖、客观，有独创的见解和创新的理论。

第四，论证的逻辑水平、广度与深度。即论证要符合逻辑规律，论据与论点必须一致，推理方法形式运用正确合理；论证的中心突出并有一定的深度，论证的问题范围与研究范围相一致。

第五，运用理论的程度。即能结合本课题相关的专业理论、基础理论对所研究的问题与获取的资料进行充分论述、阐释与分析，并经高度概括抽象形成观点、结论。

第六，论文中引用多种事实资料。论文中引用的事实资料，首先，要真实、可靠、准确、客观，来自实践；其次，要丰富、完备、有代表性和说服力。

第七，论文结构层次的完整性与合理性。论文的结构要完整合理、层次清晰、逻辑性强，格式要规范，尤其是讨论部分的结构要适合表达研究的成果内容。

第八，结论的价值。即从研究任务和专业角度出发，看结论的正确性、全面性、概括性和创造性。

第九，文字水平。论文的基本要求是通顺、准确，用词贴切。

第十，图表运用技巧。论文的图表运用要适合论证需要；直观性、说服力和技巧性较强；图表规范。

3．评价论文的主要方法

第一，定性评价。定性评价，指请有关专家在审阅论文后，对其质量水平写出比较全面的评价，做定性描述。此法评价具体，能知晓成果的价值，但有不足之处。

第二，定量评价。这是先制定评价指标体系及标准，然后请若干专家或集中或分散按标准打分，最后求出专家评分均值的方法。

为力求评价的科学、客观、准确，通常将上述两种方法结合使用。

（五）发表与出版

1．论文发表途径

一般情况下，论文发表的途径有四种，一是在专业学术刊物上发表；二是在学术出版社出版；三是在学术会议上宣读并编入学术论文；四是作为教学参考资料。

2．论文投稿应注意的问题

一般情况下，论文直接向学术刊物投递。对于学术专著而言，则应先与出版社联系，并寄去该专著的摘要。如果出版社有意出版该专著的话，就会指派责任编辑就作品详细讨论出版事宜。

无论是论文投稿或专著发表，都应注意在文稿投递前要保留备份，这是因为有些学术刊物有如不采用也不退回稿件的规定。对于专著文稿来讲，作者与编辑手中各持一稿，有助于双方在电话或传真中讨论修改稿件。

此外，很多学术刊物往往都通过个人注册实行网上投稿，并要求按刊物的“论文模板”和“投稿须知”的规定进行投稿，这也是作者应予注意的投稿事宜。

复习与体验

1．结合自己专业学习的实际体会，简要阐述体育与健康课程与教学研究的特点和意义。

2. 查阅一份学校体育科学论文报告会的论文选题指南，分析其体育与健康课程与教学选题包括哪些方面的内容。

3. 请与同学交流、讨论，体育与健康课程与教学研究是否可以作为本科毕业论文的选题？如果可行，打算运用哪些研究方法？

拓展阅读文献

[1] 杨文轩，张细谦，邓星华. 学校体育学 [M]. 北京：高等教育出版社，2016.

[2] 宋旭，游永豪，李晓静. 中小学体育教学研究方法 [M]. 武汉：武汉大学出版社，2016.

[3] 于春艳. 实用体育科学研究方法 [M]. 北京：北京体育大学出版社，2013.

[4] 黄汉升. 体育科学研究方法高级教程 [M]. 北京：高等教育出版社，2023.

[5] 徐冰鸥，张旭芳. 新中国教育研究方法教材建设：回顾、审思与前瞻 [J]. 中国教育科学，2023，6 (1)：134 - 144.

第十章　体育与健康课程与教学改革

本章导学

学校体育教育作为教育事业的重要组成部分，对整个教育与体育事业的发展有着独特的价值和作用，是推进教育强国、体育强国建设的基础。进入新时代以来，在党和国家的高度重视和正确领导下，基础教育体育与健康课程改革取得了重大进步，并形成了以义务教育体育与健康课程标准、普通高中体育与健康课程标准为代表的系列成果。在此背景下，系统梳理我国基础教育阶段体育与健康课程改革的发展历程，深度解析基础教育课程改革的演进规律，全面把握体育与健康课程改革引领下的课堂教学新样态，对于推进中国式现代化的学校体育高质量发展，从而助推教育强国、体育强国建设意义重大。

学习目标

1. 初步了解基础教育体育与健康课程改革的历史背景、演进历程及阶段特点，明白基础教育课程改革对体育与健康课程改革的影响，懂得体育与健康课程改革在基础教育课程改革中的重要作用。

2. 熟悉并理解21世纪以来基础教育体育与健康课程改革的整体思路，了解不同历史时期体育与健康课程改革的坚守与继承、发展与演变。

3. 明确体育与健康课程改革对课堂教学实践的引领作用，思考如何将体育与健康课程改革的整体要求，在实践教学中进行贯彻落实，能够初步尝试依据课程改革要求进行教学设计和实施。

我国基础教育课程从清朝末年至今，经历了百余年的发展历程。回顾我国课程发展变革的历史，探讨其发展规律和整体趋势，对研究和实施基础教育课程教学十分必要。课程标准是课程改革和发展的风向标，反映了课程改革的动态发展过程。体育与健康课程标准的核心是课程性质、课程理念、课程目标、课程内容、课程评价等。自2001年第8次基础教育课程改革启动以来，在党的教育方针政策的正确引导下，课程标准的研制、修订与实施已经走过了20余载的风雨历程。站在时代变革的前沿，深入剖析20年来体育与健康课程标准的继承与发展，对于全面了解21世纪以来基础教育学校体育与健康课程的发展变革、准确把握新时代学校体育高质量发展的战略要义、科学开展体育与健康课堂教学创新与实践具有非常重要的现实意义。

第一节 基础教育体育与健康课程改革概述

一、体育与健康课程改革的历史缘起

（一）适应基础教育课程改革的应然需要

1. 知识经济全球化呼吁教育变革

回顾人类历史，教育总是伴随着社会政治、经济、文化、科技发展的变迁而进行自身变革和创新，而课程则伴随着各个历史时期教育思想的转变而不断变革和发展。1949年12月，中华人民共和国成立后第一次全国教育工作会议召开，会议确定了全国教育工作的总方针，标志着我国从半殖民地半封建教育向新民主主义教育转变。1952年，《小学暂行规程（草案)》和《中学暂行规程（草案)》正式颁布，全面规范了我国中小学教育教学，形成了我国中小学校课程设置的基本框架。教育部制定了新的小学、中学各科教学大纲，中华人民共和国初步建立起了新的基础教育课程体系。在此之后，基础教育课程改革也伴随着国家不同历史时期的变化而历经了不同发展阶段，反映了不同时期的探索与诉求。20 世纪 90 年代以来的科技革命对人类社会生活产生了广泛、深刻的影响。这种影响不仅仅表现在社会的政治、经济等重要领域，在知识经济、信息化和全球化的冲击下，世界各国都认识到了基础教育对社会经济发展的重要性，为了充分发挥教育的积极作用，各国都从实际需要出发进行了规模宏大的基础教育改革运动，课程改革作为其中的重要组成部分，受到各国政府和教育界的极大关注。① 我国新一轮的基础教育课程改革正是在这一大背景下展开的。

2. 新的基础教育课程体系亟待建立

1998 年中国共产党第十五次全国代表大会提出，1999 年启动的《面向 21 世纪教育振兴行动计划》和 1999 年召开的第三次全国教育工作会议，都提出了改革现行基础教育课程体系，研制和构建面向 21 世纪的基础教育课程教材体系的任务。2001 年召开的全国基础教育工作会议和国务院做出的《关于基础教育改革与发展的决定》，进一步明确了新一轮课程改革的指导思想，并提出要加快构建适应时代发展要求的新的基础教育课程体系。

2001 年 6 月，教育部颁布了《基础教育课程改革纲要（试行）》（简称《纲要》），掀起了以“为了中华民族的复兴，为了每个学生的发展”为目标的第 8 次课程改革的浪潮，素质教育下新课程体系建构是该时期课程改革的核心表达。体育是教育的重要组成部分，体育与健康课程作为基础教育课程体系中的一个组成部分，必须依据基础教育课程改革的整体要求、坚持基础教育课程改革的价值导向，才能同其他学科一起培养出国家需要的时代新人。为落实《纲要》的基本精神，教育部基础教育司牵头组织专家研制了中小学各门课程的课程标准或指导纲要，2001 年《全日制义务教育 普通高级中学 体育（1～6 年级） 体育与健康（7～12 年级）课程标准（实验稿）》（简称“2001 年《课程标准》”）也就此问世。2001 年《课程标准》不仅打破了实施近半个世纪的“教学大纲”的局限

---

① 徐仲林，徐辉．基础教育课程改革理论与实践［M］．2 版．成都：四川教育出版社，2005.

与束缚，更里程碑式地提出了“健康第一”的指导思想，还在课程目标、课程内容、教学方式和学习评价等方面发生了全新的变化。2003 年 4 月，《普通高中体育与健康课程标准（实验）》颁布，“体育与健康课程”正式走进普通高中，第 8 轮基础教育体育与健康课程改革全面拉开帷幕。

（二）改革基础教育体育与健康课程弊端的必然选择

1. 传统基础教育课程弊端日益突出

中华人民共和国成立以来，我国基础教育取得了巨大成就，基础教育课程也在不断改革中逐渐发展完善。然而，随着我国改革开放和社会主义现代化建设进入新的历史时期，面对日新月异的科学技术发展，传统基础教育课程已不能完全适应时代发展的需要，其存在的问题也日益突出。为解决上述问题，教育部决定大力推进基础教育课程改革，调整和改革基础教育的课程体系、结构、内容，构建符合素质教育要求的新的基础教育课程体系。作为改革的纲领性指导文件，《纲要》明确提出了基础教育课程改革的具体目标：改变课程过于注重知识传授的倾向，强调形成积极主动的学习态度；改变课程结构过于强调学科本位、科目过多和缺乏整合的现状；改变课程内容“繁、难、偏、旧”和过于注重书本知识的现状，加强课程内容与学生生活以及现代社会科技发展的联系；改变课程实施过于强调接受学习、死记硬背、机械训练的现状；改变课程评价过分强调甄别与选拔的功能，发挥评价促进学生发展、教师提高和改进教学实践的功能；改变课程管理过于集中的状况，实行国家、地方、学校三级课程管理。

2. 体育与健康课程改革需持续深化

在广大学校体育工作者的共同努力和社会、学校的大力支持下，基础教育体育与健康课程改革取得了有目共睹的成就。但是随着我国经济、文化的快速发展和改革的不断深入，基础教育体育与健康课程改革中的一些问题也逐步显现，主要表现在以下几方面：①教育观念相对滞后。虽然“素质教育”“健康第一”“终身体育”等思想已经在课程改革中有所体现，但是受制于根深蒂固的竞技体育、应试教育等传统观念，新型教育理念在实际教育教学过程中还没有得到实质性的贯彻执行。②体育与健康课程内容略显陈旧。虽然历次体育教学大纲的修订在教育理念和教学任务方面都有了较大幅度的改进，但在课程内容的选择与设计上还不能适应学生的身心发展特征和时代需要。一方面，教学内容规定得过细、过死，忽视了我国经济、文化发展水平和自然地理环境存在较大差异的基本国情；另一方面，教学内容体系竞技化倾向严重，有的内容远离学生的生活经验，不能很好地激发学生的学习兴趣和培养体育能力，终身体育目标难以实现。③教学方法过于程序化。传统的体育教学方法过于手段化、公式化，过多地考虑运动学和生理学的规律，很少考虑学生的情感、体验和需求。在教学过程中，以教师为中心的思想和做法依然没有改变，且过多地强调教师授课的权威性、课堂气氛的严肃性和学生学习的被动性，忽视了学生的兴趣爱好，忽视了学生的主体地位，忽视了学生的创造精神。由于教学方法单一、死板，致使学生的学习积极性难以得到激发，学生的创造性几乎无法表达，学生难以有愉快的体验。④课程评价内容和方法单一。传统的体育课程评价体系存在着评价内容单一、评价工具和方法单调、过分注重结果性评价等问题，导致忽视学生个体差异性，不能体现学生学习的阶段性进步和成长，从而不能发挥评价原有的诊断、激励、反馈等功能。

二、基础教育体育与健康课程改革的演进历程

（一）第一阶段（1949—1978 年）

1950 年教育部颁布了《小学体育课程暂行标准（草案）》，明确了体育教学目标、教学内容和教学要点，提出每周 2 课时体育课，并对课余体育活动组织形式做了相关要求。1951 年，人民教育出版社正式出版了全国通用的中小学体育教材，实现了教学计划、教学大纲和教科书的统一。1956 年教育部制定了《小学体育教学大纲（草案）》《中学体育教学大纲（草案）》，这是第一部全国通用的中小学体育教学大纲。1961 年，教育部重新制定了十年制《小学体育教材》和《中学体育教材》（教师用书），虽然名为“体育教材”，但其内容和结构实为一套新的“体育教学大纲”，确立了“从增强体质出发”的原则。这一时期的基

础教育课程改革实现了中国课程发展史上的几项突破：①提出设置选修课，打破了单一的课程形态；②实行国定制和审定制相结合的教科书制度，重视地方教材和乡土教材的编写，扩大了地方参与课程管理的权限。1964 年，《青少年体育锻炼标准》出台，为我国青少年的体质和体能测试提供了指标依据。

我国学校体育课程改革的第一阶段，逐步认识到学校体育对于整个学校教育以及儿童青少年全面健康发展的重要性，从学校体育课程、课外训练与竞赛、学校体育管理等方面对学校体育工作提出了要求，促进了学校体育的进一步发展。但同时受制于内外政治、教育环境的影响，此阶段的学校体育课程也存在着教材内容多、约束力过大、教学目标单一等实际问题。

（二）第二阶段（1978—2001 年）

自 1978 年改革开放以来，我国教育重新进入平稳、健康的发展轨道，体育课程在教育领域全面开展拨乱反正工作的影响及相关方针政策的指导下，呈现出全新面貌。1978 年，教育部颁布《全日制十年制学校小学体育教学大纲（试行草案）》和《全日制十年制学校中学体育教学大纲（试行草案）》。大纲将基本知识、基本技能和基本技术，即“三基教育”作为主要教学内容。从德、智、体三方面对教学目的提出了基本要求，并把思想品德、掌握基本技术与全面锻炼身体作为体育教学的基本任务。1979 年，扬州会议制定了《中、小学体育工作暂行规定（试行草案）》，明确指出学校体育工作应该以增强学生体质作为主要目标。在这一时期，“主体教学”“技能体育”“快乐体育”等学术思潮开始涌现，体现出学校体育理念日渐丰富。1987 年，国家教委颁布《全日制小学体育教学大纲》《全日制中学体育教学大纲》。此次改革注重从创新、个性和兴趣习惯等方面培养学生，首次提出了“终身体育”理念。1992 年，国家教委颁布《九年义务教育全日制小学体育教学大纲（试用）》《九年义务教育全日制初级中学体育教学大纲（试用）》和《九年义务教育体育与健康教育教学大纲（初审稿供实验用）》。“体育与健康”这一概念首次以法规文件的形式出现。2000 年，教育部颁布《九年义务教育全日制小学体育与健康教学大纲（试用修订版）》《九年义务教育全日制初级中学体育与健康教学大纲（试用修订版）》和《全日制普通高级中学体育与健康教学大纲（试验修订版）》。在这一时期，“素质教育”得到了全面推进，学校体育融入了人文关怀理念，首次提出“健康第一”指导思想。

（三）第三阶段（2001 年至今）

2001 年《全日制义务教育　普通高级中学　体育（1～6 年级主）体育与健康（7～12 年级）课程标准（实验稿）》的颁布标志着我国第 8 次体育与健康课程改革的开始。此次课程改革无论是在教育思想、课程理念，还是课程目标、课程内容、教学方式、学习评价等方面都发生了深刻的变革，也称为“新课改”。由此，我国体育课程进入“标准时代”。

进入 21 世纪以来，我国进行的课程改革大致可划分为两个阶段：2001—2014 年为第一阶段，旨在构建我国素质教育课程体系；2015 年以后为第二阶段，旨在构建我国信息时代课程体系。为此，教育部自 2015 年初开始，既借鉴国际课程改革先进经验，又直面我国教育的紧迫问题，确立了以发展学生核心素养为目标的课程改革方向。随着核心素养成为课程改革的重要聚焦点，教育部于 2014 年组织启动的新一轮普通高中课程标准修订工作重点之一，就是将目标聚集于培养我国学生的跨学科核心素养和学科核心素养构成，实现从知识本位到育人本位、从学科本位到学生素养发展本位的根本转型。[①]《普通高中体育与健康课程标准（2017 年版）》首次将通过体育与健康课程可以培养学生的核心素养界定为运动能力、健康行为和体育品德三个方面。随着“健康中国”“体育强国”等国家重大战略和“体教融合”“双减”等一系列重磅政策的推出，教育部于 2018 年启动了义务教育课程标准修订与调研，于 2022 年 4 月正式颁布了《义务教育体育与健康课程标准（2022 年版）》，并将通过体育与健康课程可以培养学生的核心素养正式写入义务教育课程标准，这是我国 20 多年基础教育体育与健康课程改革的重大阶段性成果。

---

① 杨向东. 核心素养与我国基础教育课程改革的深化［J］. 上海课程教学研究，2016（2）：3－7，34.

三、国际体育与健康课程改革的发展趋势

（一）强调课程的综合实践性

从世界范围内基础教育体育与健康课程改革的整体情况来看，各国在重视体育与健康知识与技能掌握的同时，更加关注体育的综合育人价值，并强调通过综合性、融合性、实践性体育与健康课程教学，有效发挥学生创造性，促进学生主动学习，培养学生具有主动适应社会变化的素质和能力。首先，从课程理念上看，体育与健康课程不仅仅是促进学生身心健康发展，而且致力于通过在健康和运动的环境下学习，促进学生个人、他人乃至整个社会的健康。从课程目标上看，体育与健康课程教学，已不再局限于传授学生知识和技能，更重要的是让学生通过体育与健康课程的学习，建立对于知识的系统认知和深度思考，并且掌握必要的、能让学生终身受益的运动实践能力。从课程内容上看，体育与健康课程在关注运动技能教学的同时，注重与其他健康相关知识、领域的融合。从课程形式上看，基础教育体育与健康课程强调通过以主题探究、社会实践学习和生活学习为主要形式的综合实践类教学活动发展学生综合能力。

拓展知识

澳大利亚认为健康与体育课程是一门具有现代性、挑战性，相互关联且充满活力的体验性课程，其课程理念指向聚焦教育性目的、采取积极取向方式、重视运动、发展健康素养、重视批判探究方式等。新西兰认为健康与体育课程是一门知识与应用相结合的综合实践课程，包含了健康教育、体育教育和家政学的相关内容。韩国认为体育课程是一门通过身体活动锻炼体质和培养必要运动能力的课程，旨在为社会培养需要的人才和创造性地继承与发展体育文化，并且强调高中要以初中和小学体育课程为基础，逐步深化学生对体育知识的学习，以培养学生积极看待体育的眼光和终生体育实践能力。联合国教科文组织在2015年发布题为《高质量体育教育：决策者的行动指南》的报告指出，体育教育是唯一一种把身体和运

动能力的发展与基于价值观的学习和交流结合起来的方式，是学生获得核心素养的理想路径。

（二）坚持以核心素养为引领

在全球化和数字化时代发展背景下，以“知识观”“能力观”为主的课程目标，已无法囊括信息时代对学生学习结果的期待与要求。掌握核心知识、提升综合能力、培养正确价值、形成积极态度的综合化教育目标逐渐形成。因此，培养学生终身学习和发展的核心素养，成为世界各国基础教育课程改革的主流趋势。为了构建与发展同学生核心素养相适应的基础教育课程体系，各国都将核心素养写入了课程标准。美国从动作技能、知识、体能、个人与社会责任、价值认同五个方面构建了体育与健康学科核心素养；英国体育学科核心素养包括身体活动能力、体能、参与竞争、健康积极生活方式四个方面；新西兰体育学科核心素养包括个人健康和身体发展、运动概念和动作技能、与他人的关系、健康的社区与环境；日本学科核心素养包括热爱运动、增进健康、提高体力三个方面。在各国基础教育课程设置中，课程内容日益关注学生发展，强调培养学生适应现代社会所需的能力尤其是在不确定性未来解决现实问题的能力，“关键能力”“高级素养”的培养日益受到重视。课程实施较为注重大概念引领，强化学段衔接和一体化设计，注重综合课程，推崇开展跨学科主题学习活动及大单元教学，力图实现全方位育人。课程评价大力提倡全面制定基于核心素养的学业质量标准并推动学业质量评价走向多元。

第二节　21 世纪我国体育与健康课程改革的演变

一、我国体育与健康课程改革的横向联系

（一）课程性质：坚持以“身体练习”为主要手段

课程性质是体育与健康课程和其他课程不同的根本属性，对指导体育

与健康实践有着重要作用。进入21世纪以来，不同版本的课程标准都对体育与健康课程性质进行了具体描述，虽然在文字表达上有所差异，但“以身体练习为主要手段”表述却从未改变。体育是有关人类身体实践的文化活动，坚持以“身体练习”为主要手段，一方面，从学理基础和逻辑起点上遵从了体育的本质特性；另一方面，也凸显了体育与健康学科健身性、实践性等特点。坚持以“身体练习”为主要手段，突出强调体育与健康课程区别于其他课程的本质属性，即该课程的学习本身就是以活动性游戏和各种运动方法构成的身体练习①，学生参与体育与健康课程学习不再关注认知性知识的积累和深化，而应关注体能的增强、技能的掌握和行为态度的形成②。

（二）课程理念：坚持“健康第一”指导思想

1999年中共中央、国务院印发的《关于深化教育改革　全面推进素质教育的决定》提出，学校教育要树立健康第一的指导思想，切实加强体育工作，使学生掌握基本的运动技能，养成坚持体育锻炼的良好习惯。由此，2001年《课程标准》开创性地将“健康第一”作为体育与健康课程的指导思想，取代了教学大纲时代的“增强学生体质”。2007年中共中央、国务院下发的《关于加强青少年体育　增强青少年体质的意见》指出，当前和今后一个时期，加强青少年体育工作的总体要求是：认真落实健康第一的指导思想，把增强学生体质作为学校教育的基本目标之一。2010年颁布的《国家中长期教育改革和发展规划纲要（2010—2020年）》指出，加强体育，牢固树立健康第一的思想，确保学生体育课程和课余活动时间。2019年中共中央、国务院印发实施的《关于深化教育教学改革全面提高义务教育质量的意见》指出，强化体育锻炼，坚持健康第一，实施学校体育固本行动。

坚持“健康第一”的指导思想，是对国家政策文件和相关要求的积极

---

① 季浏. 全日制义务教育　普通高级中学体育（与健康）课程标准（实验稿）解读［M］. 武汉：湖北教育出版社，2002.

② 杨文轩，季浏. 义务教育体育与健康课程标准（2011年版）解读［M］. 北京：高等教育出版社，2012.

响应和贯彻落实，体现了为党育人、为国育才的系统思考和战略定位。同时，不同版本的课程标准都将健康第一作为重要指导思想，体现了课程标准指导思想的一以贯之，也充分显示了体育与健康课程以促进学生身体、心理和社会适应整体健康水平的提高为目标，关注学生健康意识和行为的养成，强调要将增进学生的健康贯穿于课程实施的全过程。

（三）课程目标：坚持“课程育人”价值取向

进入21世纪以来，体育与健康课程的目标体系主要呈现出2个发展阶段：第1个发展阶段是在课程标准的萌芽期（2001年版和2003年版）和发展期（2011年版）提出的“三个层次”课程目标体系；第2个发展阶段是课程标准的提升期（2017年版和2022年版）提出的基于核心素养的“两个层次”课程目标体系。2001年课程标准提出了5个学习领域，包括运动参与、运动技能、身体健康、心理健康、社会适应；2003年课程标准将5个学习领域更名为5个学习方面；2011年课程标准则将心理健康与社会适应2个学习方面合二为一，提出4个学习方面，包括运动参与、运动技能、身体健康、心理健康与社会适应。随着“核心素养”概念的提出，世界各国开始了以素养为本的基础教育课程改革探索，并将发展学生核心素养作为课程改革的主要导向。2017年课程标准和2022年课程标准以“核心素养”为导向从运动能力、健康行为和体育品德3个方面论述了体育与健康课程目标。

无论是“三个层次”课程目标体系的第一阶段，还是“两个层次”课程目标体系的素养时代，体育与健康课程的总目标都不再局限于知识与技能的传授，而是更加注重帮助学生掌握体育与健康的基础知识、基本技能与方法，培养学生的情感、态度、价值观，发展学生体育与健康实践和创新能力，形成健康的生活方式和人生态度，最终促进学生全面健康发展。

不同版本的课程标准都始终坚持课程育人的价值取向，并由课程总目标、不同层次分目标共同组成课程目标体系（见表10－1）。

表 10－1　不同版本课程标准中关于课程目标的描述与呈现

课程标准	2001 年课程标准	2003 年课程标准	2011 年课程标准	2017 年课程标准	2022 年课程标准
课程目标	◆课程总目标：增强体能，掌握和应用基本的体育与健康知识和运动技能；培养运动的兴趣和爱好，形成坚持锻炼的习惯，具有良好的心理品质，表现出人际交往的能力与合作精神；提高对个人健康和群体健康的责任感，形成健康的生活方式，发扬体育精神，形成积极进取、乐观开朗的生活态度。 ◆学习领域目标：包括运动参与目标、运动技能目标、身体健康目标、心理健康目标和社会适应目标。 ◆水平目标：包括水平一、水平二、水平三、水平四、水平五、水平六	◆课程总目标：学生将提高体能和运动技能水平，加深对体育与健康知识和技能的理解；学会体育学习及评价，增强体育实践能力和创新能力；形成良好的心理品质，增强人际交往技能和团队意识；具有健康素养，塑造健康体魄，提高对个人健康和群体健康的社会责任感，逐步形成健康的生活方式和积极进取、充满活力的人生态度。 ◆具体目标：包括运动参与目标、运动技能目标、身体健康目标、心理健康目标和社会适应目标。 ◆水平目标：包括水平五、水平六	◆课程总目标：学生将掌握体育与健康的基础知识、基本技能与方法，增强体能；学会学习和锻炼，发展体育与健康实践和创新能力；体验运动的乐趣和成功，养成体育锻炼的习惯；发展良好的心理品质、合作与交往能力；提高自觉维护健康的意识，基本形成健康的生活方式和积极进取、乐观开朗的人生态度。 ◆学习方面目标：包括运动参与目标、运动技能目标、身体健康目标、心理健康与社会适应目标。 ◆水平目标：包括水平一、水平二、水平三、水平四	◆课程总目标：通过本课程的学习，学生喜爱运动，积极主动地参与运动，学会体育与健康学习和锻炼，增强科学精神、创新意识和体育实践能力；树立健康观念，形成健康文明生活方式；遵守体育道德规范和行为准则，塑造良好的体育品格，发扬体育精神，增强社会责任感和规则意识。培养学生在未来发展中应具备的体育与健康的正确价值观、必备品格与关键能力，形成乐观开朗、积极进取、充满活力的人生态度，身心健康、体魄强健，为新时代健康文明生活做好准备。 ◆水平目标：分别从运动能力、健康行为和体育品德三个方面设置水平目标	◆课程总目标：掌握与运用体能和运动技能，提高运动能力；学会运用健康与安全的知识和技能，形成健康生活方式；积极参与体育活动，养成良好的体育品德。 ◆水平目标：分别从运动能力、健康行为和体育品德三个方面设置不同水平的目标

（四）课程内容：坚持“规定性与灵活性相统一”

自2001年以来，各个版本的课程标准都提出了“目标引领内容”的原则，课程内容呈现出规定性与灵活性相统一的特征。规定性体现在，不同版本的课程标准都依据课程整体设计，规定了体育与健康课程需要学习的内容板块，比如，高中阶段需要学习体能、专项运动技能、健康教育，其中体能和健康教育属于必修必学内容；义务教育阶段在此基础上增加了基本运动技能和跨学科主题学习的内容。除此之外，还规定每个学生必须要学习和掌握一定数量的运动技能。课程内容的灵活性体现在两个方面：一是地方和学校对于课程开发拥有一定的自主权，可结合地域特色和学校条件，自主开发地方、校本课程；二是在专项运动技能的选择及具体教学安排方面，各地各校可以根据学校的传统体育项目、场地设施、师资状况、学生学习基础与兴趣等条件，从提高学生学习效果、形成学校特色等角度出发，自主选择运动项目开展教学。高中学生还可以在学校开设的项目清单中选择自己感兴趣的运动项目进行系统、规范的学练，最终形成运动爱好与专长。

“规定与灵活”相统一的课程内容构建模式，一方面，保证了体育与健康课程作为学校教育的重要组成部分，在顶层设计上能紧跟时代需求，充分彰显党和国家的教育意志；另一方面，在实践教学层面能使地方和学校最大限度、最富成效地发挥现有资源和优势，大大增加了课程教学的适切性和创造性，从而也进一步促进体育与健康课程内容体系更加丰富多元。

（五）学习评价：坚持“多元综合”的发展性评价体系

学习评价作为课程评价的重要内容，是开展教育教学工作的重要组成部分。自进入21世纪以来，基础教育课程改革就倡导关注学生发展的新型评价方式，强调淡化评价的甄别、选拔功能，重视评价的反馈、导向、激励和改进功能，通过构建评价内容多维、评价方法多样、评价主体多元的综合性评价体系（如图10－1所示），激励学生健康、全面发展。

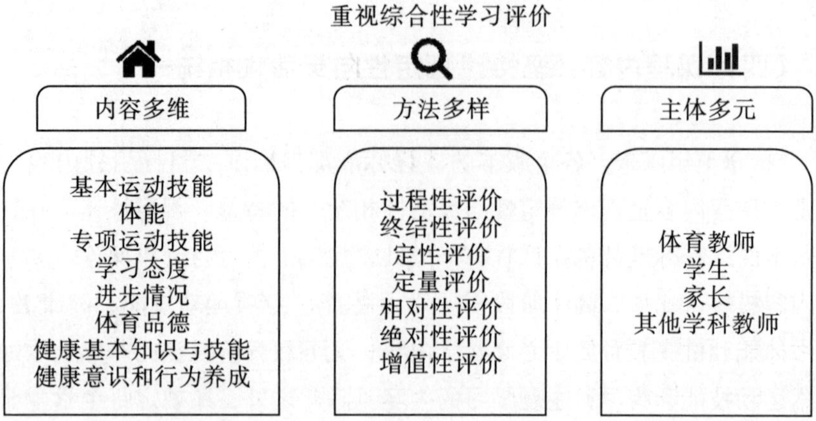

图 10－1　综合性学习评价体系

1．评价内容多维

以往只关注知识和运动技能的学习评价在实现课程育人的目标方面尚有不足。因此，不论是 2001 年课程标准、2003 年课程标准和 2011 年课程标准提出对学生的体能、知识与技能、学习态度（2011 年课程标准为态度与参与）、情意表现和合作精神（2011 年课程标准为情意与合作）予以观察和评价，还是 2017 年课程标准和《课程标准（2022）》，都十分强调多维度综合评价学生学习参与和行为表现，既关注基本运动技能、体能与专项运动技能，又关注学习态度、进步情况及体育品德；既关注健康基本知识与技能，又关注健康意识和行为养成。

2．评价方法多样

关注定量评价与定性评价相结合、终结性评价与过程性评价相结合、绝对性评价与相对性评价相结合，关注学生的进步情况，准确、全面地判断与考察学生的学习表现以及学习后的变化与成长。

3．评价主体多元

评价主体以体育教师为主，鼓励学生、其他学科教师、家长等参与到评价中。同时，重视制定明确、具体、可操作的学业质量合格标准，从而体现评价的全面性、客观性和准确性，为教师有效教学、学生积极学习及学习评价指明方向。

二、我国体育与健康课程改革的纵深发展

（一）“四位一体”育人目标初步确立

学校体育历来是学校教育的重要组成部分，自从健康中国、体育强国等一系列国家重大战略计划发布以来，党和国家持续推动着学校体育的改革与发展。新时代以来，学校体育在内涵更加丰富的同时，也被赋予了更加重要的时代使命，主要体现为三个方面：①更加注重培养学生的学习态度、能力、情感、品格、精神、价值观；②更加注重学生体育锻炼习惯和健康生活方式的形成；③更加注重通过体育与健康教育教学促进学生身心健康、体魄强健、全面发展。2018 年习近平总书记在全国教育大会上强调：“要树立健康第一的教育理念，开齐开足体育课，帮助学生在体育锻炼中享受乐趣、增强体质、健全人格、锤炼意志。”2020 年，体育总局、教育部印发的《关于深化体教融合　促进青少年健康发展的意见》指出，树立健康第一的教育理念，面向全体学生，开齐开足体育课，帮助学生在体育锻炼中享受乐趣、增强体质、健全人格、锤炼意志，实现文明其精神、野蛮其体魄。自此，聚焦于帮助学生“享受乐趣、增强体质、健全人格、锤炼意志”的学校体育“四位一体”育人目标逐步确立。

（二）课程特性逐步明确且更加丰富

1. 共同强调基础性、实践性和综合性

2001 年课程标准在描述体育与健康课程性质时，尚未提及课程特性。2003 年课程标准首次明确了体育与健康课程“具有鲜明的基础性、实践性和综合性”。基础性强调学生掌握基本的、必要的体育与健康知识、技能和方法，养成体育锻炼习惯和健康的生活方式，为终身体育和健康生活奠定良好的基础。实践性强调以身体练习、健康知识和技能的掌握为主要内容和方法，关注学生通过适宜的运动负荷和方法进行体能练习和运动技能学习，通过体育与健康实践和体验，促进学生养成体育锻炼习惯和健康行为，提高学生体育与健康实践能力。这种实践性主要体现在体育运动与

健康技能学习的体验性、体育与健康教育活动及情境创设的实践性、体育与健康课程要求学生学以致用三个方面。综合性强调关注教育的整体性，通过多种内容和方法的整合，在体育与健康教育有机融合的基础上，开展跨学科主题学习活动，有机融合和渗透德育、智育、美育、劳动教育、国防教育，体现课程的育人功能，培养学生综合运用知识和技能分析问题及解决问题的能力，促进学生全面健康发展。

2. 义务教育阶段突出健身性，高中阶段注重选择性

随着课程改革的不断深入，体育与健康课程性质除了强调课程的基础性、实践性和综合性以外，还根据不同学段学生的身心发展特征和动作发展规律有了新的突破与发展。2011 年和 2022 年的义务教育课程标准均增加了“健身性”，2017 年课程标准突出强调了课程的“选择性”。义务教育体育与健康课程的主要目标是增进学生健康，因此，“健身性”主要表现在，无论是体育运动实践，还是健康教育内容和学习评价，都必须以增进学生健康、促进学生健康成长和全面发展为基本追求。特别强调体育与健康课程的教学应通过有意识、有计划的安排适宜的运动负荷帮助学生达到健身的效果，提高体育锻炼对增进学生健康的实效，充分体现课程“健身育人”的本质特征。“选择性”强调学生可以根据自身特点和学习需求，通过选项式模块教学，在高中阶段较为系统地学习 1 ~ 3 个运动项目，培养运动爱好和专长，养成良好的体育锻炼习惯。

（三）“教会、勤练、常赛”的育人模式逐步形成

1. “教会、勤练、常赛”的内涵与意义

2020 年 10 月 15 日，中共中央办公厅、国务院办公厅发布《关于全面加强和改进新时代学校体育工作的意见》，提出“教会、勤练、常赛”的体育与健康课程教学新模式。《课程标准（2022）》提出：“体育与健康课程依据学生的学习需求和兴趣爱好，面向全体学生，落实‘教会、勤练、常赛’要求，注重‘学、练、赛’一体化教学。”落实“教会、勤练、常赛”是在明确体育与健康课程的生命教育和生活教育的性质，以及课程学习操作性认知特点的基础上，对体育与健康课程学习过程形成基本认知。

2.“教会、勤练、常赛”的实施要点

“教会”是对课堂教学效果的要求，“勤练”是对课堂教学过程的要求，“常赛”则是课堂教学以体育人的重要体现。“教会”的最终体现是学生不仅能掌握体育与健康的知识和技能，还能灵活运用，提高运动能力；“勤练”强调的不只是练习的量，更要注重练习的质，注重的是“精练”“高效练”“沉浸练”“乐于练”，养成健康行为习惯，有效提升健康素养；“常赛”的目标是全面育人，帮助学生更好地掌握和运用所学的运动技能，更好地检验“教会”“勤练”的效果，在展示或比赛中培养良好的体育品德。“教会”是“勤练”的保证，“勤练”是“常赛”的基础，“常赛”则有助于“教会”“勤练”效果的进一步提升，三者相互联系、相互促进、相互依存，贯穿于教学的全过程，共同助力核心素养“运动能力、健康行为和体育品德”三个方面的全面提升。

(四) 形成了以核心素养为导向的课程目标体系

1. 核心素养的具体内容

《普通高中体育与健康课程标准（2017 年版)》根据国际体育课程关于核心素养的研究成果，并在广泛调研的基础上，将体育与健康学科核心素养凝练为运动能力、健康行为、体育品德三个方面，并以核心素养为引领，从总目标和分目标两个层次构建了课程目标体系。《课程标准(2022)》开始将“核心素养”应用于义务教育阶段，并以“核心素养”为导向，从运动能力、健康行为和体育品德三个方面提出了课程总目标以及各个水平的具体目标。义务教育阶段与普通高中阶段的体育与健康课程要培养的核心素养及其内涵是一样的，这是由体育与健康课程的性质和特点决定的；同时，核心素养的具体行为表现及培养要求在义务教育阶段和高中阶段有所差异，这是由不同阶段学生的身心发展特点、学习基础、综合能力差异决定的。

2. 核心素养与课程目标

核心素养是体育与健康课程标准的灵魂，课程标准中的各部分内容都要紧紧围绕核心素养展开，以保证体育与健康课程标准内部体系的完整性和一致性。体育与健康核心素养是基于“健身育人”的课程本质，依据德智体美劳全面培养的教育体系内涵、体育与健康课程的特点与功能、学生身心发展规律与需求而构建的。因此，核心素养是确定课程总目标的依据，而课程总目标中的三大目标是对核心素养的落实和具体化。从过去的“双基”到“三维目标”，再到当前的“核心素养”，体育与健康课程目标的发展体现了课程从学科本位到以人为本的转变，是对体育与健康课程“健身育人”价值的真正回归。体育与健康课程应以学科核心素养为纲，课程目标、课程结构、课程内容、学业质量、教学实施、学习评价等环节都要紧紧围绕学科核心素养展开，形成以“核心素养”培养为中心的闭环系统。

（五）打造整体性、结构化课程内容体系

1．强调课程内容设计的整体性

《课程标准（2022）》在课程内容覆盖面上，围绕保证基础、重视多样、关注融合、强调运用的系统性设计思路，构建了基本运动技能、体能、专项运动技能、健康教育、跨学科主题学习五个方面的学习内容。强调通过完整的内容学习，帮助学生打好结构化完整知识技能及态度、情感、行为和价值观等方面的基础，重视体育与健康和其他学科的融合以及体育与健康和国防教育、劳动教育的融合，从而培养学生运用综合知识与技能思考问题、解决问题的能力。

2．注重课程内容结构的立体化

在课程内容的结构体系上，更加强调整体设计课程内容，突破单一运动技术教学，保证学生学习和掌握结构化的基本运动技能、体能、专项运动技能和健康技能。《课程标准（2022）》更是以结构化为纲，以内容知识、质量评估和方法建议为核心建立了多元化、多层次、多维度的立体化课程内容三级结构。

3．突出课程内容育人的综合性

通过深入挖掘课程内容的内涵与价值，引导学生将体育与健康知识、技能和方法运用到体育学习、体育锻炼、运动竞赛和日常生活中，帮助学生在课堂教学和课外、校外的真实情境中运用知识和技能，培养学生的学

以致用能力和实践能力，实现课程的综合育人功能。

（六）构建基于学业质量的综合评价体系

随着课程改革不断深入，学业质量开始成为世界各国基础教育课程改革关注的焦点。《国家中长期教育改革和发展规划纲要（2010—2020 年）》明确指出要“制定教育质量国家标准，建立健全教育质量保障体系”。国际社会对提高教育质量的基本认识有以结果为导向、以可应用为目标、以可测量为原则、以提高质量为宗旨等。为此，作为中小学体育与健康课程教育教学的纲领性文件，课程标准也针对体育与健康学业质量进行了积极的有益探索，并于《普通高中体育与健康课程标准（2017 年版）》提出了学业质量的定义，制定了学业质量的五级标准。《课程标准（2022）》也指出，学业质量是学生在完成体育与健康课程某一水平学习后的学业成就表现，是以核心素养为主要维度，结合体育与健康课程内容，对学生学业成就具体表现特征的整体刻画，用以反映课程目标的达成度。体育与健康学业质量的制定能有效促进体育与健康学科核心素养的可教、可学、可测评、可表达，是开展多元化、综合性学习评价的重要依据。核心素养导向下的体育与健康学习评价必须先形成可测、可评、可量化的体育与健康学业质量标准，在核心素养和学习评价之间搭建起坚固的桥梁，从而才能解决“评什么”“怎么评”的问题。

第三节 体育与健康教学改革现状与发展趋势

一、体育与健康教学改革的实施现状

（一）体育与健康教学改革的总体要求

1. 体育与健康教学改革的指导思想

以习近平新时代中国特色社会主义思想为指导，全面贯彻党的教育方

针，落实“立德树人”根本任务，树立“健康第一”教育理念，深化体育与健康教学改革，强化“教会、勤练、常赛”，构建科学、有效的体育与健康课程教学新模式，帮助学生掌握1～2项运动技能，促进中小学生运动能力、健康行为、体育品德等核心素养的形成，为实现“健康中国”“体育强国”做出体育学科的贡献。

2．体育与健康教学改革的主要内容

通过深化体育教学改革，转变教学观念，全面把握“教会、勤练、常赛”的内涵与要求，使其成为常态化、规范化、系统化的教学组织模式。打造高质量体育课堂，使学生在“知识、能力、行为、健康”诸方面得到全面提升。明确各学段学生特点与发展需求，使体育教学与健康内容更加富有逻辑性、系统性和衔接性。根据各学段教学目标，合理选择多元化教学模式和多样化组织方式，因地制宜、因材施教，增强体育与健康教学方式改革的有效性、可行性。采用科学、操作性强的发展性评价指标体系，让体育学业质量评价更加具体、客观，建立“以评价促发展”的新生态。优化组织管理，建立健全保障机制，形成教育行政部门、学校领导、教师与家长齐抓共管“以体育人”的新格局。探索建立学生体育学习过程管理长效机制，树立体育与健康教学管理务实创新的新形象，全面促进体育与健康教学改革。

3．体育与健康教学改革的目标

（1）享受乐趣。

在体育与健康教学活动中注重增加游戏与比赛等竞争要素，让学生在体育锻炼中享受竞争与表现的乐趣，实现从激发兴趣到形成志趣、享受乐趣的层层深入。通过组织游戏、增加竞赛、丰富内容、鼓励自主等方式，提高学生锻炼的积极性、主动性、自觉性和持久性，帮助学生有效锻炼、掌握技能、提高能力、体验成功，使其真正能够乐在其中。

（2）增强体质。

重视在体育与健康教学中强化锻炼、增强学生体质，要加强“勤练”，在基本运动技能的锻炼中不断发展学生的速度、力量、耐力、柔韧、灵敏、协调、平衡等身体素质；要根据不同年龄、性别、教材、课型、场地、气候等科学安排运动强度，合理设计练习密度，针对学生素质发展敏感期合理组织学、练、赛，科学推进基本运动技能“课课练”活动；要通过高质量组织课堂教学，课内外相关联开展大课间、课外体育活动、校外体育锻炼等，有效增强学生体质。

（3）健全人格。

通过在体育与健康教学过程中渗透社会主义核心价值观教育，培养学生的爱国情怀、社会责任感和良好的个人品质。全面把握体育的“育体、育智、育心”综合育人的价值，通过全员参与的体育竞赛活动，培养学生的集体荣誉感，塑造活泼开朗、与人为善、团结协助、遵守规则等良好品格，促进学生身心健康与人格健全。

（4）锤炼意志。

通过体育与健康课、课余运动训练和竞赛活动，培养学生不畏困难、不怕吃苦、不惧失败的意志品质。精心设计有一定强度、一定难度的运动技能学习，培养学生吃苦耐劳、坚持不懈的优良品质，要通过组织教学比赛和竞技比赛，不断培养学生顽强拼搏、积极进取、勇敢坚毅等坚强意志。

（二）体育与健康教学改革的主要任务

1. 更新教学观念

改变单一学习知识或某项技术的现状，从综合育人、培养体育与健康核心素养的高度和体育与健康课程一体化的思路，强化“教会、勤练、常赛”过程与结果，有效促进体育与健康教学改革目标的达成。注重学科融合与课程思政，在传承中华优秀体育文化的同时，鼓励在体育与健康教学中适当开展情境式跨学科主题教育教学活动，促进综合育人目标的实现。将“以教定学”观念转向“以学定教”，充分把握学情，注重个体差异，合理把握教师的主导作用和学生主体作用的有效发挥，促进每一个学生的健康发展。

2. 优化教学内容

积极消除体育与健康教学内容长期存在的繁（项目繁多）、浅（蜻蜓点水）、偏（缺乏系统）、断（学段脱节）现象，组织开展逻辑清晰、系统连贯的结构化内容体系的教学。重点教会学生健康知识、基本运动技能和专项运动技能。其中，健康知识与基本运动技能作为体育与健康课程必修必学内容要在中小学广泛开展，专项运动技能作为必修选学内容，中小学校结合实际有选择地开展。

3. 创新教学过程

全面把握“教会、勤练、常赛”一体化系统性教学思路与方式，实施更有效的教学，全面提高教学质量。其中，“教会”，要遵循体育教育规律，结合学生发展特点与水平，合理把握、循序渐进、因材施教、分层教学，教会学生健康知识、基本运动技能与专项运动技能。“勤练”，要把握运动技能形成规律，结合不同项目、不同班额、不同场地器材条件等合理把握练习密度和运动强度，提高学生的运动效果。结合不同学段学生特征，组织练习的方式应体现小学基础期趣味化、初中发展期多样化、高中提高期专项化等特点。“常赛”，面向全体学生，根据体育教学内容合理组织每堂课上的教学比赛，结合体育课堂教学组建班队，要周周打比赛，以赛促练，使学生享受竞赛乐趣、更加牢固地掌握专项运动技能，培养学生的体育与健康素养。

4. 完善教学评价

打破以往只对运动技术、体质健康等某一方面的评价，要更加注重“知识、能力、行为、健康”综合评价指标体系的建立。为增强评价方式的便捷性、评价结果的精准性，鼓励引入人工智能等评价方式。

（1）改进知识评价。

改进知识评价主要是对体育知识、健康知识等的评价，建立知识测评题库，通过试卷纸笔测试、线上网络测试、随堂口头测试、组织开展活动测试等相结合的方式实施。

（2）突出能力评价。

突出能力评价主要包含基本运动能力评价和专项运动能力评价。基本运动能力评价按照各学段必修必学的基本运动技能确定评价内容；专项运动能力评价可依据专项运动技能学习结构化内容确定评价内容，特别要注重对学生运用知识的能力以及比赛能力的评价。

（3）完善行为评价。

完善行为评价指注重对学生健康行为和良好品德的评价，鼓励利用大数据平台实施体育家庭作业制度，重点评价学生体育锻炼行为与习惯的养成，实现对日常锻炼情况的过程性评价；通过组织各项体育比赛，充分把握学生的品德，尤其要强化团结协作、勇于拼搏等优良品格的评价。

（4）强化健康评价。

对标《国家学生体质健康标准（2014 年修订）》，通过精准监测各学段学生对应的体质健康指标，评价中小学生的体质健康水平，及时向家长反馈，便于做好家校联合，共同促进学生的健康成长。

（三）体育与健康教学改革的实施要点

1. 加强课内外有机结合

家庭、社区和学校是儿童青少年学习与生活的重要场所，也是营造儿童青少年体育与健康环境的重要抓手。为了更好地发挥学校体育以体育人价值，未来学校体育需要突破“课堂教学”的局限，坚持课内外、校内外体育活动有机融合，将课程实施的空间、时间进行延伸和拓展，逐步形成体育与健康大课程体系。《课程标准（2022）》指出：“落实‘教会、勤练、常赛’，‘学生每天校内锻炼 1 小时、校外锻炼 1 小时的要求’。加强课内教学与课外体育活动的有机结合，以及学校、家庭和社区体育的多元联动。”

课外体育活动是体育与健康课的补充，是学校体育的组成部分、学校教育的重要手段，对于巩固和提高体育与健康课所传授的体育知识和技能，提高学生的运动能力和对体育知识的运用能力，提高学生学习和生活的质量，培养学生自觉锻炼身体的意识等都有着重要的意义。丰富多彩的课外体育活动应呈现出不同的形式，除了传统的大课间、运动训练、学校体育竞赛等项目，还可以通过体育俱乐部、体育节、体育社团、体育挑战赛、趣味运动会、体育主题活动等形式，拓展课外活动内容，保证全员参与。此外，还可以通过开展体育家庭作业、周末体育亲子活动、体育家长开放日等形式，为学生创造校外体育锻炼的时间和空间，同时鼓励家长协同参与，建立“以学校为主导、家庭广泛参与”的多元联动共同体，培育儿童青少年积极的运动习惯和健康的生活方式。

2. 进行结构化知识和技能教学

结构化教学不仅强调体育与健康课程的知识与知识、技能与技能、知识与技能之间的融合，而且重视教学环节各个内容的融合，从而引导学生掌握完整的知识与技能，并具备在复杂情境中运用综合性的知识和技能发现问题、分析问题、解决问题的能力。

首先，在学习内容方面，体育与健康课程学习内容既包括体育学科相关知识，也包含健康相关知识以及跨学科主题学习，体现了学习内容的整体性、关联性、融合性，使得学生对体育与健康课程内容有完整的学习和理解。而在专项运动技能教学实施方面，要求教学围绕基础知识和基本技能、技战术运用、体能、展示或比赛、规则与裁判方法、观赏与评价等方面展开。这就保证了学生不但会运动、懂运动，而且能欣赏运动、评价运动，真正促进学生学会和理解所学的专项运动技能。

其次，在教学实施层面，注重教学、练习、比赛、评价之间的整体性以及教学组织活动的多样性，通过复杂教学情境的建构，增强知识、技能间的有机联系，帮助学生建立完整的运动项目参与体验。因此，未来的课堂教学不能一节课只教一个技术，而是应该教组合技术，并引导学生将组合技术运用于对抗练习、比赛或展示中。

最后，在学习评价方面，结构化教学避免独立的、单一的和过于细节化的传统评价，而是通过应用性、复杂性、综合性情境创设，考查学生综合运用所学知识解决问题的能力。因此，结构化教学不但强调帮助学生掌握体育与健康相关的知识和技能，而且关注学生运用多学科的知识和技能解决体育与健康中的实际问题的能力。

3. 创设复杂运动情境

教学情境即教学过程中教师依据教学目标、教学内容所创设的能够引发学生情感反应，使其积极主动建构知识的学习背景、条件、环境等。①《义务教育课程方案（2022 年版）》指出，在课程实施上要深化教学改革，“加强知识学习与学生经验、现实生活、社会实践之间的联系，注重真实

① 颜晓程. 深度学习视域下的教学情境反思与建构［J］. 当代教育科学，2022（11）：48－54.

情境的创设，增强学生认识真实世界、解决真实问题的能力”①。《课程标准（2022）》强调创设多种复杂的运动情境。复杂的运动情境是指动态变化、结果难以预测的情境，在体育与健康教学中主要包括游戏练习、对抗练习、教学比赛或成套动作的展示。

以往我国体育课教学大多都是单个技术重复练习的简单情境，其结果是学生很难在实战应用的情境中去掌握和运用所学技能，从而难以达到让学生运用所学知识和技能去解决实际问题的目的，发展学生核心素养的目标更是无从谈起。因此，运动情境的创设有助于解决传统教学中静态、固定、单一动作技术的教学形式，消解学生对体育学习的认知仅聚焦于“肢体动作”的困境，通过设置对抗性练习、成套动作展示、完整比赛等情境，实现“学、练、赛”的三维整合，将体育学习的过程与现实运动场景或生活情境紧密联系起来，以提高学生完整学习能力。

4. 设计专项运动技能的大单元教学

大单元教学是指对某个运动项目或项目组合进行 18 个课时及以上相对系统和完整的教学。《课程标准（2022）》明确要求设计和实施专项运动技能大单元教学，其中小学阶段（自水平二开始）的大单元教学由 18 课时组成，七、八年级的大单元教学由 36 学时组成，九年级的大单元教学由 72 学时组成。大单元教学的提出，旨在重点解决“我国绝大多数学生学了 12 年的体育与健康课，但 1 项运动技能也未掌握”的问题。实践表明，“分离式”教学、“碎片化”教学、“双教材”教学、“小单元”教学等专项运动技能教学方式的存在，不符合学生身心健康发展规律、运动技能形成规律、体育与健康育人规律，也难以帮助学生真正掌握运动技能。

一方面，大单元教学能从时间上保证学生持续、集中、系统地学练 1 个运动项目，从而完整体验、理解、掌握 1 个运动项目。另一方面，在教学内容上，大单元教学不仅包括该项目的基本动作技术学练，还包括组合动作技术学练、对抗练习、教学比赛、体能练习等；不仅包括身体运动方面的学练，还包括基本原理、规则与裁判、欣赏与评价等运动认知类的学

① 中华人民共和国教育部. 义务教育课程方案（2022 年版）[S]. 北京：北京师范大学出版社，2022：14.

习。与以往的单一技战术的学练相比，大单元教学更加重视通过系统性、完整性、结构化知识、技能的学习帮助学生建立完整的、综合的学练体验，从而达到理解知识、掌握技能、增强体能、体验乐趣、提升素养的目的。

大单元教学设计不仅仅是课时与内容的简单拼凑和原有技术单元的简单组合与排列，而是将体育与健康课程要培养的核心素养作为大单元教学设计的主要依据，从过分关注知识与技能的传授转向重视核心素养的培养，将核心素养的培养贯穿在单元与课时等各层次的学习目标、教学内容、教学情境、教学方法、学习评价等设计中。①

5. 科学设置适宜的运动负荷

适宜的运动负荷是增强体能、提高运动技能水平、培养体育品德、增进身心健康的基础。课程标准规定每节体育与健康课要有适宜的运动负荷，主要目的是解决我国普遍存在的运动负荷偏低甚至没有运动负荷而导致的“不出汗”体育与健康课的问题，让所有学生充分“动”起来。

运动负荷由群体运动密度、个体运动密度和运动强度衡量。群体运动密度指一节体育实践课中所有学生总体运动时间占课堂总时间的比例，应不低于75%，目的是贯彻精讲多练的原则，减少教师让学生集体停顿下来进行讲解、示范、纠正错误动作、队形调动等的时间，摒弃“说教课”，保证大多数时间所有学生都在运动。个体运动密度指一节体育实践课中单个学生的运动时间占课堂总时间的比例，应不低于50%，目的是减少学生排队等待练习的时间，保证每个学生的基本运动时间。运动强度常用心率表示。每节课应达到中高运动强度，班级所有学生平均心率原则上在140~160次/min。

6. 强调每堂课10 min体能练习

体能是掌握和提高运动技能的基础，同时，强化体能练习也是改善学生体质健康状况的必要手段。《课程标准（2022）》明确要求：每节课应有10 min左右体现多样性、趣味性、补偿性和整合性的体能练习。多样

---

① 中华人民共和国教育部．义务教育体育与健康课程标准（2022年版）［S］．北京：北京师范大学出版社，2022．

性指每节体育课的体能练习不能只是一种，而是应该多种（至少四种以上），促进学生体能的协调发展。趣味性指体能练习不能只是一成不变的几种练习内容和方法，要丰富多彩、形式多样。补偿性指每节体育课的体能练习要根据运动项目的特点，弥补该项目有关体能发展的不足，促进学生体能的均衡发展。整合性指注重一种体能练习活动能够同时发展多种体能，加强不同体能之间的关联性，提高学生体能的综合运用能力。

在《课程标准（2022）》中，不仅将体能内容由 6 项增加至 11 项，并且要求，每学期都要安排一定课时的体能练习，体能课程内容的教学主要针对 11 种体能。教学内容包括多个方面，如进行体能练习，学练每一种体能的多种练习方法，学习体能的基本原理，学会制订体能锻炼计划和评价体能锻炼效果等。而在具体教学实施过程中，也不能用准备活动或者放松活动等形式代替 10 min 的体能练习。

7. 运用信息化教育手段和方法开展教学

在信息技术赋能教育的新时代背景下，信息技术的发展与进步所带来的新技术、新手段、新方式在教育领域中的融合与应用，使得传统教育理念、教育模式和教育方式发生了前所未有的系统性变革。《课程标准（2022）》提出要“积极开发与利用多种现代信息技术，开展微课、慕课、翻转课堂等教学，帮助学生通过线下线上相结合的方式，打破学习的时空壁垒”。

在教学实施方面，可以将人工智能、大数据、云计算等现代信息技术应用到体育与健康教学中，深入推进信息技术与体育教学的深度融合，让学生有更多机会获得沉浸式体验。在教学评价方面，可以运用信息化手段从课内与课外、校内与校外、线上与线下对儿童青少年体质健康指标、运动情况进行持续性、自动化动态监控与管理，解决学习评价中客观性不足、效率低下、过程缺失、维度单一等问题。[①] 在跨学科融合方面，积极推进体育与教育、医学、信息技术等学科领域的深度融合，推进信息化背景下学校体育教育高质量发展。

---

① 汪晓赞．构建智能体育与健康教学模式［N］．中国教育报，2022-10-25（9）．

二、体育与健康教学改革的发展趋势

（一）走向统整的教学观

教学是学生有计划地学习知识、参与活动、掌握能力、增加体验的过程。传统的教学观念过分关注知识传授，缺少对于学生主体性的必要关注，淡漠了学生个性与经验的发展，从而限制了学生的主动性、创造性。社会进步与教育变革推动了教育教学方式的发展与转变，新一轮基础教育课程改革提出的深度学习、非认知学习、跨学科学习、连接学习等新型学习方式和创设复杂情境、自主合作探究等新型教学方式，也促进了教育教学观念的革新与重构。

从本质上看，教学活动是一个动态开放、复杂变化的促进学生个体持续发展的实践过程，呈现出从生态学、系统论等融合性视角看待教学活动的趋势；从价值取向上看，基础教育课程改革中，提出“一切为了学生的发展”的目标，教学观上也提倡创生取向，呈现出从“教”转向“学”、强调师生共同发展的主要趋势；从教学内容上看，呈现出由单一性、确定性向多元性、结构化知识转变，由知识教育转向文化教育、素养教育的整合性趋势；从教学过程上看，呈现出由知识传递转向意义建构、生命体验的融合过程，引导学生形成丰富的、深刻的、个性化的运动体验；在教学实施场域方面，呈现出由体育与健康课堂向课外、校外延伸和拓展的大课程、大课堂的发展趋势，从而突破教学时空限制，形成课内与课外、校内与校外联动的整体推进模式。教学主体关系由教师绝对权威转向师生对话合作，充分给予学生独立、能动的学习时间和空间；教学评价由整齐划一转向异质多样，关注学生个体进步和发展，通过综合性、发展性评价体系激发学生运动动机、帮助学生建立成功的运动体验。

（二）指向素养的学生观

进入 21 世纪后，“为了知识的教育”已不能满足信息时代对个人发展和社会发展的新需求。世界各国都在强调更新观念，以个人发展和终身学习为主体的核心素养体系正在取代以学科知识结构为核心的传统课程标准体系，并将发展学生核心素养作为基础教育课程改革的主要导向。核心素养聚焦学生的生长需求，关注学生的全面发展，把学生德智体美劳全面发展的需求转化为具体的品格和能力，为人才培养提供了清晰又具体的教育教学和评价参照。

2014 年教育部颁布的《关于全面深化课程改革 落实立德树人根本任务的意见》指出：教育部将组织研究提出各学段学生发展核心素养体系，明确学生应具备的适应终身发展和社会发展需要的必备品格和关键能力，突出强调个人修养、社会关爱、家国情怀，更加注重自主发展、合作参与、创新实践。由此可见，核心素养已经成为实现国家立德树人根本任务的重要举措。体育与健康学科的本质是健身育人，基于学科本质观构建的体育与健康学科核心素养意味着教育教学观念的转变以及体育与健康课堂教学的"新起点"。未来的体育与健康课堂教学不仅要关注学生的体能、技能发展，更要从学生个体发展和社会需求出发，关注学生健康行为、健全人格、道德品质、情感体验、价值观念，直指学生核心素养。

（三）强调发展的教师观

教师作为教育实践工作者，在课程改革推进过程中占据着重要地位。随着课程改革的不断推进，广大体育教师充分认识到了改革的意义和先进的课程对于学生健康发展的重要性，教育观念也发生了积极转变。从现实情况来看，体育教师实际发展现状距离课程改革实际要求还存在一定差距，这在某种程度上也阻碍了课程改革的顺利推行。素养时代的课程改革对教师专业发展提出了新的要求和挑战，要求教师不仅要勇于走出"惰性被动"的舒适区，摒弃一成不变的教育观念，更要丰富自己的知识、能力，提升自身素养，以适应新时代教育变革的新需求。

体育与健康课程改革使得体育教师的角色由教材（教）的执行者、教学模式的模仿者、教育理论的旁观者变为了教学活动的决策者，学习过程的指导者、促进者，学习活动的设计者、组织者，课程内容资源的开发者及体育教育研究者。作为课程标准的践行者和体育与健康教学的具体实施者，只有从内在需求出发，重新认识和理解体育与健康课程的新思想、新观念，并将其落实为具体的学习目标、教学内容和教学方法，才能胜任自己的本职工作，在提高学生体育与健康学习效果、提高教育教学质量的过程中实现体育教师的专业发展。

（四）关注融合的教材观

随着课程改革的不断深入，对教材实质的认识呈现出新的转向，呈现出融合共生的趋势。从功能上看，教材是教师为实现一定育人目标的师生之间的中间媒介，而不仅仅是学科知识的载体；从形式上看，教材既包括以教科书为主体的图书教材，又包括各种视听材料、电子教材以及来源于生活的现实教材，并强调通过智能化、信息化手段拓展教学资源、增强教材实效，体现了教材形式的多样化与时代性；从内容上看，跨学科知识的资源整合与交叉融合也是当前国内外课程改革关注的热点。

体育与健康教材要坚持精选教材内容，不断优化教材内容体系，把体育与健康的知识体系转变为促进学生主动发展的教育体系。从“偏重于知识与技能的传授”到“知识与技能”“过程与方法”“情感、态度与价值观”并重，再到以“学生发展核心素养”为核心，尝试构建结构化的教材内容体系，促进学生学以致用能力的提高和发展。

复习与体验

1. 通过查阅资料，进一步了解基础教育课程改革的整体发展历程与历史背景，回顾并总结基础教育体育与健康课程改革的演进历程及其不同阶段特点。

2. 运用思维导图的形式系统梳理21世纪以来基础教育体育与健康课程改革的理念、目标、内容、评价等方面的主要变化，并思考其整体发展趋势。

3. 结合所学知识和本章学习内容，跟小组同学一起设计一份新课程理念下的理想体育与健康课图景。

拓展阅读文献

[1] 义务教育体育与健康课程标准修订组. “健康第一”以体育人：义务教育体育与健康课程标准（2022 年版）解读 [J]. 基础教育课程，2022（10）：74 – 80.

[2] 季浏. 坚持“三个导向”的义务教育体育与健康课程标准（2022 年版）解析 [J]. 体育学刊，2022，29（3）：1 – 7.

[3] 季浏.《义务教育体育与健康课程标准（2022 年版）》突出的重点与主要变化 [J]. 课程·教材·教法，2022，42（10）：54 – 59.

[4] 季浏. 使命与光荣：我国基础教育阶段体育与健康课程改革 20 年回顾 [J]. 首都体育学院学报，2021，33（6）：581 – 587.

[5] 季浏. 新时代我国中小学体育与健康课程的整体构建与发展趋势 [J]. 武汉体育学院学报，2022，56（10）：5 – 12，20.

[6] 汪晓赞.《义务教育体育与健康课程标准（2022 年版）》的课程内容结构与特色 [J]. 首都体育学院学报，2022，34（3）：241 – 252，274.

[7] 崔允漷，郭华，吕立杰，等. 义务教育课程改革的目标、标准与实践向度（笔谈）：《义务教育课程方案和课程标准（2022 年版）》解读 [J]. 现代教育管理，2022（9）：6 – 19.